時代下的毀滅者

希特勒與帝國十大信徒

江仲淵——著

前言　如何看待這本書籍？

這本書是記載第三帝國重點人物的歷史故事，清楚了他的事件，同時也明白了他的起源，內容既這樣簡單，實在沒有序之必要。但我想一想，要引導讀者如何看待此書呢？又似乎應該略略加以說明，既要說明，肯定要寫幾句「卷頭語」之類，不如索性直喚它是「前言」。

近代德國的政治及歷史太複雜而且太變幻了；彷彿航行在夏天的太平洋一般，晴空萬里，驕陽如火，偶然會撇見天際橫著一抹淡淡的微雲，多數人也許不太經意，然而這一抹淡淡的微雲，頃刻間便倏然變成了驟雨，又或者倏然變成了狂風。身當其事的人們受苦受難，卻很難得知它變幻的原因，也很難得知它變化的後果。只能緊抓著大風雨裡的孤舟，看著它漂流，聽著它簸盪，有時連生命也要聽天由命的讓其浮沉。突然間，一艘龐大華麗的郵輪從你的孤舟經過，上頭的船長對於眼前的狂風驟雨毫無懼色，一旁協助的各個水手神采飛揚、忠於職守，底下的乘客各個穿著體面、冷靜無畏。他們的水手一致讚揚你的大無畏精神，拋下繩索準備營救你，此時你是否應該拋棄孤舟，登上郵輪呢？相信多數讀者都會予以肯定的答覆，在情況危急、攸關性命之時，群眾肯定不會思考那位船長是否會是一位壞人，或是一位獨裁者，這就是納粹為什麼壯大的主要原因。

我寫這本書籍，是不希望讀者當作正史讀的。正史是什麼呢？比如我們在某天得知明天是你朋友的生日，因此拿鉛筆在日曆上的那個日子打上一個圈註記。但這天之內所經過的事情太複雜而且太變幻了，也許你會和他出去酒吧買醉，或是購買幾份禮物給他，但這些東西都是日曆上的記號絲毫不能表示的故事和結果。就像是一句「一九三三年一月三十日希特勒於興登堡辦公室任職德國總理」一樣，納粹德國成立前所醞釀的種種故事，正史是不會記載的，納粹德國成立後所引出來的種種故事，正史除特定重點外，也是不會記載的。我不希望讀者把這本書當正史看，難道我希望讀者把這本書當小說讀嗎？那又不然，大凡小說總是多少帶點臆想，帶點虛構，否則情節和詞藻都太平凡，動不起讀者文學上的興致，可惜我這本書根本沒有臆想，也沒有虛構，它也沒有文學的價值，它也不合小說的體裁，它擁有權威的史料證實，卻不是政治正確的正史，那這該如何是好呢？只好當作一種故事吧！祝讀者在閱讀此書的時候，能夠以一種輕鬆而嚴謹、隨興卻不忘卻的角度審視這段歷史。

第三帝國（das Dritte Reich）這個專有名詞，不論是在過去或現在，都是一個讓人敬而遠之的字眼，很大的原因是因為其在二戰中犯下的種種罪行，讓人們留下了鄙夷的印象以及永久性的創傷。沒錯，納粹的罪惡是不可否認的，無論是誰想擁護他，也不得不承認已經發生的悲劇。但是使用政治化的角度來審視這段歷史，也亦非是正確探究歷史的路徑。必須追根究柢的探討這些人物性格背後的成因，歷史是有多面性的，當我們從不同的角度，從不同的側面去看一個人，將會發現他們在罪惡之下，並非一味的瘋狂不堪，撥開狂熱分子的外衣，他們的表現似乎多了些許人性，動作生動鮮活，甚至就像是一位普通人一樣，擁有七情六慾，以及多愁善感的一面。

長年來的刻板印象使大眾產生了諸多誤會。如大眾印象不佳的戈林，作者使用了許多心理層面來解析他的人格形成，再使用諸多人物舉止動作來做印證，藉此讓讀者了解戈林並非一味地愚昧。或是以屠殺猶太人聞名的海德里希，鮮少人知道，他其實曾被懷疑擁有猶太血統，為了不讓有心人士大作文章，海德里希只能表現出最狂熱、最瘋狂的一面，做出諸多慘無人道、罄竹難書之行為。口才無人能出其右的戈培爾，並不是因為他外向奔放，而是因為擁有嚴重自卑情緒，才使他講話能夠如此狂妄。最大的新興看法在於魯道夫・赫斯，他的歷史太匱乏了，歐洲人普遍認為他是見納粹政府逐漸下風，而於一九四一年逃往英國投降，事實上並非如此，一九四一年是軸心國最猖狂的時期，何來投降之說？

還有一點不得不提，戰術層面一直都是讀歷史的過程中，最重要卻最生澀難解的部分，為了能達到讓每個人都能輕鬆看懂其中的各種計策和謀略，本書中如古德里安、曼施坦因等文章上，作者採用了較為白話、近似於故事類型的講述方式，讓普遍大眾除了能迅速了解戰役外，還能從中了解人物在戰役中的想法、感受如何。

史學界裡有名言道：「歷史沒有真相，但是我們可以無限接近真相。」希望各位讀者在閱讀這本書時，能夠暫時拋棄以往的既定印象，重新去審視這段在近代史地位舉足輕重的歐洲歷史，而在讀完這本書後，能夠思考「憤怒」和「仇恨」這兩個可怕的負面情緒，是怎麼形成的，且最重要的是，希望各位讀者能夠從中認識到，該如何避免納粹歷史的重演，如何不讓第二個希特勒再度出現在世上，這不只是臺灣，更是全世界的人們，都應該深思的一個重要課題。

目次

第十章 埃爾溫·隆美爾

第一章　阿道夫・希特勒

——第三帝國元首

「動員民眾不能用愛，要用仇恨，仇恨是最好的凝聚力。」

「在希特勒的某些追隨者看來，他是一個英雄，一個失敗的救世主；但在其他人眼中，他是個瘋子，在政治上和軍事上是個蠢才，是個不可救藥的殺人犯。」作為國家社會主義的化身，以及第三帝國的最高統治者，希特勒集鎮定、智算、果斷等各種天賦在身，可謂是近乎完人的存在，然而，優秀的天賦助長的還有他那深不見底的野心，在無法控制的野心唆使下，整個世界被他帶入了無盡的深淵，德國成為了他烏托邦幻想的傀儡工具，人民成為了他恐怖統治下的犧牲者。最終，希特勒的名字從此由英雄轉為暴君的代名詞，十惡不赦的殘忍屠戮，成為了世人對他的唯一印象。

悲慘的童年

一八八九年四月二十日黃昏六點三十分，在流經奧地利和德國巴伐利亞邊境的萊茵河河畔奧方的布勞瑙小鎮，一家名叫波默的小客棧裡，年輕婦女克拉拉與海關職員阿洛伊斯·希特勒共同生下了一個男嬰，並將其取名為阿道夫·希特勒。克拉拉前面生的三個孩子都早早夭折了，因此對這個兒子特別疼愛，但她可能作夢也沒想到，這個小孩日後竟能繼承霍亨索倫皇朝的意志、俾斯麥的衣缽，創建了集輝煌與罪惡的新時代——第三帝國。

希特勒六歲那年，父親阿洛伊斯將他帶到一間林坎公立學校上學，他在小學的成績一向良好，唯獨人緣奇差無比。求學不久後，父親在政府海關工作己屆齡退休，領著退休金過活。阿道夫從小個性就非常頑固，阿道夫的父親本想兒子走自己的路長大後去當公務員，希特勒卻覺得它無聊，另外表達了兩項特別的志願：

牧師：希特勒的雙親皆是天主教教徒，在基督教環境的渲染下，他自幼受洗，並在家附近的修道院學習了兩年，成為蘭巴赫的本篤修道院唱詩班其中一員，曾對人們說過日後要成為一位牧師。雖然希特勒根本不了解彌撒儀式的深層意義，而且也對上帝的存在抱持疑問。但是透過在教堂的觀察，他學到了很多東西：之後納粹黨上任後，希特勒不論創建黨衛軍宗旨，或是舉行大型群眾活動時，都會使用類似基督教祝禱祈福的嚴肅儀式作為活動結尾，藉此將群眾的宗教信仰政治化。後來希特勒開始屠戮猶太人時，他竟然聲稱所有的處理都是「以主之名」，他甚至說出這番狂言：「我來完成基督未竟的事業。」

藝術家：不得不說，希特勒對藝術與美的文化造詣十分傑出，除了早年喜愛創作圖畫外，他最喜歡去林茲歌劇院聽音樂會，對一個非城市青年來說，擁有這些興趣是十分罕見、難得的。自十六歲開始，希特勒經常出入音樂廳，他很注重外在禮節，每次去看歌劇都身著深色的大衣和禮帽，還拿著一隻黑色楞杖，就像出身上流家庭的小紳士一樣。從事藝術在當時來講是一種較為冒險的舉動，但除了父親之外，他的親戚皆看好他成為一名傑出藝術家。

成為一名知名藝術家可說是希特勒一生中最堅定的志向，但由於經濟能力不穩定，遭到了父親的強烈反對。

父親與希特勒是兩種性格的極端。希特勒當時是一位孤僻、玩世不恭、對現實抱有不切實際幻想的青年。而父親性格古怪、保守、難以接近。阿洛伊斯對子女的管教非常嚴厲，對自身卻是一味地放縱，經常進出酒館的他擁有嚴重的菸癮、酒癮，每次酒醉便痛毆兒女。父親極力反對希特勒的畫家夢，根據希特勒妹妹的回憶，父親經常因各種原因毆打希特勒，其中因未來職業爭執而毆打的占絕大多數，但不管老希特勒如何教訓他，如何逼他放棄畫家的志願，希特勒都不屑一顧，他寧願遭受拳打腳踢，也不願意放棄自身的夢想。

後來，希特勒同父異母的哥哥威廉·派屈克·希特勒受不了父親的壓迫，在一天深夜裡逃離家鄉，再也沒有返回，有趣的是，派屈克·希特勒在二戰期間加入了美國海軍，抗擊希特勒政權，但這是後話了。哥哥的離去，導致父親的權威全都集中到阿道夫一個人身上。但這種獨裁高壓只會引起叛逆的阿道夫越發倔強，以至於父親為了摧毀這位剛進入青春期兒子的反抗，愈來愈常打他。希特勒幾乎每天都挨打，有一次父親甚至把他打到不省人事。

遭受挨打又無法還手的希特勒，產生了一種深刻的屈辱感，照作者先前在校園中的觀察來看，被霸凌者通常厭惡霸凌者的舉止，但被霸凌者如果獲得能夠霸凌人的權力後，大多會沿襲霸凌者的特點，且手段會比之前霸凌他的人來得更狠。希特勒的人格特質發生了轉變，即使他拒絕承認，但無可否認的是，他承襲了父親的部分。希特勒早年的不安穩，使他產生了極端思想，也讓他學習到如何將這些思想深藏在心裡。他的性格比一般人來得早熟、缺乏安全感，他的表面上雖然穩重成熟，內心卻充滿著無比的憤慨和仇恨。為什麼希特勒上台之後，會實行許多危及整個德意志存亡的極端措施？因為他的成長環境告訴他，社會是冷酷、沒有同情的，不會因為「我為人人」而「人人為我」，所以在上台後，希特勒只一心展現自己的政治才能，在心理層面上，卻覺得自己沒有義務去為人民負責。

一九〇三年一月三日，阿道夫的父親早上跑去酒館飲酒，才剛坐下，身體便感覺不適，他手心不穩，打翻了一瓶葡萄酒，旋即昏倒在桌上，溘然長逝。父親的死對兒子來說，無疑是一個重大的打擊，十三歲的阿道夫．希特勒卻是悲喜交疊，他連一滴眼淚都沒有掉，因為他再也不用害怕父親的斥罵和虐待，終於能學習作畫了！然而，沒有父親的退休金，希特勒家庭的經濟來源成為了緊迫問題，希特勒的母親是家庭主婦，無法從事工作，而希特勒的哥哥已經離家出走，無法供應家庭經濟，希特勒的妹妹還僅是個七歲女童，並沒有生產能力。父親的遺產在毫無經濟來源的情況下日漸減少，僅剩一星半點。希特勒作為家族唯一有工作能力的男性，依然沒有出去工作，他沒有遵循父親遺命放棄藝術家理想，整天揮舞畫筆，修練繪畫技術。

父親去世後，母親克拉拉．波爾茲爾一人獨自照顧希特勒，母親對希特勒非常溺愛，與父親形同極大反差，她盡量抱持著慈母之心，使希特勒感受到家庭的溫暖，從而減少因丈夫粗暴而對希特勒產生的不良影響。但父親死後，希特勒很少為體弱多病的母親著想，甚至曾離開家庭數日，僅為找尋合適的地點作畫。

維也納之夢

維也納的名字始終是和音樂連在一起的。許多音樂大師，如海頓、莫札特、貝多芬、舒伯特、約翰．史特勞斯父子、格留克和勃拉姆斯都曾在此度過多年音樂生涯。對於藝術家來講，維也納是一個充滿著「奧國夢」的地方，許多藝術家都認為只要能經過努力不懈的奮鬥，便能在維也納獲致更好生活，亦即人們必須通過勤奮、勇氣、創意、和決心等積極精神，即可邁向富裕。阿道夫．希特勒和其他幾十萬名年輕人一樣，都是受到自由與成功的願景吸引，決心奔赴維也納。希特勒的親屬十分看好他的藝術天分，他的阿姨甚至送給他一筆可觀的旅學經費，相當於一個年輕教師一整年的收入，實際上這筆錢等於是奉送。

由於資金充裕，希特勒儘管在首都過得並不富裕，但維持一個小康生活還是不成問題。希特勒在西火車站附近租了一間小房間。這個地方是外來人口相當稠密的一區。雖然藝術學院的入學考試還沒考過，希特勒一來就把這裡租下，可見他對考試結果勝券在握，對自己的未來充滿無限憧憬。

藝術學院的入學考試分為兩個階段：申請人必須先繳交自己的作品，證明自己的能力，通過之後才能正式參加考試。希特勒通過初步審核，將在評審面前即席完成畫作。考試於一九〇七年十月二日舉行。有三分之二的考生落榜，阿道夫．希特勒就是其中一員。原來，當日評審給出的主題是人物畫像，希特勒因為不擅長畫人，只擅長畫建築，含恨落第。

有很多學者都提過同樣的問題：如果希特勒通過入學考試、希姆萊成為合格的農場主人、戈培爾當上作家、戈林繼續留在軍中，那歷史會不會從此改變呢？作者相信是會的，自信滿滿的希特勒從沒想過會落得這番處境，他陷入了重度憂鬱及憤怒的深洞中，為了不讓自尊心蒙羞，他把藝術學院落榜這件事封得密不透風，瞞著母親和親戚繼續待在維也納。希特勒本來想另外投考建築學校，想用建築來完成創作藝術的目標，結果也沒能考上，藝術家之夢徹底破滅。這還不算是最糟糕的事，希特勒失望回家後，他的母親被證實罹患惡性乳腺腫瘤，於一九〇八年十二月二十一日去世。

在雙重的打擊下，希特勒不得開始面對殘酷的現實，環境迫使希特勒開始面對謀生的問題，此時，他正式走上人生的征途。

一九〇三年至一九〇九年，希特勒離開了自己親愛的家鄉，帶著僅剩於無的遺產，展開了他的流浪生涯，他還是選擇到維也納去碰碰他的機遇，看看能不能找到能夠發掘他藝術才藝的貴人，但是無情的現實，迫使希特勒明白，要居住在維也納，並非如想像般容易的事！

儘管經費有限，且遲遲不見貴人，希特勒仍做著瞻前不顧後的藝術幻夢，他每天花費大筆金錢學習藝術，甚至只要一有機會就會去宮廷歌劇院，買站票欣賞華格納的作品演出，這種激情造成的結果是，他很快就阮囊羞澀。希特勒癡迷於華格納的作品，這種音樂彷彿帶給他無窮的魔力，使他在一次次的沉淪下得以振作，這並非偶然，眾所皆知，華格納的作品磅礴霸氣，慷慨豪壯，猶如千軍萬馬奔行草原，這與希特勒的個性如出一轍，正如他自己所言：「除了華格納之外，我沒有其他的前行者！」這種無形的力量後來被納粹政府大量使用，幾乎成為了第三帝國的國樂，另外，《尼伯龍根的指環》裡的《女武神的騎行》也成為納粹政權雷風厲行的象徵。

現實無情，希特勒不但沒有找到通往藝術家之路的管道，還耗盡了僅剩的家產，連一餐溫飽都成了問題，他不得不向現實低頭，無奈地當上了雜務工人，白天在街上掃雪，或在車站外為旅客搬運行李，晚上在街上遊蕩，在公園的長椅上，或在別人家的門口外露宿，最後希特勒只好典當身上的衣服，把換來的錢用來買食物充飢，隨著時間過去，衣服也一天比一天少，飢寒交迫的希特勒只好跑到流浪者的麥德林收容所，在當時社會人們的價值觀看來，就是市民階層中最為低賤的境地。後來希特勒回顧他過去這段歲月時，曾哽咽道：「飢餓是我忠實的伴侶，形影不離也揮之不去，是我生活中最無情面的友人，常常要與他進行搏鬥。」

後來，希特勒想了個謀生的好辦法，在市場上出售他自己繪製的畫片，大多是維也納的著名景點建築，如奧地利國會大廈等，有部分是風景的水彩和掃描，他的畫作都有一個共通點，就是沒有人物，只有冰冷端莊的建築，這和他不美滿的童年有關，父親的家暴導致希特勒養成內心孤僻的個性，這雖然無法從他外表的言詞看出，但卻可以從作為心理釋放路徑的畫作得知。

希特勒的畫作售價便宜，具有一定銷量，靠著這點微薄的收入，他能有兩餐充飢，不至於挨飢抵餓，這是他在這段流浪生活中最為自鳴得意的一點回憶，他認為自己利用其天賦藝術才華取得了自己生存。雖然希特勒一輩子都在追求畫家夢，但卻從未賣出一幅值錢的作品，諷刺的是，在二次世界大戰結束後，希特勒在早年以低價出售的新天鵝堡水彩畫，竟被以十萬歐元的天價購下。就某方面來說，希特勒真的成為一名「知名畫家」了。

希特勒在維也納的歲月，是他生命中最困難艱苦時期，人生從沒有如斯卑賤過，但這也是他人生中最有價值、最有意義的時光，這段期間內，希特勒對社會缺乏感恩、滿懷惆悵，他的思想開始由失意落寞轉為憤世忌俗，最終，他在心理上的極端思想逐漸完備，成為一股無法動搖的力量。

就希特勒自己所說：「我創造了一門知識的基礎，這份基礎我至今仍受益良多。在這段時間裡，我塑造了一幅世界圖像和一種世界觀，成為我現在行動的堅定基石。」希特勒觀察了各個種族的性質及民族性，總結出了一個想法：「任何放蕩淫穢的事情，都是醜惡的猶太人所為！世上沒有比猶太人更可恥、更低下的物種！」他更認為上帝在創造人類的過程裡，在道德點上存在了一些矛盾，造就了如猶太人這一類的「敗類」。在《我的奮鬥》中，希特勒把維也納描寫成「種族混雜的巴比倫」：「讓我最反感的是帝國首都的人種駁雜，我十分厭惡這種由捷克人、波蘭人、匈牙利人、俄羅斯人、塞爾維亞人和克羅埃西亞人混在一起的種族大雜燴。而最讓我討厭憎恨的，除了猶太人還是猶太人，他們就像無所不在的人類病菌。這個大城市對我來說，有如一個雜交亂倫的化身。」希特勒僅用一方角度的見解，為日後種族滅絕猶太人，埋下了可怕的伏筆。

事實上，只要稍微讀過希特勒的生平，就能發掘出他的激進個性是習慣性養成的，希特勒其實從來沒有實質意義的讀過一本書，因為他認為「所謂讀書的藝術，乃是記住重要的，忘掉不重要的。」換句話說，希特勒從來沒有從頭讀到尾，而是囫圇吞棗，從書裡找出他自認為適合他的東西來讀，這種主觀式的行徑影響了他的思想形成，他無法接受自己不認同的，卻又大量吸取自己認同的，使他越發對自己的行為感到正當，認為自己永遠是正確的。希特勒的記憶力很強，可以在無數的抽屜中，一次就找到他想拿的東西，海軍元帥鄧尼茨也曾回憶：「他的思路很清楚，我接受吉爾伯特博士的智商測驗的時候可以記下九位數數字，但希特勒有著驚人的記憶力，只要是讀過的東西全部都能想起來。」可惜的是，希特勒的高智商並沒有應用在正確的路徑，反而運用在仇恨性的激進思想上。

一九一三年的春天，此時希特勒已經二十四歲了，按照當時奧地利法規規定，年滿二十四歲的男性有義務兵役的責任，然而他卻離開奧地利，按照他日後的說法，他離開維也納並非要逃避軍役，實際上是他不想與他視為低等的猶太人、斯拉夫人一起在軍中服役，據他自己所說：「我的心過去一直都是嚮往著德國。」

屢建奇功的傳令兵

一九一三年的春季，希特勒到達了德國的慕尼黑，如同在維也納一樣，希特勒也只是一貧如洗的流浪漢，沒有親朋，也沒有職業，然而歷史的發展往往是戲劇性地發展。一九一四年戰爭爆發，同年八月三日希特勒上書巴伐利亞國王路德維希三世，申請參加巴伐利亞兵團，這次申請獲准，也就是希特勒人生舞台的關鍵，正如他日後所說：「由於歡喜若狂，我跪在地上，衷心感謝上蒼讓我有幸生於此時！」

十月二十一日，希特勒隨著自己的聯隊乘著火車高唱凱歌開往前線，在寫給慕尼黑友人恩斯特・赫普的信中，希特勒描述了在伊普雷第一次參戰的情景：「一陣陣砲彈在我們頭頂呼嘯而過，在林子邊緣爆炸，樹木被削倒，好像它們是稻草似的，我們好奇地觀看著，此時，我們尚不知有任何危險，我們誰也不害怕，大家都焦急地等待著衝鋒的命令。」不過很快，希特勒就體驗到了戰爭的殘酷：「我們衝鋒了四次，都被壓了回來，這群士兵除我之外僅有一人生還，而他最終也倒了下去，一顆子彈打穿了我的右袖，但如同奇蹟一般，我卻安然無恙。後來我們發起了第五次突擊，這次我們占領了林子邊緣和農莊，戰鬥持續了三天，團長戰死，副團長受重傷。」希特勒冒著猛烈的砲火找到了一名軍醫，兩人協力將副團長拖到急救站。據希特勒說，他所在的第十六步兵團僅存軍官三十名，士兵總數不到七百，倖存比率只有五分之一，但進攻的命令不斷下來，最終德軍以慘痛的代價奪取了伊普雷。

此次攻勢結束之後，英法兩軍為了防止德軍繼續突破開始建築壕溝，德軍在幾次衝鋒被擊退後，也有樣學樣地挖起壕溝，兩軍陷入了敵不動我不動的膠著。希特勒此時已經不是普通士兵了，而是被上級選中擔任傳令兵的職位，這個職位死亡率非常高，總是要爬出戰壕，暴露在敵人的視野中，才能往返後方及前線當中。曾有一次，希特勒在準備跨出壕溝傳令時，見了四位準備突襲的法國士兵，希特勒馬上拔出手槍，嚇得毫無預料的法國士兵立刻把槍扔了，舉手投降，希特勒因此受到表揚，長官馮．圖波夫上校誇獎道：「沒有甚麼情況會阻礙他進行最困難最艱鉅最危險的任務，為了祖國和他人，他隨時準備犧牲自己的生命和安寧。」此事經過了兩個月之後，希特勒得到了一級鐵十字勳章，一次世界大戰中要獲得鐵十字勳章是較為困難的，但是希特勒僅是一名下士，卻得到了上級也得不到的殊榮，這使希特勒頗為驕傲。在後來的從政生涯中，希特勒總是會在胸口佩戴三枚勳章：一枚是納粹黨黨徽、一枚是一戰後期獲得的重傷勳章，最後一枚則是這次獲得的一級鐵十字勳章。

愛犬「小狐狸」

希特勒很喜歡養狗，這個習慣是一戰的時候養成的，他曾在戰壕裡抓到了一條英國軍人養的白色小狗，給了潦倒孤寂的他一點安慰。這條小白狗原屬英軍，在陰錯陽差之下跳進了希特勒的戰壕。希特勒將狗抓住：「我以巨大的耐心對它（它聽不懂德語），慢慢令它習慣與我相處。」希特勒給它取名叫「小狐狸」，並教它諸如爬梯子之類的把戲。從此之後，希特勒與小狐狸從不分離；晚間時，它就睡在他身旁。「在第一次世界大戰中，在弗隆美爾，有多少次我在凝視我的愛犬小狐狸呀！」後來每當希特勒談到他的愛犬，總是眉飛色舞，好像甚麼政事都被拋諸腦後一樣，由於希特勒多次提及，史料上不乏有許多關於小狐狸的記載橋段：「小狐狸對一飛舞著的蒼蠅所作的反應時，他是何等神往。首先，它全身發抖，好像受了催眠術一般，像老人一樣皺起眉頭，然後，突然一躍而起，朝他猛吠。」「我常常注視著它，好像它是一個人似的——注視著它發怒、咆哮的各個過程。」希特勒吃飯時，小狐狸就坐在他身旁，目不轉睛地注視著他的每個動作。希特勒不給牠東西吃，小狐狸便會坐立起來，看著主人，好像在說，我怎麼辦？「我多麼喜歡牠呀，真有意思！」

後來，希特勒的部隊經歷了一場損失慘重的戰鬥，希特勒幸運生還，但受創的十六軍團早已疲憊不堪，被上級命令退出戰場，調往阿爾薩斯休整。在搭上軍用火車時，有個鐵路官員對小狐狸的可愛舉止為之傾倒，向希特勒出價兩百馬克購買他的愛犬。希特勒怒氣沖沖地回答說：「你出二十萬我也不賣！」不料，在部隊下火車時，希特勒竟找不到小狐狸。迫於跟上隊伍，希特勒根本無法四處找尋，「我絕望了。偷我愛犬的豬玀不明白，他之所為對我究竟意味著什麼。」大概與此同時，另一個「豬玀」用槍挑開了他的背包，偷走了裝有速寫畫、油畫和水彩畫的箱子。照當時看來，小狐狸、繪畫當屬希特勒在戰爭期間為數不多的依靠，兩度受侮辱和心靈受創，對希特勒的個性發展多少起了些加速的動作。

希特勒的兩次重傷

希特勒的武運很好，在過去數月中，希特勒多次差點送命，卻總是化險為夷。等到希特勒變得有名後，曾接受一名記者採訪，在問到有關一戰的看法時，他驕傲地說：「有一次我在戰壕裡與幾位戰友一起吃晚飯，突然好像有個聲音在對我說『快起來到那邊去』。聲音清晰，不絕於耳，我只好機械地服從，好像它就是一道軍令似的。我手裡捧著飯盒，立刻起身，沿著戰壕行進了約二十碼。當我坐下來繼續進食，還沒吃幾口時，只見火光一閃，從我原來待過的地方傳來一聲巨響，一顆流彈在那裡爆炸了，留在那裡的人全被炸死。」

沒有任何人能證實這段故事的真實性，所以不排除有希特勒自吹自擂的成分，不過他運氣真的一直很好，直到戰爭結束時，希特勒只有在前線重傷過兩次，一次是在索姆河德軍的失敗攻勢，希特勒當時處於無人區，身負重傷（據說是睪丸受到槍彈擊中），正當希特勒一瘸一拐，狼狽走回陣地時，有一位英軍士兵（坦迪）發現了他，並拿著步槍朝他指著。希特勒顯然已經精疲力竭，既沒有舉槍也沒有驚慌失措，只是毫無表情地盯著坦迪，似乎在等待已無可避免的最後時刻。「我當時的確瞄準了，但我從來不射殺傷兵，」坦迪日後回憶起當時戲劇性的一刻，「我讓他走掉了。」希特勒略略點了點頭，然後就慢慢走遠了。

希特勒在索姆河的傷勢一直未有定論，有些人認為希特勒是睪丸被擊中，以至於在第二次世界大戰時，英國人為了戳希特勒的痛處，特地發明了首《希特勒只有一顆蛋蛋》之歌，歌詞是這麼說的：

希特勒只有一個蛋蛋／Hitler has only got oneball
戈林有兩個，但都非常小／Goring has two but very small

希姆萊情況很相似／Himmler has some thing similar
可憐的戈培爾閣下則一個都沒有／Poor Old Goebbel has no ball satall

這首歌雖然毫無根據性，卻是二戰英軍最耳熟能詳的另類軍歌，此歌詞使用了柏忌上校進行曲的曲調，哼唱起來十分歡樂，容易上手。

第二次負傷是在一戰末尾，希特勒在伊普萊斯的前線等待命令時，英國軍隊突然發起龐大砲擊攻勢，將士兵們打得抬不起頭來，其中打來的一發毒氣砲彈落向了距離希特勒十碼之內的無人區，頓時掀起一波芥子氣粉塵，無法及時帶上防毒面具的希特勒害怕地爬出壕溝外，但已經太遲了，芥子氣已經進入接觸身體，希特勒雙目失明，神志模糊不清，陷入半昏迷狀態。還好一旁有位熱心的士兵及時察覺，拖著希特勒撤退到後方醫院。

希特勒在醫院待了一個月，就在視力即將恢復時，一位老牧師跑到醫院宣布一個令希特勒不能相信的消息：德國境內發生政變，德皇威廉二世已經退位，並且逃往荷蘭，柏林已經宣布成立共和國，並將簽訂停戰協定，德國已經戰敗！希特勒簡直氣瘋了，但這還不是最糟糕，戰後簽署的凡爾賽條約明確表明德國需要大裁兵，希特勒因此失去了穩定的軍務工作，他滿懷憤恨，一切努力都白費了，二百萬陣亡將士的犧牲居然換來屈辱求和！自己為國家奉獻了四年，卻換回「無業遊民」的稱呼！德國的戰敗使希特勒的極端仇恨發展到無以復加，他對新成立威瑪共和政府沒有任何好感，心裡想著：只有傻子、騙子、罪人才希望自己的敵人會大發慈悲！另外，他將德國的戰敗解讀為「背後中了暗箭」，認為德國本來能繼續抗衡協約國，不過猶太人、吉普賽人、共產黨徒在背後撕裂德國，才導致戰敗。希特勒對種族上的自我見解越漸根深柢固。

事後，當希特勒回憶起德國革命的這段日子時，這麼寫道：

一切都成為泡影了。我們所有一切犧牲和困苦，完全等於虛擲，幾月來的忍饑耐渴，完全等於虛擲。我們出生入死所費的時光，完全等於虛擲，兩百萬人的頭顱也完全等於虛擲了！我們的國家怎樣呢？

但是，我們所應忍受的犧牲就以此而完結了是嗎？過去的德意志，不值得我們懷念嗎？德意志對於固有的歷史就無任何的責任嗎？我們配受德意志過去的光榮嗎？這種舉動。我們對於後世的子孫，又要用什麼來解釋呢？

我輩人真是卑劣的罪人！

當時我愈想要了解這種驚人的事變，愈覺得羞忿交集。我兩眼所受的痛奪，和這種禍難互相比較，那又算得了什麼呢？此後我日夜感到不安。我知道——一切都化為烏有了，深夜沉思，我對這事件的主動的人就更痛恨了。

在德皇之中，對馬克思主義的領袖表示親善的，以威廉二世為第一人，他從不知道他們就是無信義的惡棍。因為當他們和德皇握手親善的時候，另一雙手已經暗中拿取利刃了！對於猶太人是沒有什麼條件可講，誓不兩立。

遇見德國工人黨

一九一九年在德國慕尼黑，一個名叫德國工人黨的小政黨誕生了，這是納粹黨的前身。工人黨並不是希特勒創辦的，當年建黨時希特勒沒有甚麼正經工作，戰後的經濟情況太糟糕了，除凡爾賽條約的苛刻賠償外，共產黨與政府軍的屢次內戰，也致使民生經濟無法恢復，失業率大增。希特勒求職失利，只能做些打雜的事務，如掃雪、提行李、業餘作畫……就跟維也納時期一樣，不過舊大衣上多了兩片勳章罷了。

好消息是，戰後不到一年時間內，軍方又重新錄用他了。一九一九年五月，巴伐利亞的政局正臨風雨飄緲階段，數場共產黨員暴動讓地區經濟受到了巨大破壞，國防軍「保防與宣傳部門」為維持秩序開始大招特務、線民，提倡揭發造反人士。希特勒靠著一戰時期的戰功，被國防軍選為線民，負責臥底於德國工人黨內，通風報信，防止造反。希特勒對此非常高興，他認為自己重新被國家重視了，喜孜孜的前往調查監視，成為編號五百五十五的黨員。事實上德國工人黨才沒有這麼多人，他們為了壯大聲勢所以從五百〇一開始編號，希特勒加入時，這個政黨也僅有五十五名黨員而已。

希特勒當時十分看不起德國工人黨，是懷著一種蔑視的心態去參加政黨的，在此後的黨內聚會中，希特勒總是在等待結束，毫不關心，也毫不重視。直到一天，有位主張巴伐利亞獨立的德國工人黨幹員站起來發言，他聲稱必須把巴伐利亞從普魯士德國分離出來，這下希特勒可生氣了，他是堅持大德意志帝國觀點的，因此不由自主的站起來痛斥幹員，以滔滔不絕的口才、精闢的論點，足足演說了十多分鐘，痛斥巴伐利亞分離運動者是中了猶太人「要把德國分裂成兩個國家」的奸計，「我的話還未說完，他已經像喪家之犬一般的狼狽逃出去了。」

時任黨領導的德萊克看中希特勒的口才，對他委以宣傳重任，並將他升為主席團委員。希特勒憑著他高超的演說技巧，在短短幾個月就變成了德國工人黨的大老，招募了破千名黨員，不久他將軍方臥底身分辭掉，專心政界，並於一九二一年取代德萊克，成為新任黨領導。

任職領導後，希特勒著手改革德國工人黨，他將黨名改為「國家社會主義德國工人黨」，實際上這個組織不是社會主義性質的政黨。按照希特勒自己的定義，什麼叫國家社會主義呢？一個人只要理解日耳曼是偉大的民族，德意志高於一切，德國、德國人民和德國領土比什麼都重要，那他就是一個國家社會主義者。希特勒利用這種鼓吹民族自尊心的政策，為戰敗後無所依靠的德國居民提供了向心力，他們在納粹黨中得到了睽違已久的認同感。使納粹黨成員急遽增加！

除了更改黨名，希特勒還親手設計黨的標誌。從一九二〇年起，希特勒開始負責納粹黨的宣傳工作，他意識到黨需要一個明顯的標誌，以區別於其他政黨，所以他準備設計一面黨旗，讓人看一眼就忘不了。希特勒為什麼最終採用卐字旗作為黨旗？大約有幾種說法：有人說是把印度的日輪祈福符號改良而成的，有人說是從牙醫那取得靈感的，有人說是從古老的雅立安書籍中得知的，有人認為是從教堂的十字架為基礎加工的，總而言之百年來未有定論。

納粹的旗幟非常鮮豔，紅底，白圓圈，中間一個黑色的「卐」，特別醒目，再加上希特勒的宣傳鼓動，無數反猶主義者和失業工人很快就聚集到這面旗幟下，甚至連納粹的反對者都認為這個「卐」字符具有催眠效果。像《第三帝國的興亡》的作者威廉・夏伊勒就說：「那個彎鉤十字，似乎在召喚那些一直在戰後混亂的歲月裡、痛苦掙扎的沒有安全感的中下層人民。」

在眾多吸引黨員加入的宣傳政策中，外表占了很大的因素，除了黨旗外，希特勒也親手參與設計黨制服，他與boss西裝公司合作商議，設計了一套華麗醒目的制服，這對渴望安全、穩定的人們，具有巨大的吸引力。德國人本來就有服從權威的傳統，他們就喜歡參加這種氣派、威嚴的組織。希特勒曾說過，要把制服設計得帥氣好看，這樣才能吸引年輕人。當時納粹黨的制服，是褐色的襯衫、長褲、長靴法式平頂帽、黑領帶，再加上鮮豔的旗幟，對年輕人有很大的吸引力。加上希特勒要求雨果「體現帝國軍人的威武」，因此制服看上去既修身又挺拔，絕不鬆垮，即使是最下層黨員的制服，雨果製作的服裝堅決不批量生產，而是分為大號、中號、小號分別生產，這在當時是史無前例的。

隨著納粹黨的勢力不斷壯大，希特勒開始謀劃暴力奪取權力。

戰後，由於凡爾賽條約的關係，德國被迫背負巨額的賠款來補償戰勝國的戰爭損失，再加之國內經濟一落千丈，已經到達了崩潰的邊緣。一九二三年初，一美金兌換一萬八千元馬克，但是年末時，一美金可以兌換四十億馬克。一九二三年購買一顆雞蛋的馬克，在十年前可以買三千萬顆雞蛋，通貨膨脹導致社會矛盾充滿了變數，社會動盪不安。也就是在此時，希特勒納粹黨大刀闊斧的極端政見贏得了一定的支持，把相當多對現實不滿的、在現實中有強烈失落感的、尤其主張大德意志主義的這些民眾籠絡在他的周圍。

在眾人的擁戴下，希特勒認為奪權的時機已經到了。用他的話講：「我們的運動的任務就是為帝國的崩潰做好準備，只有這樣才能在老的樹幹倒塌時，長出新的幼樹。」他決定暴力奪取政權，正好有線民聽聞當時掌控巴伐利亞最高權力的三位權貴正打算於一間啤酒館內召開政治會議，希特勒眼見機不可失，可以一網打盡，因此倉促發動政變。

啤酒館政變

十一月八日晚間八點四十五分，希特勒率領他的衝鋒隊及其追隨者來到慕尼黑貝格勃勞啤酒館，這個啤酒館在慕尼黑的市中心附近，館內空間很大，可以同時容納三千人。當時巴伐利亞州州長卡爾、巴伐利亞軍區司令洛塞夫、還有警察局長賽塞爾在那裡召集會議。希特勒決定衝進啤酒館，將這些高官扣押起來，然後宣布起義，奪取政權。

希特勒帶領衝鋒隊進入啤酒館時氣焰囂張，拔出手槍朝天發射，並大喊：「全國性的納粹黨革命已經開始，大廳已經被包圍，誰都不許亂動！」局面控制住後，希特勒開始發表演說：「為了建立一個大德意志國家，不是今晚革命就是明天死亡……」希特勒將巴伐利亞州州長卡爾、巴伐利亞軍區司令洛塞夫、警察局長賽塞爾等人押入房間內，但無論希特勒如何地威逼利誘，甚至將手槍扣上卡爾的頭，逼其妥協，他們始終不發一語，在這種情況下，希特勒只好欺騙啤酒館的群眾：「巴伐利亞官員已經將權力轉交給我們了！」其實根本沒這回事。而大廳中的納粹黨徒和不明真相的群眾，見他這麼說，開始反射性地歡呼起來，紛紛響應加入起義。

被希特勒押入房間的三名官員聽到納粹黨徒和群眾的歡呼後，還真以為希特勒這麼有群眾基礎，於是默認了希特勒的要求。希特勒當時的政治手腕還不夠熟練，稍後竟然就把那三名官員放了，去處理納粹黨跟別的反對派之間的鬥毆。如果當初希特勒繼續扣押他們，起義人士大可以以他們的生命威脅慕尼黑市政府、甚至逼迫巴伐利亞州政府讓權，啤酒館政變的籌碼將會大大增加，然而希特勒太大意了。釋放官員後，他們立刻逃回政府辦公處，開始糾集平叛的力量，在各路上加派警力人員，守護慕尼黑。

第二天正好是德意志聯邦共和國國慶，早上十一點多，希特勒帶著追隨者朝慕尼黑市中心前進，準備包圍州議會、警察局這些重要的樞紐。不過情況並不順利，他們在路上碰到了警察的兩次阻攔，第一次阻攔中，前空戰王牌戈林從人群中走出來，威脅要殺死啤酒館抓來的人質。警察們只好讓開道路，讓他們繼續前進。當他們正準備從狹窄的街道到慕尼黑寬敞的歌劇院廣場集合時，他們遭到了第二次的阻攔。警察排成一排，堵住街道，起義人士在前方十公尺停下隊伍，在雙方不知如何應對的情況下，陷入僵持狀態，直到不知是哪位警察太過緊張，竟擦槍走火地開了一槍，其他警察以為已經接到政府的射擊命令，也聞風而起跟著開槍，希特勒的黨徒頓作鳥獸散，希特勒本人也在混亂中受傷，當時就被逮捕了。

在庭審過程中，第一個被叫上被告席的就是希特勒。從審判一開始，希特勒就成了審判庭上眾人矚目的中心人物，他將被動轉化成主動，利用擅長辯論的優勢，將法院搖身一變為最後的政治舞台。他的發言，一部分是訓示，一部分是勉勵，一部分是謾罵，自始至終都引人入勝。在審判進入尾聲時，希特勒的演講氣氛迎來了前所未見的高潮，他對法庭表示：起義雖然敗北，但人們必定尊他為德國人的英雄，因為軍隊和起義者及支持者註定是會和解的，「我相信，今天在街上舉起卐字旗的群眾，與向他們開槍的人們團結一致的時刻，將到來。我堅信，這次的流血，不會永遠將我們分開。」希特勒不顧法官的駁斥，繼續說完了最後幾句話：

「我們建立的軍隊正日漸強大。即使在此時此刻，我本人也驕傲地希望，終有一天，我們的原始新兵將會由連發展為營，營發展為團，團發展為師，昔日的帽徽將會被從泥潭中拾起，昔日的旗幟將在我們面前飄揚；到那時，我們就將在審判的法庭與上帝的法庭中獲得和解；到那時，我們準備出庭；到那時，唯一有權審判我們的法庭的聲音，將從我們的殘骸中、從我們的墳墓中響起。因為，先生們，對我們宣布判決的不是你們，只有永恆的歷史法庭，才有權對我們的起訴做出判決。」

希特勒的雄辯引來了許多婦女的熱愛，當檢察官準備宣判時，法庭內已經擠滿著為她們的偶像希特勒獻花的婦女。

最後，法庭人士也被希特勒的演講說動了，僅判處希特勒五年徒刑，將其關入蘭茲堡監獄。

在蘭茲堡監獄的這段期間，希特勒閒著沒事，百般無聊，於是打算創作本自傳，希特勒從典獄長那裡租來的打字機，吃力地將手稿打出來，希特勒預期寫出一篇有血有淚、能感動人心的文章，但結果卻大相逕庭，希特勒擅長的是即時發揮的演說，要寫出思緒縝密的文章對他來說自然十分困難，還好，不久後先前曾參與過啤酒館政變的副手——魯道夫·赫斯也被捕入獄，和希特勒關在一塊，赫斯曾擔任希特勒的秘書，文筆程度相當不錯。赫斯見希特勒不方便，就幫他出主意，採用雙人分工的方式，也就是「希特勒對空氣演講，而魯道夫·赫斯在一旁記下所說」的模式，創作了史上最為爭議的一本書籍——《我的奮鬥》，這本書雖然被分類為自傳，但自傳成分卻很少，乍一看來，這本書活像一部知識大雜燴。把希特勒海闊天空、東拉西扯，所有的情況原封不動地寫下來，內容涉及文化、歷史、教育、戲劇、繪畫、建築、地理、婚姻、性生活、賣淫，其中還用了十頁篇幅專門寫梅毒，並原封不動地出版了。但即使如此，全文始終貫穿著一點：復仇。

其實，希特勒在獄中過得還蠻愉快的，他得到了許多不滿現狀人士的擁戴，甚至還能靠著跟獄卒的關係，自行列印地下報紙，讓犯人閱讀時事，頭版頭條大多由希特勒所撰寫，裏頭的字句總是充滿著魔力般的吸引力，並無形中的帶入民族主義，讓讀者不知不覺成為國家社會主義的認同者。

另外，由於希特勒把主要精力轉入他的著作，沒有閒心管理政黨了，便讓他的黨員自由取鬧，這是國家社會主義德國工人黨最民主、最歡樂的一段時光，希特勒完成一段書稿後，甚至會離開書桌，和普通黨員一同玩耍嘻笑。

有一天晚上，十多名幽默的納粹黨員「逼迫」希特勒作了一次老式的農民惡作劇遊戲。他們用鍋黑塗黑了臉，用床單裹住身子，拿著火鉗和掃把，跑進了希特勒的牢房。他們揮舞著他們的武器，強迫希特勒加入他們的鬧劇。黨員以巴伐利亞的喜劇形式，重現了慕尼黑審判的情景。據獄卒赫姆里希記載，希特勒參加了這次遊戲，接受了他們的審判——遊街德國，然後「一邊搖頭，一邊笑著回去工作去了。」

希特勒當時和黨員簡直和朋友沒有甚麼兩樣，這種「善意的老大」，獲得了普遍受刑人的歡迎，就連典獄長雷波爾德也被影響，他在給司法部的報告中寫道：「（希特勒）嚴守紀律和秩序，待人彬彬有禮。」雷波爾德甚至向上級建議讓希特勒減刑。

另外，希特勒經常在監獄召開晚間聚會，對囚犯們發表長篇演講。在獄中隨意聚集可是要受罰的，當時獄卒赫姆里希的工作是負責檢查晚間犯人們的聚會，確保他們不會有所密謀。但是他卻被希特勒的演說屈服了，他和其他獄卒經常站在門外，全神貫注的聽著，好像中了魔咒一樣，全然忘記身為看管者的職責。每當集會結束時，希特勒總是高喊萬歲，接著大家不約而同地高唱啤酒館事變那天唱的歌曲：

即使他們將我們出賣，
或將我們當牲口虐待，
我們深知我們的事業，
忠誠祖國，責無旁貸。
胸懷之希特勒精神，
永不磨滅，
永不磨滅，
希特勒衝鋒隊！

出乎意料的是，希特勒很快就被特赦釋放了，前後關押時間也才一年一個月，這其中是不是有外人介入呢？恐怕連希特勒也不知道。十二月十九日，希特勒向友人們作了告別，並將身上所有的錢（二八二馬克）給了他們。他與獄友、獄卒們握手告別，並感謝他們為他做的一切。希特勒事後回憶：「我離開蘭茨貝格時，大家都哭了，我可沒哭！我們全把他們爭取到我們的事業一邊來了。」

競選國會席次

希特勒釋放後，德國的政經情形已有了顯著改善。經濟重新復甦對德國是好的，但也阻礙了納粹黨這種極端政黨執政的機會，即使啤酒館暴動讓希特勒受到舉國的關注，納粹黨的勢力範圍卻鮮少能跨越慕尼黑以外的都市。另外，無法繼續壯大的原因還有一點：由於希特勒曾策畫啤酒館事變，被視為危險分子，因此在巴伐利亞邦，德國工人黨被勒令解散。

德國工人黨的主要根據就是巴伐利亞的慕尼黑，這使得黨內元氣大傷，不堪再戰，但希特勒出獄不久後，他僅靠一張嘴說服巴伐利亞總理解除對納粹黨的禁令，但巴伐利亞總理為了掌控秩序，還是授予了一道較為折衷的禁令——不准希特勒公開演講。希特勒雖然生氣，但是他無可奈何，畢竟德國工人黨雖然舉國上下人人知曉，但卻沒有幾分勢力能反抗。

無法事必躬親的希特勒開始重用其他黨員做事，如任命了現行的國會議員的格里哥・斯特拉瑟為黨的組織機構部長，希特勒授權他在德國北部組織新的黨部，但是具有野心的斯特拉瑟卻將北部視為自己的根據地，開始提倡將德國工人黨轉為左派政黨，並與希特勒互鬥。放開偏見來說，斯特拉瑟是一位能力與希特勒能相提並論的人才，宣傳技術更是一流，甚至拉攏到原本傾向希特勒派的約瑟夫・戈培爾加入左派，可惜就算是人才，他影響到了希特勒威信，在一九二六年的巴姆堡會議，希特勒利用各種手段，終於將斯特拉瑟鬥垮，戈培爾等人眼見情勢不利，轉而加入希特勒的一方。

在此次黨內危機之後，希特勒更加集中黨的權力於己身，並確立了「領袖掌管一切」的原則。

在經歷過分裂危機後，納粹黨的支持率逐步攀升，但還是遠不及「多數」。直到希特勒迎來了政治生命轉捩點，也就是一九三〇年爆發的經濟大恐慌。經濟大恐慌席捲了世界的每個角落，不論是已開發或開發中國家，皆不能倖免。經濟好不容易轉好的德國再度跌入貧困深淵，經濟情況之慘烈，就像回到了簽署凡爾賽條約的那段悲慘回憶。

伽利略曾說：「需要英雄的國家真不幸。」在繁榮時期，民眾不可能會接受大刀闊斧的政見，每當有改革政策執行，一定會犧牲掉其他人的權利，因此「英雄式」的政策是沒辦法在繁榮時期做到的。但在社會陷入近乎垮台時，民眾們早已一無所有，沒有畏懼犧牲權利的本錢了，此時最需要的便是一位雷厲風行的英雄出現。原本在經濟大恐慌前，納粹黨僅有一二席的國會席次，但至一九三〇年九月（大恐慌開始奏效）飆升成為了一〇七席，成為國會的第二大黨，在獲得了國民前所未有的支持下，一九三二年希特勒打算參選總統。

希特勒參加了兩輪選舉，兩次皆得到約百分之三十五的第二高票，但都敗給總統保羅·馮·興登堡，但經濟大恐慌是越演越烈的，終於在一九三二年七月的德國國會選舉，納粹黨獲得兩百三十個席次，成為國會第一大黨。時任內閣總理的弗朗茨·馮·帕彭（隸屬興登堡派系）知道，如果要繼續穩定執政，就必須得到納粹黨的支持，於是企圖說服希特勒答應接受副總理此職位，並與自己合作。希特勒認為納粹黨既已經躍升為國會第一大黨，應該擔任總理，而不是副總理才對，因此向他提出此類建議。

興登堡一口拒絕了希特勒的請求，在私下輕蔑地說：「他最多只能當個郵政部長。」

然而不久後，興登堡派系發生了一次重大內鬥。帕彭接任總理後，委任施萊謝爾為國防部長。然而施萊謝爾的理念卻太過超前，與保守派的帕彭發生了尖銳的衝突，最後由於新興政策得勢，帕彭被迫辭職，施萊謝爾接任為德國總理。帕彭真是氣壞了，為了向施萊謝爾報仇，他竟然不惜贊助政敵希特勒！當時納粹黨因為過度耗費選舉經費，已經瀕臨破產邊緣，帕彭的援助如救命稻草般讓納粹黨重新復活。

興登堡眼看施萊謝爾、帕彭兩人同室操戈，對他們徹底失望，反倒是經過資金援助後的納粹黨變得煥然一新，成為眾望所歸的人民寵兒，在這種情況下，興登堡開始動搖，最終向親信說了一句：「我應該把盜獵者變成守林人。」

興登堡任命希特勒為總理，由納粹黨與國家人民黨共組聯合內閣。帕彭為副總理、胡根貝格為經濟部長，威廉・弗利克為內政部長及戈林為不管部部長等。一九三三年一月三十日在興登堡總統辦公室，希特勒宣誓成為德國總理。

希特勒——這位童年充滿痛苦不安的人，這位未能考取美術學院的人，這位在維也納淪落街頭遊民的人，靠著自我的奮鬥當上了德國總理。他曾說：「永遠不要輕視一個年輕人，因為他有一個不可預知的未來！」這話雖出自惡魔之口，但意思卻是無可否認的。在隨後的就職演講中，希特勒宣稱他將要為德國，取回應得的一切，並且重建德意志昔日的光輝，他指出第一帝國是中世紀的神聖羅馬帝國，第二帝國是普魯士擊敗法國後，俾斯麥建立的德意志帝國，而第一次世界大戰成立的威瑪共和國則是玷污了德國的英名，不配擁有帝國之名，希特勒表示自己將創立第三帝國，帶領德意志重振雄風，高唱今日德國，迎向明日世界！

國會縱火案

希特勒雖然擔任了國會最具權力的總理一職，但依然會遭到國會制約，他希望通過威瑪共和國憲法規定的《授權法》，規定總理可以不通過議會自行發布可以凌駕法律之上的命令，可是授權法需要國會三分之二的多數議員通過才能生效，而希特勒的席次卻僅有百分之三十四，無法強力執行，且身為第二大黨的德國社會民主黨（屬於左派）以及第三大黨的德國共產黨紛紛反對《授權法》通過。面對無法通過的窘境，希特勒開始找左派政黨的碴，譬如叫衝鋒隊前去共產黨黨部鬧事，或是對共產黨員的商店打砸。兩黨的仇視情緒迅速升溫，最終爆發了國會縱火案。

關於國會縱火案，歷史學者分成兩大論點講述：

一、一位荷蘭籍共產黨員不滿納粹黨打壓，一氣之下對國會大廈縱火。

二、這是納粹黨自導自演的鬧劇，意在給左派民眾扣上一頂「危險分子」的帽子，以此將其解散。證據是一級上將弗朗茲．哈爾德在紐倫堡審判時曾供認：「在一九四二年元首生日午宴上，當大家談論國會大廈的建築和其藝術價值時，戈林大聲說：『只有我才最清楚國會縱火案，因為火是我放的。』他一邊說一邊拍自己的大腿」。另外，國會大廈並非由木材組成，針對縱火案所抓到了共產黨員卻僅有一人，怎麼可能輕易將鋼筋水泥製造的大廈點燃呢？

國會大廈縱火案發生後，希特勒旋即頒布《國會縱火法令》（全稱《保護人民和國家的總統法令》）。

該法令取消了威瑪憲法所賦予的公民權，公民權裡所包含的言論自由、出版自由、通信和電話談話保密、集會結社自由、私人財產不可侵犯等，通通都被取消了，希特勒藉由此條法令，以「共產黨意圖暴動」為由，將德國共產黨領袖全數逮捕，並禁止共產黨員參加選舉。之後聯合「國家人民黨」一同通過《授權法》，立即在一個月內取締所有非納粹黨派。而國家人民黨也解散，併入納粹黨。此後納粹黨便無後顧之憂了，大方顯露出他的野心。

自從國會席次敲定後，納粹黨以國家秩序不穩為理由，大搞白色恐怖，取締除納粹黨外的一切政黨，解散一切工會組織，大肆搜捕、迫害和屠殺共產黨人、猶太人和一切反法西斯主義。希特勒為了排除異己勢力，甚至不惜過河拆橋，發動了長刀之夜，以武力解散衝鋒隊，衝鋒隊領袖羅姆遭到開槍射殺。

在清除異端黨派後，希特勒取消了德國的所有民間團體，盡數收為國有、取而代之，建立一系列由中央控制的大型團體，如同重視身體和軍事訓練的希特勒青年團（HJ）、主張以體育提高德國民眾的自信心，進而使德國工人提高生產力的國家社會主義體育聯盟（NSRL）、鼓勵培養家政及藝術等技能的德國少女聯盟（BDM）、以及提高婦女職業技能、知識水平和生活能力的國家社會主義婦女聯盟（NSF），這種將國家多元化狀態終止的舉動稱為「一體化」，目的在於直接管控國民，以及使國民參與納粹黨的旗下組織，進而感受歸屬感。

整頓德國的「民族英雄」

自一九三四年八月興登堡逝世後，希特勒在政治上已經沒有能相提並論的敵手了。興登堡去世僅僅三個小時後，希特勒宣布取消總統的職銜，並旋即通過《德國元首法》，以後德國沒有總統了，也沒有總理了，只有元首，《德國元首法》給予希特勒集總統和總理兩職於一身的權力，能夠獨攬立法和行政大權。在沒有複雜程序的拖延下，希特勒大力推進重整軍備，加速國民經濟軍事化，此時德國卻沒有多少反對的跡象，除了猶太人、地下共產黨員之外，德國民眾是非常感謝希特勒的，他不僅將德國的秩序及經濟恢復到一戰前的水平，還將失業率從百分之三十降到百分之三，並且大力推行社會保險制度，增加和提高國民的社會福利，擴大了職工的有薪休假制度，使希特勒自然受到民眾喜愛。

另外，希特勒也策畫了許多對德國經濟、娛樂有絕對幫助的計畫：

一、一九三三年末，希特勒創建大型休假組織「力量來自歡樂」。

「力量來自歡樂」舉辦了眾多經濟實惠的活動，如晚會、體操課程、游泳課程、縫紉課程，西洋棋比賽和音樂會，希特勒甚至花費了大把經費，建造呂根島普洛拉度假村，以及許多龐大的度假遊輪，有趣的是，為了緩和階級分化，遊輪雖然設有頭等艙、商務艙、經濟艙，船艙卻是依靠抽籤分配，而不是社會地位決定。這些改革使普通工人，甚至是普通農民都可以享受過去只有資產階級才能享受的休假旅遊，為將來戰爭爆發時德國民眾上下一體的愛國心打下基礎。

二、一九三八年夏天，希特勒策畫「國民車計劃」。

希特勒宣布「每個德意志職工擁有一輛小汽車」的目標，指令大眾汽車公司向美國福特汽車公司學習，以最小的利潤率、最低廉的價格大量生產工薪階層買得起的優質小轎車（即國民金龜車）。但是這個計劃卻未能實現，在將來的戰爭中，國民轎車計畫的經費被全數生產軍用偵查車，戰前所製成的車輛也幾乎收入國防軍的編制中。

三、一九三六年八月一日，希特勒舉辦「柏林奧運」。

在體育宣傳畫中，藝術家們被要求去展現雅利安人種的發達肌肉和英雄般的力量，強化「雅利安人種優勢論」，奧運成了希特勒和納粹宣傳其政治主張的舞台。在開場儀式的演說時，希特勒不小心暴露出了自己的侵略野心：「到一九四〇年，奧運會將在東京舉行，我們要用我們的飛艇把數以千計的德國觀眾和體育迷送去給你們捧場。然後從一九四四年往後，奧運會將永遠在柏林舉行。」

最重要的是，希特勒讓人民恢復了原本該有的傲氣，讓他們以自己是德國人為傲，使人民擁有一顆近乎瘋狂的愛國心。

希特勒除了對內治理，對外也展開了許多大膽行徑：

一、一九三三年退出裁軍會議和國際聯盟。

希特勒尚未上台前，國家聯盟的六十個會員國曾派出代表在日內瓦召開裁軍會議，議題是裁減軍備，特別是減少進攻性武器。在陸軍和海軍被《凡爾賽條約》限制的情況下，德國要求其它國家也將軍備裁減至德國水平，否則將建立自己武裝力量的權利。法國懼怕德國勢力復興，以「必須先考慮安全因素」之名，要求得到安全保障和建立一支國際警察部隊，如此才會同意裁減自己的武裝力量。法國此舉和現今美國利用聯合國之名頻頻干預他國政事很像，各國代表知道「國際警察部隊」的盲點以及法國的心思，因此沒有同意裁軍，裁軍會議不了了之，以休會之名擱置一旁，希特勒掌權幾天後，國家聯盟懼於德國的重新振作，重新召開裁軍會議。會議中，西方各國多次拒絕德國對軍事平等的要求，希特勒因此於一九三三年十月二十三日宣布退出裁軍會議和國際聯盟。

二、一九三五年三月十六日，希特勒撕毀《凡爾賽和約》。

希特勒向所有德國電台宣布：德國將不再遵守《凡爾賽和約》十萬部隊的限制，重新實行義務兵役制，並表示自己將擴建三十六個師，約合兵力五十萬人，事實上，連德國高級軍官們也因這種擴充軍隊的規模而感到驚訝。但強硬作風確實讓英法兩國開始讓步，英國首相艾登和外交部長西蒙訪問德國時，只能被動地聆聽希特勒的重新擴充軍備的報告，始終不敢說一個「不」字。

三、一九三五年六月十八日，與英國簽訂《英德海軍協定》，重建海軍。

《凡爾賽和約》後，德國被嚴令禁止擁有海軍，然而此時英國政府為了避免戰爭而一再讓步，最終簽訂《英德海軍協定》，使德國海軍合法化。其內容主要規定：德國海軍艦艇總噸位不超過英國海軍艦艇總噸位的百分之三十五。在潛艇方面，德國潛艇噸位不超過英國海軍潛艇總噸位的百分之四十五。這雖然看似限制了德國的海軍發展，但當時德國海軍總噸位根本不到英國海軍的百分之五，獲得了名正言順的擴張機會。

四、一九三六年十月二十五日，希特勒同義大利首相墨索里尼建立「柏林－羅馬軸心」。

「柏林－羅馬軸心」是軸心國的創始開端。一九三六年十一月，德、意、日三方簽訂《反共產國際協定》。一九三九年五月二十二日，德意兩國又簽訂《鋼鐵條約》，表示兩國在國際威脅或戰爭中，必須互相提供軍事支援，加強軍事與戰時生產。隨後三國又於一九四〇年二月簽訂《德意日三國同盟條約》，正式結成軍事同盟。希特勒認為柏林、羅馬、東京是地球的軸心、世界的中心，地球應該繞著軸心轉。可笑的是，這三個首都根本不在一條線上，地球又怎麼可能繞著他們轉呢？

五、一九三六年三月一日，進軍萊茵非軍事區。

萊茵河是一塊德國對法進攻的戰略要地，其戰略價值舉足輕重，因此一戰結束後，《凡爾賽和約》規定萊茵河以東五十公里內德國不得駐軍設防，就是所謂的萊因河非軍事區。進軍萊茵河時，希特勒的裝甲部隊尚未成熟，因此整個行動猶如孤注一擲般地冒險，希特勒事後回憶：「在德軍進駐萊茵河非軍事區以後的四十八小時裡，是我一生中神經最緊張的時刻。如果當時法國人也進軍萊茵河，那我們就只好夾著尾巴撤退，因為我們手中可以利用的那點軍事力量，即使是用來稍作抵抗，也是完全不夠的。」可是，法國卻未採取任何軍事行動，只是將此訴諸國聯，並建議實行經濟制裁。最後取得的不過是一紙口頭「譴責」的空文。

六、武裝干涉西班牙內戰。

當時西班牙局勢不穩，社會充滿種種矛盾，如左右翼分子互相攻擊、政府改革的失敗、舊勢力軍人與宗教人士的不滿，長期下來使得對立走向武裝鬥爭，最後在右翼軍人佛朗哥的策劃下引發了內戰。內戰爆發後，佛朗哥派出特使赴德請求軍援，希特勒在了解國民軍的來意後當晚便做出介入內戰的決定，先後派遣「禿鷹軍團」共兩萬餘名德國軍人參與西班牙內戰。並且給予西班牙一號坦克、BF1099戰鬥機、HE111轟炸機、JU877俯衝轟炸機等軍事援助。在軍事政變成功後，由佛朗哥所領導的法西斯西班牙並沒有因此加入軸心國。當時西班牙成為同盟國、軸心國的拉攏對象，為了在雙方的矛盾中贏得更多利益，同時也為了內戰後鞏固政權恢復國力，西班牙宣佈中立。

七、一九三八年三月十二日，希特勒將奧地利併入德國。

相比於捷克斯洛伐克的激烈反抗，德奧合併可謂你情我願。在合併後希特勒派出古德里安的裝甲部隊來奧地利遊行，許多德國攝影師聞風前來見證德奧合併。其中有張照片拍到一位婦女左手拿著手帕擦眼淚，右手正行著納粹禮，這相片在納粹垮台前被稱為那位婦女因為德奧合併而歡喜的落淚。而在二戰結束後，這張照片卻被認為是德軍強迫奧地利婦女行納粹禮，婦女含淚行禮。一張照片的真實含意竟然會被政治影響，頗具反思意味。

八、一九三八年九月十二日，德國威脅占領捷克斯洛伐克的蘇台德地區。

當時為了占領問題，英法德與捷克於慕尼黑召開會議，英國、法國為了避免戰爭爆發，頻頻讓步。而希特勒在這次會議上也一改之前的強硬作風，表示蘇台德地區是他對西方的最後一次領土要求。張伯倫對此毫不懷疑，回到倫敦下飛機的時候，還興高采烈地舉起會議條約，聲稱：這張條約換來了「一代人的和平」。他不知自己的舉動猶如與虎謀皮，一九三九年三月，希特勒撕裂慕尼黑條約，吞併捷克斯洛伐克全境。

九、一九三九年八月二十三日，德國與蘇聯簽訂《德蘇互不侵犯條約》。

《德蘇互不侵犯條約》是蘇聯對英法不信任下的產物，當時英法意圖聯合蘇聯進行某種程度上的合作，這使希特勒非常擔心，為了阻止三國合作，他開始向蘇聯伸出橄欖枝，表示將與蘇聯進行明確意義上的土地劃分。蘇聯也有意繼續抱持和平，在英、法、蘇三國談判不了了之後，德國外交部長里賓特洛普受蘇聯之邀，在莫斯科簽訂《德蘇互不侵犯條約》，此時距離德國閃擊只剩一個星期。

對猶太人的迫害

在他的納粹體系中，第一個重點即為種族主義。史達林曾說：「希特勒發動戰爭的勾當，是從散佈種族理論開始的。」希特勒把種族分成高低貴賤之分，並大量引用達爾文的社會進化論，宣傳優等民族能有權力與義務消滅劣等民族。特別是在他對猶太人的問題上，他怒斥他們是「像昆蟲一樣繁殖的劣等人類」，必須消除。早在一九三三年四月，希特勒便發布一項禁令，要求所有非雅利安人退出行政事務，但相比之後的舉止，簡直是相形見絀。

隨著希特勒權力的膨脹，反納粹立場以及猶太裔的記者和編輯被逐出了新聞界。野蠻指責猶太人的出版社充斥著各家報亭。直到二次世界大戰爆發時，帝國新聞院已經控制了德國百分之七十的出版業，就連兒童讀物也充滿著仇恨。這些讀物中，日耳曼人被描述成強壯、金髮碧眼、富有正義感的種族，猶太人則水腫、黝黑、腦袋充斥著對於金錢的渴望，是世界最大的禍害。

對德國的猶太人來說，一九三八年十一月九日是一個轉捩點，這是納粹政府對猶太人的迫害由政治壓制轉為使用暴力和武力的象徵。希特勒以一個猶太難民殺死一名德國軍官為由，命令部下採取瘋狂報復，在那天晚上，一群納粹黨黨員身穿便服扮演平民，手持火把、棍棒，有系統地大肆洗劫一千五百七十四間猶太教堂、放火焚燒一百七十一處公寓、打劫七千間猶太商店和工廠，玻璃櫥窗的碎片在月光的照映下，像是水晶一樣閃著淚光，就是著名的水晶之夜。此後約有兩萬名猶太人被捕送至集中營關押，在德國占領波蘭後，黨衛軍受命大肆捕殺波蘭猶太人，並開始在占領區大設集中營，關押並屠戮猶太人等少數民族，二戰結束後，估計至少有六百萬名猶太人遭屠殺而亡。

形同反差的是，希特勒竟是一名忠實的動物愛好者以及素食主義者，據秘書克麗斯塔・希羅德回憶錄所稱，希特勒最大的嗜好之一就是吃蔬菜，他認為這很健康，經常會在用餐時吃下大量的蔬菜，但由於食用過量蔬菜會導致腸胃難以消化，引發了一個十分尷尬的副作用——放屁。希特勒的下屬們經常偷偷拿元首的「腹中之氣」開玩笑，不過經常聽聞希特勒放屁，顯然不是一件令人愉快的事。

第二次世界大戰

一九三九年九月一日，德國聲稱受波蘭攻擊，向波蘭發動進攻。兩日後，英、法向德國宣戰，第二次世界大戰正式爆發，僅僅一個月，德國與蘇聯便瓜分了波蘭。

希特勒在戰爭中經常做出一些匪夷所思的事情，而這些舉止往往改變了一場戰役的成敗。在進攻法國前，三十八師師長的曼施坦因提出帶領裝甲部隊越過阿登森林的大膽行動。由於阿登山區是一個丘陵山地，不易於機械化坦克、裝甲車的機動，所以很多將領，包括曼施坦因的老上司龍德施泰特都反對此套計畫。希特勒卻將他手中十幾個進攻西線的作戰方案都給扔在腦後，力排眾議，採納了曼施坦因的建議。從這一點看，希特勒確實有統帥才能，西線戰爭打響之後，裝甲部隊進攻非常順利，古德里安的裝甲集群沿著北法平原，一直向縱深挺進，直撲布列塔尼半島，企圖將敦克爾克的數十萬英法聯軍包圍殲滅。此時希特勒卻下令立即停止前進，名將古德里安大吃一驚，譬如為山，未成一簣，這是只有法國人、英國人才最希望看到這個命令。

希特勒堅決反對繼續進攻，即使古德里安等人表示嚴正抗議，也毫無效果，直到第二天，軍隊才下令重新恢復進攻。但是，當時已經為時已晚，英國已將三十萬大軍退回不列顛，為後來諾曼第登陸保存了力量。

一九四一年秋天，德軍發動了莫斯科戰役，不幸的是，那年東歐的冬天來得太早了。希特勒以為能三個月解決蘇德戰場的問題，因此沒有來得及發配冬裝，很多德國官兵穿著夏裝作戰。在零下二十多度的凍寒中，德國軍隊士氣大減，迎來了前所未見的困境，但負面問題遠不止於此，他們向來引以為傲的裝甲部隊因為汽油凍結而無法發動，機動戰術也被深厚的積雪牽制，整體而言，失去機動力量的德軍已經面臨強弩之末了。

十二月五日，史達林命令蘇軍向莫斯科城外的德軍發起總攻。在蘇軍強大的攻勢下，歷經長途奔襲，早已疲憊不堪的德軍傷亡慘重。這個時候，中央集團軍群司令博克元帥請示希特勒，提議根據戰場的形勢後撤，不能再繼續堅守現有的陣地了。希特勒回絕了這項提議，在莫斯科城下的蘇軍反擊進攻中，五十萬德軍士兵遭到殲滅，德軍最後還是後退了約一百至一百五十公里的距離。

當天氣漸暖，德軍開始重新組建新的攻擊勢力時，希特勒卻將主力軍隊調派進攻史達林格勒，史達林格勒是一座工業城市，街道巷弄遍布，十分不適合裝甲部隊作戰，且蘇軍又在城市內建造了一道道的防禦工事，許多德軍高層反對對史達林格勒展開攻勢，表示應該繞過史達林格勒繼續進攻，且只要能迂迴包圍城市，不用幾個月史達林格勒自然彈盡糧絕，不費一兵一卒便可贏得勝利，然而希特勒執意進攻，使德軍再次陷入困境，裝甲部隊在曲折的街道上無法發揮機動作戰的優勢，隨便一位蘇聯突襲隊員都能靠著磚瓦的掩護靠近部隊，炸毀戰車。德軍最終傷亡八十萬人，被迫後撤。

從戰略角度講，希特勒犯了一個最大的致命傷，就是沒有避免兩線作戰。

德國是個中歐國家，東西兩方，一個是法國，一個是蘇聯。如何避免兩線作戰，一直是困擾德國當權者一個大的戰略問題。第一次世界大戰時，威廉二世陷入了兩線作戰，最後遭到戰爭的失敗。希特勒也認為必須避免陷入兩線作戰。他一九三九年八月二十二日和蘇聯簽《德蘇互不侵犯條約》，就是想避免兩線作戰，先把蘇聯穩住，然後他進攻波蘭。

可是，當他西線作戰取得順利的時候，希特勒就走向自己的反面，他志得意滿，大大低估蘇聯的資源和蘇聯的力量，才經過數個月的軍事策畫，便大膽進攻蘇聯。最後也陷入兩線作戰的困境。當時德軍高層對這個問題認識是非常清楚的，但是希特勒固執己見，他對反對者提出警告：「解決東線是國家社會主義運動的終極目標，因為我們要在那裡奪取我們所要的生存空間。我相信，俄國人在用國家社會主義理念精神鼓舞下的德國士兵面前不堪一擊。」

希特勒的固執己見讓德國高層無可奈何，古德里安得知蘇德戰爭爆發的消息後，只說了這麼句話：

「元首這是在動員全世界力量要打敗我們自己。」這句話很耐人尋味。希特勒狂妄的自信終於遭到了懲罰，在莫斯科會戰失敗不久，他很快陷入了內外交困之中。

刺殺希特勒

「此次行刺是必須且不計一切代價的，即使會失敗我們也要在柏林有所行動。實際的行動目的不再重要了，現在最要緊的是讓世人與歷史看到德國有人反抗希特勒政權，沒有一事情與這個相比還要更重要的。」——海寧・馮・特雷斯科夫（七二〇密謀案參與人）

事實上，早在七二〇密謀案之前，德國國防軍內部就存在著試圖推翻希特勒的密謀團體。蘇台德危機期間，就出現了以前陸軍參謀長路德維希・貝克將軍為首的反希特勒密謀集團。密謀集團的領袖貝克將軍當時就意識到希特勒的對外侵略政策「會使德國陷入全面的災難」，他認為「當一個戰士的知識、良心和責任感不允許他執行命令的時候，他也就無須履行服從上司的義務。」

在貝克將軍的秘密號召下，以前萊比錫市長格台勒、帝國銀行前任行長沙赫特為首的政治人士紛紛加入行列，準備推翻希特勒的統治。密謀分子們原打算在蘇台德危機期間，如果希特勒與英法等國談判未果，便組織突擊隊綁架希特勒，組建新政權。但是歷史卻和他們開了個玩笑，蘇台德地區被德國和平吞併，英法兩國始終默不吭聲，密謀分子因此不了了之。

在隨後爆發的戰爭中，德軍戰績輝煌，希特勒受到德國軍民萬眾擁戴，雖然不滿希特勒的人大有人在，但所組織的幾次綁架與暗殺行動卻一次也沒有成功，舉最接近成功的一次例子，波蘭戰役爆發後不久，希特勒前往慕尼黑啤酒館發表演說，他離開後短短十三分鐘，啤酒館就發生了爆炸。這場刺殺爆炸行動是一位木匠艾爾塞所策畫，他是被史學界公認為第一位反抗希特勒的平民，當德國民眾還對希特勒言聽計從時，艾爾塞比一般人更早意識到他的危險特質，他甚至比任何先知更提前看見了德國的危機，並於被捕之後當面告訴行刑者，他預謀的初衷，只為免除一場即將來臨的人類浩劫……可惜，當時沒有任何人相信他，只覺得他是「國家叛徒」、「民族罪人」。

隨著二次大戰進入後期，許多有見識的德國軍官意識到第三帝國已經難以力挽狂瀾，如何停止無謂的戰爭成為了他們的首要目標。其中不乏有許多德軍高層，他們經常試探希特勒議和的可能性，但只要稍提和平，希特勒便大發雷霆，又有人提議對西線議和，對東線繼續進攻，但又遭希特勒拒絕。

在和平無望的情況下，德意志國防軍陸軍上校克勞斯．馮．史陶芬堡策畫發動兵變刺殺希特勒，一九四四年七月二十日，史陶芬堡於德國在東普魯士拉斯滕堡的「狼穴」基地引爆其公事包內的炸彈，史陶芬堡當時已經藉機離開會議室，站在距離會議室的不遠處觀望，親眼看到會議室在一聲巨響中煙火大作，事後，他曾形容會議室像是「被一顆一百五十五毫米的砲彈擊中」，會議室中的人非死即傷。史陶芬堡上校馬上跳上汽車，混過門崗，逃出了狼穴。在去機場的路上，黑斯騰中尉把剩下的那枚炸彈拆開拋出車窗。汽車很快到達了機場，一架運輸機正等在那裡，史陶芬堡上校跳上了飛機向柏林飛去。一路上，史陶芬堡上校始終堅信他已完了任務。

問題是，炸彈威力雖大，希特勒卻沒有按計劃死掉，炸彈在辦公桌的橡木木板隔層的防護之下威力減輕許多，希特勒除了受到爆炸直接影響而瘀青擦傷、耳膜受傷、頭髮燒焦、雙腿因木頭碎片的飛散遭到刺傷外，並沒有造成重要傷害。在爆炸中，四人傷重不治，其它在場的二十多人受到不同程度的燒傷或擦傷。隨後趕來的醫生對受傷的人員進行了急救，並將希特勒即刻送往醫院治療，當女秘書希羅德前往住所探望希特勒時，「他的樣子看上去非常可笑，頭髮全部都豎起來，希特勒爆發出大笑：『我活下來了！這說明我是命運註定被挑選來完成使命的！』」

七月二十一日凌晨零時三十分，希特勒向全國廣播：「我的德國公民們！今天我向你們講話的第一個目的，是讓你們聽聽我的聲音，讓你們知道我的確安然無恙。其次是讓你們知道在德國的歷史上發生了一次前所未有的罪行……」黨衛軍總司令希姆萊，於當天取代弗洛姆，當上國內駐防軍總司令。他忠實地執行了希特勒血腥報復的命令，在全國和德軍占領區開始大規模地搜捕屠殺與密謀事件有關的一切人士。有數據記載，事後一共有四千九百八十人遭到處決，數位高級將領被迫服毒自盡。與此同時，密謀分子的親戚、朋友以及與事件有牽連的自由黨人和社會民主黨人，共約一萬人被關入集中營。

除此之外，此事牽動了第三帝國的歷史上名噪一時的維茨勒本元帥、克魯格元帥、隆美爾元帥、哈斯將軍、菲爾基貝爾將軍、華格納將軍、格德勒博士、駐莫斯科大使舒倫堡、駐羅馬大使哈塞爾以及弗洛姆將軍等人，他們為第三帝國付出了血汗功勞，在戰場上創造了無數功勳，結果等待他們的不是榮華富貴，而是一粒氰化鉀藥丸或一顆子彈。

七二〇密謀案不僅象徵希特勒已經失去人心，也象徵著希特勒由一位雄才大略的暴君，轉為性格多疑的躊躇者。在密謀案爆發後，希特勒的疑心病開始作祟，他逐漸不相信任何人，更不願意將重大兵權轉交給任何將軍，他還甚至將德國國防軍的標準軍禮禁止，一律改敬納粹禮，以表示他們對自己的忠心。

戰爭的尾聲

一九四四年末，美軍和蘇軍從東西兩個方面對進，進攻德國，希特勒發起最後反攻，意圖迫使西線盟軍在軸心國占優勢的條件下談判。此次作戰如果成功，希特勒就可以集中全力應付東線戰事，但在「第三帝國最後的掙扎」之稱的突出部之役中，德軍卻未能將攻勢有效發揮，反而遭受重大損失，加速了第三帝國的衰亡。

在第三帝國最後的歲月裡，希特勒已經拋棄了所有道德價值觀，徹底陷入絕望之中，他下令所有的盟軍和蘇軍飛行員立即槍斃，不留一個。又下令將集中營的所有猶太人清除殆盡，又命令軍方在被盟軍攻占柏林之前，必須把所有的德國工業運輸、設備、儲備統統炸毀，不給敵人留一分。四月十二日，希特勒下令將德軍放棄重要陣地的指揮官立即處死。

在蘇聯攻入德國本土後，希特勒一直住在空氣污濁的堅固掩體裡，偶爾才會出來牽著狗散散步。據洛林霍文回憶：「希特勒每天大概要到中午時分才會起床，對他來說一天最重要的事情就是下午召開軍情會議。會議上，每個人都要行納粹軍禮。希特勒走進會議室，與每個人握手，握手的力度很輕。然後他就會坐下，他是整個屋子裡唯一可以坐著開會的人。偶爾，他也會照顧一下年邁的官員，允許他們坐在一個小板凳上。」

四月二十日，蘇聯軍隊已經兵臨柏林城下，正好這天是希特勒五十六歲的生日，他在總理府的地下室與希姆萊、戈林等親信度過了他一生中最後一個生日。不久後先是戈林載著滿箱的金銀珠寶逃離柏林，再來就連以忠誠為名的希姆萊竟然私自對英國進行和平談判，希特勒已經眾叛親離。

人之將死其言也善。與人們通常想像不同的是，在希特勒自殺前的那十天，他放下了自身的極端思想，開始對周圍的將軍、親信們親近和善了起來，據洛林霍文回憶：「希特勒是一個非常具有侵略性的人，但在最後的日子裡，他很能控制自己的情緒，他變得令人愉快，甚至很溫和。他能夠非常迷人——他是一個真正的奧地利人。當他詢問人們生活狀況時，會給人留下深刻的印象。這就是他控制別人的方式。」事實上，希特勒只會對軍事將領破口責罵，對於秘書一類的文官一向是非常友善的，據女秘書格拉斯回憶第一次會見希特勒：

在此之前，我只在新聞裡、公開場合上見到過他，他身著軍裝行納粹舉手禮的樣子。可是現在，來的是一個老年紳士，對我們友好微笑，和我們握手，用他出名的眼神直直看著我們，詢問名字。用一種和藹的、父親一樣的口氣和我們說幾句話，然後離開。走的時候，他就說了聲晚安。被希特勒接見的經歷，完全和我以前的想像不同，那是無害的、和平的氣氛。

希特勒的貼身保鑣羅胡斯．米施也在回憶錄中表示：「他就像個普通的紳士，言辭溫和。」「（他是）完美的老闆」有一次，羅胡斯．米施生病了，希特勒還派他的私人醫生為他看病。在他戀愛的時候，希特勒還特地放假讓他去和戀人約會。後來他結婚了，希特勒還送上一瓶禮酒。他一直對希特勒懷有很深的敬意。

過去希特勒一直認為婚姻會阻礙他，把他的全部精力奉獻給他所熱愛的納粹運動，所以他拒絕結婚，但此時希特勒也無從堅持了，四月二十九日午夜，在戈培爾以及鮑曼的見證下，希特勒和他的情婦伊娃．布勞恩正式結婚，並當即舉行婚禮，此後希特勒與新婚妻子共享了一頓簡約的婚禮早餐。按照法律規範，成婚之後伊娃．布勞恩必須將姓名改為伊娃．希特勒，但在簽署其婚姻證明時伊娃卻忘記了這點，在寫上姓氏布勞恩（Braun）的「B」後，才意識到錯誤，從而將其劃去，改而寫上婚後姓「Hitler」（希特勒）。

四月二十九日下午兩點，希特勒得知墨索里尼於兩天前被處死，並遭到羞辱性處決，屍體被吊在米蘭街頭，他聽到之後，臉部不自主地就抽搐起來。然後靜了一會兒，他下定決心終結自己的生命。為了測試氰化物膠囊的毒性如何，希特勒將親手扶養四年的德國牧羊犬布隆迪叫過來。這是希特勒的個人秘書馬丁．鮑曼於一九四一年送給他的禮物，鮑曼被希特勒稱為「最忠實的同志」，在納粹後期歷史中占有很重要的地位，雖然他相貌平凡、心胸狹隘，但很會服侍希特勒，是希特勒患上疑心病後唯一能全然信任的人物，他送來的牧羊犬經過訓練師的專門訓練，會各種花樣，甚至會唱歌，《希羅德回憶錄》記載：「那不是叫，是歌唱。假如希特勒對她說『唱好聽點』，布隆迪會像紮拉．倫德那樣唱。她會唱出不同調子，唱出八個音階來。」希特勒很喜歡布隆迪，始終讓布隆迪待在自己身邊，甚至讓布隆迪睡在地堡中他自己的臥室裡，這是一項連希特勒的情人伊娃·布勞恩都享受不到殊榮，可惜面對蘇聯大軍壓境，希特勒忍下對布隆迪的情感，命令醫生餵食布隆迪服下一粒氰化物藥丸，布隆迪倒地抽搐，很快便死亡了。希特勒本人則為此痛苦欲絕。

四月三十號凌晨二點三十分，希特勒向他身邊的工作人員一一握手告別，並要求其他人不要打擾他，隨後與伊娃一同走入臥室。下午三點三十分，希特勒將氰化物藥丸吞入，隨後將手槍對準太陽穴開槍。伊娃也在同一時間咬破氰化物藥丸，雙雙斃命。希特勒的貼身衛兵林格抬著伊娃和希特勒的屍體到了後花園作燒毀處理，並將殘骸埋在一個淺彈坑中。

這場以復仇開頭的侵略戰爭，最終以失敗作為結尾，希特勒在執政的十二年間，讓德國人民幾乎得到、也失去了一切，他們重拾了身為日耳曼民族的驕傲，獲得了身為德意志人民應有的自尊，但卻失去了自由、民主、國家、以及生命。在第二次世界大戰中，德國總共有五百三十萬人死亡，他們僅因一個被嚴重政治化的復仇意識，竟然能完全信任當權者的任何措施，願意將自身全然託付給國家，甚至是葬送掉寶貴的性命。

犧牲是高貴的，但戰爭是殘酷的，更是血雨腥風，慘無人道的，我們要珍惜和平，真愛生命，以及將過去的錯誤謹記在心，就像是刻在希特勒的出生地奧地利萊茵河畔布勞瑙的石碑訴諸的沉痛諸言：

FÜR FRIEDEN FREIHEIT
UND DEMOKRATIE

NIE WIEDER FASCHISMUS
MILLIONEN TOTE MAHNEN

「為了和平、自由與民主，法西斯永不再現，數百萬人的死提醒著我們。」

第二章　海德里希・希姆萊

——史上最大劊子手

「我的榮譽即是忠誠。」

作為一位極度自律的部下，希姆萊無論是在執行命令方面還是下達任務方面，幾乎找不到任何瑕疵。在他身旁供職的手下，都曾透露希姆萊是一位為人極其刻板的上級，容不得一點異議。以這個角度來看，希姆萊是一名優秀的員工，但以完全的角度上來看，希姆萊的大名永遠被釘在歷史的恥辱柱上：他為虎作倀，擔任第三帝國的內政部長；他欺壓善民，是隻手遮天的警察總長，除此之外，他更是惡名昭著的黨衛軍全國領袖，親手策畫建設集中營，對歐洲六百萬名猶太人、同性戀者、共產黨人和吉普賽人展開慘絕人寰的大屠殺。他的所作所為，必將遭受後人永遠唾棄。

文弱書生

一九〇〇年十月七日，希姆萊出生在德國慕尼黑的一幢歐式樓房中，是家中的第二個兒子，他父親老希姆萊是德意志帝國的皇家顧問，這職位聽起來好聽，但僅不過是個家教罷了，值得一提的是，老希姆萊曾教導過威廉二世之弟——海德里希親王，這為希姆萊的早期生涯起了重大作用。希姆萊出生後，老希姆萊請了曾經是自己學生的海德里希親王擔任他次子的教父，當時人們認為能從皇室得到賜名是一種社會榮譽，海德里希親王倒也慷慨，以自己的名字替他命名，即海德里希．希姆萊。

希姆萊出生在一個標準的傳統日耳曼家庭，從小就恪守保守的天主教教規以及忠於國王的傳統，使希姆萊在童年時期即養成了標準的德國人個性——服從紀律、喜好完美。根據父親所遺留的筆記，希姆萊小時候的身體狀況非常孱弱，整個學期裡病假就請了一百六十天，照我們現在的標準，可能離肄業就差一步了。但靠著家教的指導，他最後還是以全校第二名的優秀成績從國小畢業，接著就讀了由父親所創辦的蘭茨胡特學校，在學期間，這位手不釋卷的模範學生因為過量閱讀，患上了頗為嚴重的近視，鼻樑上總掛著一副銀色圓框眼鏡。

當時巴伐利亞維特爾斯巴赫王朝有明文規定：誰認一位親王作教父，誰就必須當軍官。老希姆萊靠著師生關係讓海德里希親王認希姆萊當教父，使希姆萊從小對於軍隊一直抱有幻想，幻想自己將來能夠成為一名出色的軍事家，可惜由於從小體弱多病，根本沒有軍官學校願意誠心收留希姆萊。在一次世界大戰爆發後，希姆萊歡欣鼓舞地跳了起來，興匆匆地跑去海軍軍官學校響應戰爭，可惜在測驗身體狀況時，希姆萊不僅身高過矮，體重過輕，還患有嚴重近視，遭到體檢人員拒絕，他只能加入陸軍。

從陸軍軍官學校畢業時，希姆萊僅有十七歲，還不到當兵的年齡。他的父親只好央求在宮廷中的朋友們幫忙，讓兒子希姆萊能提前加入軍隊。一九一七年底，希姆萊如願加入了巴伐利亞第十一步兵「森林團」。可是他剛剛入伍，戰爭就已經結束了，希姆萊雖然是堂堂軍官，但因沒有戰鬥經驗，被凡爾賽條約的裁軍條例被迫退役。

遭到退役的希姆萊一臉茫然，四年來的訓練都白費了！此時的希姆萊猶如一個空殼般，腦袋雖盡裝了些軍事知識，但戰爭已經結束，這些東西又有何用呢？所失去的不僅如此，希姆萊早年認親王當教父，後臺非常硬，不過由於威廉皇帝退位，皇親貴族們的影響力也大為降低，希姆萊再也無法靠親王抄近路了。徬徨無助的希姆萊只得把所剩的錢集合起來買一塊地，耕種度日。但他仍時運不濟，在插秧播種時因天氣過冷，竟被一場流行性傷寒弄得臥床不起。

病癒後，希姆萊於一九一九年十月十八日考進了慕尼黑大學技術學院，註冊為農科大學生，同年，希姆萊還加入了大學學生俱樂部的學生決鬥團體（RVSV），或許是受崇拜俾斯麥的風氣影響（俾斯麥在大學時期常佩戴寶劍，一言不合便拔劍決鬥），當時的德國男大學生認為決鬥是一種凸顯男子氣概的正面運動，在決鬥過程中留下的臉部疤痕更是一種社會地位象徵，希姆萊也受其影響，想用這種怪異舉止來證明自己的男子氣概。

希姆萊的胃極為虛弱而不能喝酒，被學生決鬥團體斷定是「娘娘腔」，沒有資格參加決鬥，他趕緊去醫院申請一張腸胃敏感的證明，表示自己是因為先天因素才不能喝酒，希望可以同意通過，決鬥團體雖然答應，幫他安排了數名決鬥對手決鬥，但這些選手卻仍認為希姆萊的體質羸弱，不配與自己決鬥，紛紛拒絕。

一九二二年，希姆萊在畢業不久前終於與一名學生配對成功，打了場決鬥，想當然，希姆萊失敗了，且在頭部留下一痕長長的傷疤，還因此縫了頭部五針，但他始終認為這是個光榮象徵。

希姆萊在大學時期的個性十分的複雜，這點大致可以從他的日記中看出，首先來說他與人和善的一面，例如：他曾多次前去盲人家中唸書給他們聽、在貧窮老婦常來往的地方偷偷放置食物、以自己和家人的身分多次探訪生病的友人、參與維也納的慈善演出等等⋯這些都是他曾做過的善行。再來說他極端的一面，希姆萊在大學時期除了喜歡逞凶鬥狠之外，還積極參與各種極右翼組織舉辦的政治活動，也曾先後加入多個極右政黨，然後又覺得這黨派配不上自己而退黨，參加多個黨派也讓他的腦袋集結了多方思想，造就了他以後的國粹思想、反猶主義。最終，希姆萊在換了數次政黨後，最後選擇加入了由希特勒領導的國家社會主義德國工人黨。

加入德國工人黨

希姆萊在一九二二年八月五日通過考試，並在施萊斯海姆的「蘭德氮素有限公司」謀得了一席農業助理員的職位。當時希特勒到處展開街頭演講，一些政治觀點不同的激進派人士總是會在關鍵高潮時段擾亂氣氛，甚至是砸場子，希特勒不堪其擾，和羅姆等人合力創建了保鑣組織衝鋒隊，為黨部的公開演說提供安全保障，聽聞此訊後的希姆萊即刻辭退了蘭德氮素公司的工作，回到慕尼黑響應招募，正好當時希特勒準備發動啤酒館政變，急需人選，希姆萊因此被徵選為衝鋒隊的一員，但擔任的職務只是一名旗手，也就是專門在演講台旁揮旗、宣揚聲勢的配角。政變失敗後，上司羅姆和領頭人希特勒一起被捕，希姆萊則因職位太低，被政府視為「跑龍套人員」而逃過了一次牢獄之災，政變失敗後，納粹黨被禁止活動，希姆萊因此失去了組織和領袖，再次跌入了人生的谷底。

照希姆萊在大學的舉止慣例來說，如果他付的政黨不符合他所期望，那他應會毫不猶豫地退黨，繼續參加另外一個不同政見的政黨，但這次不一樣了，希姆萊認為自己找到了睽違已久的「真理」，即使黨內正值風雨飄緲之際，他仍心志堅定，打定繼續追隨國家社會主義，並加入了激進派政黨「自由運動組織」，這是納粹黨取消後臨時成立的小團體，希姆萊在團內遇見舊友格利戈爾・施特拉塞，他是一位堅定的左派納粹分子，也是自由運動組織中的頭目，他看出希姆萊有組織能力，很快起用了他。

一九二四年五月，國會大選在即，施特拉塞買來了一輛摩托車，要希姆萊每天在下巴伐列亞各村鎮之間往返飛馳，拿著大聲公宣揚國家社會主義，煽動農民反對金融資本，汙衊猶太人和攻擊其他政黨。以現在的眼光來看，這種「以毀謗別人來提高自己」的舉動是每個政黨都會做的事，但當時不一樣，這種方式無恥又失風度，稍有文化內涵的政黨皆對此嗤之以鼻，不屑使用，納粹黨卻將他用上了，且意外地有用，民意風向逐漸倒向納粹黨這方，最終，施特拉賽在希姆萊的幫助下措到了近兩百萬張選票，贏得了三十二個國會議員席位，這是納粹黨創建以來最大的一次政治進展。希姆萊也因此被任命為巴伐利亞－上普法茲省黨部副書記。

希姆萊雖然找到了自己的歸屬，但仍對未來感到渺茫。一九二四年十二月希特勒離開監獄後，隨即著手重建因啤酒館政變而四分五裂的納粹黨。在不到一年的時間裡，納粹黨又興旺起來，希姆萊見希特勒的號召力如此強大，不免生感敬佩，於是唆使施特拉賽帶領「自由運動組織」一同歸回納粹黨。此後，兩人負責領導納粹黨的宣傳工作，由施特拉賽擔任納粹黨全國宣傳工作領導，希姆萊擔任副領導。在此期間，希姆萊追求功名利祿的慾望開始膨脹，他時常巧立名目、拉攏上司，特別是對希特勒，他出類拔萃的拍馬屁技巧贏得了希特勒的注意及信賴，地位逐漸超越施特拉賽。

那怕是在電話裡，希姆萊一聽到希特勒的聲音便馬上立即站好，皮鞋磕得直響，見到希特勒本人更是畢恭畢敬，絕對不敢將椅子坐滿，總是拿著一本小冊子，如聆聽聖賢般在希特勒說話時一字不漏地抄入冊子中，此外，希姆萊還經常稱頌希特勒為「所有時代最偉大的人物」，表現得忠心耿耿，就他自己所說：「我的榮譽即是忠誠。」希姆萊覺得在希特勒領導下進行工作是無限幸福、無比光榮的。希特勒也沒有虧待他，讓他在特權階層中直線上升！在一九二六年末時，希姆萊已經上任納粹黨全國宣傳工作副領導。

短短幾年，希姆萊從一個無所適從的青年，變成了希特勒的狂熱追隨者、納粹組織的高級領導人。受到希特勒的賞識。但是，希姆萊並不滿足現有的官銜，他想成為領袖人物。引導黨和國民走他所期望的路。

平步青雲的黨衛軍之路

隨著衝鋒隊的壯大，以及與衝鋒隊長官羅姆的政見不合，希特勒對衝鋒隊猜忌漸多，有意創立一個對自己唯命是從的私人衛隊，以此制衡羅姆，因此又在衝鋒隊內創建了個人的私人保鏢團——黨衛軍。希姆萊即刻放棄衝鋒隊，將政治生涯孤注一擲的投向了黨衛軍，這無疑是明智之舉，一九二五至一九二七年短短兩年，希姆萊在黨衛軍裡混得如魚得水，官運亨通，多次受到希特勒提拔，並在年僅二十七歲那年擔任了黨衛軍全國副總隊長，一躍成為了納粹黨內的政治新銳。而此時作為希姆萊的引路人羅姆可能作夢都沒想到，兩百五十萬人的德國衝鋒隊，以及自己的項上人頭，竟會在一夜間遭這位後起之秀斬草除根。

當時黨衛軍的編制上隸屬於羅姆的衝鋒隊，是衝鋒隊下轄的一個兩百八十人小組織。其性質類似於近衛軍，雖然黨衛軍名義很大，但當時已是黨衛軍全國總隊長的希姆萊並未就此滿足，他取消了人員限制，大量招募人才，精心經營這支隊伍，將其建成一支擁有各式人才的菁英部隊。

而在建設黨衛軍方面，希姆萊主要是從以下幾個方面來進行的：

一、利用時尚制服增加歸屬感

希姆萊特別找來了當時德國最出名的西裝設計師雨果・鮑斯（Hugo Boss）來設計制服，推出了時髦的全黑色軍裝制服，筆挺的黑色西裝，擦得反光的馬靴，皮製武裝帶，刻有日耳曼式花紋的佩劍，再搭上辨識度極高的ＳＳ閃電符號的領章以及標誌性鮮明的納粹黨徽袖套，和金光閃閃的徽章點綴。對於普遍的青年來說，黨衛軍制服傳遞著尊貴、威嚴的氣息，是極具吸引力的，希姆萊也靠著這套帥氣軍裝獲得了大批黨衛軍隊員。

二、嚴格選拔黨衛軍成員

希姆萊推崇種族學說，意圖培育一支血統純正，表裡合一的德意志黨衛軍軍隊，為此，他親自制定了一整套的嚴格標準，比如要有藍色的眼睛，五英尺八英寸以上的身材，日耳曼人的面相，身材強壯，符合從軍標準，行為上不許酗酒，犯罪等紀錄。

三、儀式規範穩固忠誠

希姆萊規定了很多類似宗教的儀式，提升成員對黨衛軍的向心力。新成員在加入前，需進行入隊儀式，在講台前舉起右手，宣示「我的榮譽即是忠誠」、「永遠效忠希特勒」。戰功卓著的黨衛軍老兵可以參與晉升儀式，獲得上級親自頒領指環和勳章、配槍、佩刀。如果某位黨衛軍士兵結婚了，黨衛軍上級即進行孩子的命名儀式，這種儀式類似基督教聖禮，不過卻是以神秘的日耳曼儀式進行。總之，從加入黨衛軍那天起，生老病死，婚喪嫁娶都要納入黨衛軍的規範之中。

希姆萊以高明的政治手腕，精準的辦事效率，用僅僅兩年多的時間，就把一支兩百八十人的黨衛軍，打造成了一支為數四萬餘人的龐大隊伍，建立了地區總隊，區隊，旗隊，突擊大隊，突擊隊，中隊，小隊，等級森嚴的組織體制，迅速發展成為與衝鋒隊並駕齊驅的武裝組織，這支鐵血精銳的組織僅聽命於希姆萊與希特勒二人，在希特勒看來，龍蛇雜混的衝鋒隊已經不適合擔當納粹黨的守衛責任，忠心不二、受訓森嚴的黨衛軍逐漸替代衝鋒隊，成為德國政壇上最重要的武裝力量。

一九三〇年，希姆萊當選國會議員之後，開始集中精力擴張黨衛軍的勢力，並使黨衛軍獨立於羅姆的衝鋒隊之外。到了一九三三年一月，希特勒獲取全國政權成為帝國總理時，希姆萊的黨衛軍已經發展到五萬兩千人。一九三四年四月，希姆萊的黨衛軍在希特勒的支持下，併吞了戈林的蓋世太保組織，納粹黨的兩大情報組織終於結為一體，希姆萊實力倍增。

長刀之夜

在納粹黨逐漸掌握權力的路上，衝鋒隊無疑是功不可沒的，然而衝鋒隊人數當時已經暴增至四百萬人，功高震主，加上羅姆對於黨內的政見干預頗多，與希特勒多次發生衝突，衝鋒隊逐漸成為了納粹黨眼中的一顆絆腳石。在希特勒的眼裡，衝鋒隊是一個保護黨內政治宣傳的保鑣組織。然而，羅姆及其衝鋒隊的領袖們卻意圖將其弄成真正的軍隊，這使希特勒很不舒服。羅拇指揮著一支四百五十萬人的大軍，是國防軍的五倍人數。即使這樣，他仍不滿足，意圖占據東部邊防部隊的領導位置，甚至要求控制國防軍在東部地區的軍火庫。羅姆的無理要求，不僅觸怒了國防軍的將軍們，也使希特勒等人感到十分擔憂。

羅姆是希特勒的老戰友，也是希姆萊的好上司，所以在剷除羅姆方面，兩人非常猶豫，甚至是反對的，不過希姆萊最終在部下海德里希的慫恿之下，決心消滅羅姆，他開始四處蒐集羅姆即將反叛的證據，但卻找不著，最後只好捏造了個「羅姆已經收受法國二千萬馬克以推翻希特勒」的謠言送給希特勒，讓舉棋不定的希特勒忍心同意收拾這場虎頭蛇尾的爛攤子。

在一九三四年的長刀之夜中，黨衛軍按照計畫在一夜之間逮捕、暗殺了幾乎所有的衝鋒隊高層，從此衝鋒隊一蹶不振。希特勒對外聲稱只有七十七名衝鋒隊頭目因拒捕而遭到槍殺，但事實何止七十七人，一位德國流亡人士在巴黎出版的白皮書中說，總共有四〇六人死亡，這很可能也是個保守數字。有諸多學者以各項史料推測出這場行動中有超過千人以上，這種論點並非道聽塗說。但究竟有多少人遇難，現今還是一個解不開的謎。

長刀之夜的最大受益者當屬希姆萊，他將原衝鋒隊的兩百萬名精銳盡數收到自己黨衛軍的麾下。至此，希姆萊已經獲得極大的權力，他治下的黨衛軍後來劃分為四大部分，包括管集中營的骷髏黨衛軍，負責上前線打仗的武裝黨衛軍，還有負責一般保安任務的一般黨衛軍，以及負責監視民眾一舉一動的蓋世太保。

蓋世太保（GESTAPO）是取自德語「國家秘密警察」（Geheime Staatspolizei）的縮寫，跟明朝的錦衣衛，蔣介石的軍統局有點相似，都是加強統治以及充分貫徹上頭指令的武裝力量。原先蓋世太保是由戈林所創立，不過戈林對情報只是門外漢，不懂如何利用蓋世太保，只是將其視為保衛自身安全的便衣警衛。希姆萊接手蓋世太保後，立即展開改革，淘汰濫竽充數者，並將剩餘者重新訓練，一年後，蓋世太保已然成為繼黨衛軍後另一個菁英組織。

蓋世太保不負責在前線作戰，平時穿著稀鬆平常的便服，臥底於納粹占領區中，看似漫不經心地走在大街上，事實上卻是在專心竊聽民眾們的聊天內容。另外，希特勒為了保證自己的獨裁統治，規定：「凡談論政治，舉行集會，發表煽動言論者一律絞死，不服從命令者當場格殺。」之後希姆萊又授予蓋世太保「預防性逮捕權」，意思是如果蓋世太保意識到某人有謀劃犯罪計畫念頭，即使尚未動作，便可將其逮捕。這可讓平民吃足了苦頭，許多仗勢欺人的蓋世太保想讓某人難堪，或是看不順眼某人，便都使用「預防性逮捕權」將其逮捕。

從此，黨衛軍成為負責保衛國家社會主義政權，與將種族主義轉化為有力的行動準則的獨立機構。

罄竹難書的集中營大屠殺

一九三六年六月，希姆萊升任德國警察總監、蓋世太保首腦和黨衛軍帝國長官，具體組織實施恐怖統治。早在一九三三年，希姆萊就親自領導建立起第一座集中營——達豪集中營。集中營起初並不是針對猶太人而設立，也不是專用於屠殺，不過是用於關押特殊犯人，讓他們服比一般人更痛苦的勞役罷了。希姆萊也認為集中營的作用就是「製造恐怖氣氛，使納粹的秩序得到維護和遵守」而不是為了屠戮猶太人。但到水晶之夜結束後，集中營已經徹底變質，越來越多集中營開始處死猶太人，或是讓他們在低條件的環境下服勞役，直至營養不良餓死。

納粹反猶的行動分為三個階段：剝奪權利、暴力壓迫、種族屠殺。第一階段是限制並逐步剝奪猶太人的人身權利。猶太人在就業、生活和從事商業活動方面都受到了限制，成為了「二等公民」。一九三五年九月十五日的紐倫堡會議後，猶太人被剝奪了一切的法律保障和公民權利，不准坐公園長椅、也不准藏匿私人財產、不准走人行道、身上披掛戳記等等……且遭到大規模驅逐離境。第二個階段是納粹德國政府對猶太人的迫害轉為使用暴力和武力的契機，就拿希姆萊所發起的水晶之夜來當作例子，在短短一夜間，有約一千五百七十四間猶太教堂（大約是全德國所有的猶太教堂）、超過七千間猶太商店、二十九間百貨公司等遭到縱火或損毀，由於這些商店的窗戶在當晚被打破，破碎的玻璃在月光的照射下有如水晶般的發光，因此稱之「水晶之夜」。

事件發生後，有超過三萬名猶太男性先後遭到逮捕並被關入集中營，集中營裏的囚犯得不到人道的對待，然而，多數人在三個月內就獲釋放，但他們必須離開德國。之後，納粹政府開始剝奪猶太人財產，並要求猶太人佩戴標記以區別。第三階段以德國占領波蘭為開端，當時黨衛軍成員大肆捕殺波蘭猶太人，由於信息封鎖，幾乎所有的猶太人都不知道德軍和黨衛軍屠殺猶太人的計劃，從而在毫無防備的情況下被殺害。

希特勒認為「必須要把這些像昆蟲一樣繁殖的劣等人類通通都消滅」，以後只要是在德國占領區，到處都能看到集中營，希姆萊跟其手下的黨衛軍一開始使用的處決方式與日本在南京大屠殺時頗有相似之處：黨衛軍士兵叫猶太人自己挖好自己的坑，挖好了躺進去，士兵拔出手槍瞄準頭部開槍，再來一旁的猶太人會來將其填土掩埋，之後又挖出一個新坑，以此類推循環。

但這種處決方式在一九四一年的八月就被打斷了。有一次，希姆萊去視察集中營，典獄長誤以為希姆萊性格嗜血，為了表示歡迎，竟然命令黨衛軍安排在希姆萊面前槍殺一百名男女混合的猶太人，希姆萊在看到血泊畫面後感到反胃，癱倒在地嘔吐，從此，他們為了討好希姆萊，不再使用槍決了。不久後，納粹召開了臭名昭著的「萬湖會議」，其中制定出來的「最終解決方案」將以毒氣的形式屠戮猶太人，並於一九四二年年初開始實施，其中位於波蘭的奧斯威辛集中營成為了第一批使用毒氣室的集中營，這一地帶人煙稀少，地勢廣闊，幾乎全是沼澤地，奧斯威辛集中營看上去像一座普通的營房，營區內綠草茵茵，花草錦簇，偽裝成洗澡間的毒氣室用著各種語言標註著「沐浴和消毒」「不要忘了肥皂和毛巾」等貼心提醒，這一切讓人們從外表上根本無法把它和一個殺人魔窟聯繫起來。

經過擁擠火車長途跋涉到這裡來的猶太人精疲力盡，最需要一場熱水澡來緩解疲勞，在穿越過「勞動帶來自由」的大門後，他們多少有些驚訝，納粹竟然能讓他們住進這樣「花園般的住宅區」，還會如此講究衛生，他們在黨衛軍的指示下脫下衣服，並在工作人員的幫助下理光頭髮，魚貫而入的走入淋浴室，誰都沒有想到，隨著死亡的大門「碰」一聲的鎖閉，大量的氰化氫噴湧而出，有目擊者寫下了這樣駭人的場景：「他們堆成了一個金字塔，人人身上發青，血跡斑斑，到處濕漉漉的，他們互相抓著，掐著想爬過去，一直到死還不鬆手。」當猶太人在沐浴室被毒死之後，帶上防毒面具的黨衛軍開啟了沐浴大門，用鉤子把堆積如山的屍體全部勾出來，再把血液和糞便全清理乾淨後，他們會打開死者的嘴巴，取出金牙做成金飾，將刺青處扒下來做燈罩，脂肪溶解來作肥皂，剩下的骨頭則用來做椅子，在進入毒氣室前所剪掉的頭髮則用來當作枕頭的填充物，脫下的衣服再經過清洗後重新上架出售，將以上程序完成後，黨衛軍會將屍體依序抬入焚化爐，等到燒成灰燼後竟然還不放棄最後的利用價值，將骨灰當作肥料出售！希特勒面對如此喪心病狂的物盡其用，竟宣稱「這是我們的歷史上空前絕後的光榮一頁」。一般認為，在最終解決方案中慘遭殺害的猶太人就有約六百萬人，占歐洲猶太人的百分之五十五。

除了毒氣以外，還有諸多實驗在集中營裡面施行，為了檢驗人們在各種條件下的生存極限，和對藥物的耐藥性，他們不惜用戰俘和囚禁的平民百姓作各種生理實驗。根據紐倫堡後續審判的起訴書，這些人體實驗包括以下內容：

一、低溫實驗

在蘇聯德軍因嚴寒傷亡慘重，因此納粹軍方高層決定模擬當時東部前線環境，試探人體忍受低溫的極限。最殘忍的降溫方法就是把健康的俄國人或猶太人丟進一缸冷水，大多數囚犯在實驗完畢不久便休克死亡，死亡時的體溫僅有二十五至二十七度。

二、海水實驗

德國海軍在戰時長期離岸，飲用水成了極大問題。因此軍方高層模擬無水可用的環境，將四組囚犯分別喝海水、經過濾處理過的海水、脫鹽海水，還有一組根本不攝入水分，以此來實驗人類的脫水極限。

三、絕育實驗

以「預防後代基因缺陷」為由，通過強迫患有精神分裂症、酗酒、精神錯亂、失明、耳聾和身體畸形的人絕育的法例。法例透過強迫缺陷的人絕育，用來鼓勵促進雅利安人種的增長。

四、毒藥實驗

在二戰陷入白熱化階段時，雙方經常使用間諜相互攻擊，為了讓間諜在被發現身分後不被嚴刑供出機密，納粹開始測試各類毒藥效果，實驗者暗中在實驗對象的食物中施加毒藥，並觀看其死亡過程，最後得出，氰化鉀是最適合的毒藥，口服氰化鉀兩毫克即可致人死亡。德國間諜會將氰化鉀裝置在一顆玻璃膠囊之中，並將其固定在嘴巴裡，如果情勢不利旋即咬破。

五、高海拔實驗

為了幫助德國飛行員應對在緊急情況下彈射在高海拔地區的情況。達豪集中營囚犯被放入了一個模擬高海拔低氣壓的密閉空間，醫生在室外逐漸提高模擬的海拔，相當於飛行員從六萬八千米高空墜落。幾乎所有實驗者都因極限氣壓變化而死亡。

六、顱腦損傷實驗

實驗內容類似於中國古代的滴水刑，將男孩緊綁在椅子上，他的上面是一個機械錘，每隔幾秒敲擊在他的頭上，被殘酷地折磨至死。

七、病毒感染實驗

將流行性黃疸、瘧疾、結核等病毒分別注入囚犯體內，再依次注入各種藥物來實驗何種抗體最能對抗病毒，由於當時醫療技術處於過渡期階段，導致多數實驗者因過量藥物的注入而死亡。

在種族方面，希姆萊除了力行屠殺所謂「劣等種族」之外，還透過種族甄別條例以及特別婚姻法來保護日耳曼人的血統純正。為了製造所謂的純種「雅利安嬰兒」，納粹甚至特地獨立出了一個單位，專門研究「生命之源」計劃，鼓勵精心挑選的德國軍官跟金髮碧眼的「純種」雅利安美女發生性關係，炮製出「完美的」雅利安後代。希姆萊對「生命之源」計劃情有獨鍾，從一九三三年開始，他就授意所謂的「黨衛軍菁英」專門選擇金髮碧眼的德國婦女，和她們發生關係，以便創造更多的「優秀人種」。

黨衛軍頭子希姆萊號召德國人民提高「種族儲備」，「純種」女人被免於勞動並被鼓勵生育，而不管她們結婚與否。為了保證理想中的嬰兒是純種的雅利安人，孩子的父母必須經過嚴格挑選。納粹還以各種方式推動雅利安人生育，方法包括對那些有四個或者更多孩子的所謂「英雄母親」發放結婚貸款、兒童津貼及頒發動章等。許多金髮碧眼的德國未婚女子和已婚婦女都瘋狂地響應納粹的號召，在德國士兵開往前線時，紛紛與他們發生關係。

恐怖屠夫的另一面

相比恐怖屠殺猶太人的那一面，希姆萊在家庭生活上表現出了令人訝異的反差。希姆萊在一九二八年與髮妻瑪佳莉特結婚，瑪佳莉特金髮碧眼高個子，是希姆萊心中理想的「德意志女性」。可是她比希姆萊年長七歲，而且是基督新教信徒，天主教的希姆萊父母對於他們倆的婚事極力反對，但是希姆萊還是捱過來了，一年後他們的第一個女兒古德仁誕生，在古德仁出生後，希姆萊與瑪佳莉特之間的感情越來越糟，最後演變成分居。希姆萊於一九三七年開始與他前任的女秘書波哈斯特成為情人關係，希姆萊稱波哈斯特為「我的小白兔」，雖然他試著與瑪佳莉特離婚，但因為家庭的天主教保守作風而未能成功，儘管如此，瑪佳莉特事後依然稱讚：「我很高興曾遇見一位邪惡的好人，深愛著他邪惡的妻子。」女兒古德仁與他的父親一樣，擁有一張秀氣的容貌，一直是希姆萊的心頭肉，希姆萊對他疼愛有加，曾帶古德仁去他的工作場所，包括集中營。

令人不解的是，無論是在戰前戰後，女兒古德仁的心中始終認為父親是一位值得尊敬的父親。即便親眼目睹那些猶太人一個個遭到殺害，她也堅決地站在父親這一邊。每當看到父親發下追魂斷命的命令時，她的內心是滿懷仰慕的！由於希姆萊公務甚多，無法天天回家看護古德仁，只能用寫信的方式來訴說對家裡的關心，他在信中展現出的是一個深情的丈夫和慈愛的父親形象，希姆萊濃情密意地將其稱之「娃娃」

（Püppi），而古德仁則稱其為「親愛的小爸爸」。難以想像，這位殺人不眨眼的魔頭，在為人父母方面竟能如此成功。

說完家庭，再來講他的個人生活，大致可以分成三點：

一、希姆萊非常憐愛小動物：他經常和德國小孩們討論與教育照顧、愛護動物，並批判獵人「不要把槍口對著無知地吃草，沒有罪的動物」、「大自然是多麼美麗啊，每一頭動物都有自由自在生活的權利。」眾所皆知，戈林也是位愛動物人士，兩人經常在公開場合提倡保護動物，戈林有次因為興趣使然，竟背棄原則，跑去打獵，得知消息的希姆萊氣得拍桌大罵：「會殺死有如此可愛眼眸的鹿簡直是異常！」後來納粹德國隨著希姆萊及戈林的倡導，成為了全世界第一個立法有關動物保護法的國家，相比之下，他對猶太人的虐待行徑可真是天壤之別了。

二、希姆萊是堅定的素食主義者，即使體質孱弱，他也依然這麼堅持著，但這也導致了他在國家體力鑑定當中總是不及格，一九三九年九月還曾在波茲南的列車階梯上失足跌地，引發了一場笑話。另外，他的私生活也極為儉樸，曾留下「哪一天因貧而逝是我的理想」的名言。希姆萊從不越界爭奪財富、權力，不像同為納粹效力的戈林，以搜刮各種奇珍異寶，充實虛榮為樂。

三、希姆萊是一位新異教主義者，接觸多樣宗教，如藏傳佛教就是一例，在遠古的日耳曼神話中，德國人的祖先被認為是亞特蘭提斯的神族，這段神話被戰爭後期病急亂投醫的德軍當作尋找制勝武器的線索，而希特勒利令智昏聽信了這一傳言，交代希姆萊負責尋找這份傳說中的寶藏，經過一系列的探尋希姆萊確定這個傳說中的寶藏位於中國西藏，於是德軍小分隊朝著這塊傳說中的土地進發了。最終的目的自然是具有神祕力量的武器。他組織了一支探險隊，前往千里之外的西藏去尋找「雅利安之王」、「世界軸心」、以及遺失了兩千年的「聖杯」，不過最後什麼都沒找到。

希姆萊之所以醉心於神祕研究，主要有兩點解釋，第一點是跟他的童年有關，據說希姆萊祖上出現過女巫，最後遭到農民燒死。希姆萊家的大人在茶餘飯後之際曾聊起此事，一旁聆聽的小希姆萊陷入深深好奇，長大後決定一探究竟。第二點是鞏固民心，二戰末期，由於德軍連連的戰術失利，導致了許多德國軍民對戰局漸漸心灰意冷，為了讓士氣不至於土崩瓦解，政府只能想到藉助神秘力量，藉此帶給人民無形的希望。但事實證明，即便有超自然力量，也不能改變第三帝國註定失敗的命運。

玩火自焚的結局

七二〇密謀事件發生之後，希特勒疑心病驟發，開始不信任任何軍事將領，只有既是黨衛軍領袖、又是蓋世太保統領者的希姆萊取得了希特勒的相信，他按照希特勒的指示對陸軍的將領們進行了一場風聲鶴唳的肅清，維茨勒本元帥、克魯格元帥、隆美爾元帥等人先後遭到整肅，希姆萊以這些戰場名將的死，趁勢脅迫德國國防軍接受自己擔任德國駐防軍總司令，順便併吞了德國另外一大情報組織——國防軍事情報局，至此希姆萊的政治事業達到了頂峰，儼然成為納粹德國僅次於希特勒的第二號人物，可惜此時第三帝國已經處於殘燈末廟。

一九四五年上半年，負嵎頑抗的德軍面臨了前所未見的攻勢，英美盟軍、蘇聯紅軍在東西兩線戰況連捷，包括希姆萊在內的納粹軍官們皆感到大勢已去，就在希特勒焦頭爛額，德軍節節敗退之際，面對七二〇大清洗後德國陸軍蜀中無將的局面，從來沒有任何指揮經驗的希姆萊竟被希特勒委任為新組建的「維斯瓦」集團軍司令官，這遭到了德軍總參謀長古德里安的強烈反對，可是此時希特勒已經聽不進他人的勸諫了，對他來講，此時信任遠比其他一切更為重要。

希姆萊此時作為集團軍司令手握重兵，但正如大家所知，希姆萊只有在一戰爆發時讀過幾年軍官學校，且從未擁有一支實質意義的軍隊，只是一位對戰略觀念一知半解的三流軍事家罷了，面對兩線盟軍來勢凶猛的攻擊，結果可想而知。

一九四五年三月，蘇軍取得奧得河戰役的勝利，成功占領德國東部的大片領土，距離德國首都柏林只有七十公里。得知消息的希特勒不內省自己不該將集團軍大位交給從未指揮實質軍隊的希姆萊，而是怒髮衝冠，打電話怒斥希姆萊和他的黨衛軍，甚至要求黨衛軍禁止配戴臂章，並於三月二十日解除了希姆萊「維斯瓦」集團軍司令官的職務，這讓希姆萊和他的黨衛軍顏面盡失，也讓希姆萊和希特勒的個人關係走到了盡頭，忠心耿耿的希姆萊竟然開始琢磨自己的後路，設法與西方取得聯繫，以釋放少數猶太人，或是在特殊情況下除掉希特勒等等為條件來和西方討價還價，企圖與英美單獨媾和。另外一方面，希姆萊仍要在希特勒面前裝得無比忠誠，絕不敢透漏半點真實想法。

儘管希姆萊在此事上做足了手腳，但當時希特勒誰也不相信，曾安排自己人在希姆萊旁監視，因此取得了希姆萊企圖釋放猶太人的消息，他大發雷霆，立即下令「絕不能放走一個猶太人！」不過當時已經有一千兩百名猶太人被希姆萊送到西方盟國，希特勒僅捉回了兩百位猶太人。私自談和一事已被希特勒發現，希姆萊的努力看來是白費了，但意料外的是希姆萊並沒有遭到處死，就連軟禁也沒有，看來希特勒還對於這位原本忠心不二的下屬抱有一絲幻想。

一九四五年一月，他被希特勒貶為一名高級軍事指揮官。雖然如此，希姆萊仍在計劃自謀生路的計劃。最讓人感到震驚的事發生了，希姆萊為了提高自己在西方盟國面前的發言權，竟然同意與來自世界猶太人協會的一名代表秘密會面！在這次會面中，希姆萊同意釋放關押在拉文斯布里克的猶太婦女，一九四五年二月到四月末，他多次與瑞典紅十字會副主席康特·弗爾克·貝納多特會面，經過這些會談，他所計劃的德國向西方投降的可能性越來越大了。

一九四五年四月二十三日，希姆萊再次與瑞典紅十字會秘密接觸，請求他向西方盟國轉達德國願意投降的意思，不料瑞典紅十字會代表是個大嘴巴，竟然為了名氣，將希姆萊的和談訊息交給了英國媒體！一九四五年四月二十八日傍晚，十字會代表在英國廣播電台公開發表了希姆萊與西方秘密洽降的消息，這讓英國軍方和希姆萊大為頭疼：「那個大嘴巴壞了好事！」不久後消息傳到了希特勒的耳中，對於希特勒來說，發現自己一直認為絕對忠誠的希姆萊二度背叛他，無疑是最大的打擊，他氣得滿臉通紅，眼睛凸出，在辦公室來回踱腳，大聲下令逮捕希姆萊，不過機靈的希姆萊在廣播電台發表不久後，便以抵禦英美攻勢之名逃離了柏林，使希特勒鞭長莫及。

希特勒如今眾叛親離，終於感到自己的帝國大夢已經難以挽回。兩天後，希特勒飲彈自殺。

納粹德國海軍元帥鄧尼茨接替了第三帝國的領導職位，短暫地當了幾天的總統。鄧尼茨非常鄙視希姆萊，曾說：「通敵的人是最應該受到鄙視的小人，通敵者這樣的人無論是哪個國家的人，甚至是他的敵人也是嫉妒鄙視的。」鄧尼茨認為德國是一體的，要戰爭便要一同戰爭，要投降便要一同投降，希姆萊私自的通敵舉動無疑遭到了鄧尼茨的反感，因此拒絕了希姆萊的入閣要求。希姆萊的從政美夢破滅後，他刮去鬍子，戴上獨眼黑眼罩，穿上黨衛軍士兵的軍服，裝扮成交通警察，開始了自己的逃亡生涯。昔日黨衛軍的首領，蓋世太保的頭子，集中營的魔王，如今猶如喪家之犬流落街頭，真是莫大的諷刺。

希姆萊向來追求完美，他開會時絕不允許遲到，公文不接受有一絲皺褶，就是這麼一種個性，導致了他的拘捕。五月二十一日，希姆萊手持偽造身分證準備前往不來梅港，似乎要前往南美洲躲避政治追殺，不過卻被英軍檢查哨攔下來，因為希姆萊的職業病犯了，他穿著過於體面，且身分證太新了，完全沒有一絲皺褶，不像是其他急忙逃難來港口的難民該有的特質。在拘留室裡，希姆萊認為自己曾經照著蒙哥馬利的指示釋放過一批猶太人，有機會逃過戰爭罪，於是承認了自己的身分，要求會見蒙哥馬利將軍，等待回覆時，英國上尉命令士兵對他搜身，發現在他上衣襯中有一瓶毒藥，經過洗澡和吃飯後，英國派來的莫菲上校決定要求醫生檢查他嘴中是否含有毒藥，結果果然在嘴中發現一枚氰化鉀膠囊，在醫生想要更一步確認後，希姆萊也許自知難逃歷史的審判，放棄了最後一絲幻想，突然轉頭咬破膠囊，自殺而死，一生都在追求完美的他，為他的罪惡人生劃下了不完美的句號。

第三章 赫爾曼・威廉・戈林

——空軍總司令

「在德國空軍，
由我來決定誰是猶太人。」

赫爾曼・威廉・戈林的一生與德國軍事航空的興衰環環相扣，但在兩次世界大戰的評價卻天差地別。他在一戰時期身材壯碩，口條有理，行動大膽，曾經擔任里希特霍芬航空隊隊長，威震四方，成為家喻戶曉的空戰王牌；在二戰時期卻轉變成為一名猥瑣的胖子，每天服用嗎啡，望尊自大，不切實際，擔任空軍總司令的他不僅戰術思想老舊，還崇尚古老的騎士精神！可以說，他的狂妄對二戰期間影響深遠，也是最終導致德國戰敗的主要原因之一。

貴族後裔的奢華生活

一八九三年一月十二日，戈林出生於巴伐利亞馬林巴德療養院。相比其他納粹高層的血淚童年，戈林的童年是十分平順的，戈林的祖上是一個延續百年的富家貴族，他的父親海德里希・恩斯特・戈林更是一位大官，曾於德國西非殖民地（現在的納米比亞）擔任行政首長，後被派至海地擔任總領事。由於階級制度的影響，戈林的友人幾乎也是貴族出身，這使得戈林將來的從軍之路如同上了道潤滑油般，扶搖直上。

但，儘管出生在這麼一個富貴家庭，奇怪的是，一向喜歡自吹的戈林不僅很少吹噓自己顯貴的出身，也不允許別人談論他的身世，他究竟有甚麼難言之隱呢？

原來，戈林的母親給老戈林戴了頂斗大的綠帽子。戈林出生的時候他的父親已經接近七十歲了，而母親泰芬布勞恩那時年僅四十多歲，之所以相差如此之大，與貴族聯姻有關係，在很大程度上是重商主義與貴族精神相結合的產物，總而言之，雙方的結合，並不是因為純粹的愛，而是利益間的考量。

由於父親的年紀過大，母親對這個婚姻自然是不太滿意，平時喜歡趁著老戈林不注意，尋找其他男人逗樂調情，戈林的父親有個好朋友名叫愛普斯坦，是個出身於柏林地主的猶太貴族，且還是普魯士皇室的御醫，頗具影響力，由於老戈林奔波於事業，無暇管理家庭，所以請愛普施泰擔任戈林一家子女的教父，沒想到愛普施泰卻因此與泰芬布勞恩越走越近，甚至發生了戀情。當他們的愛情公諸於世時，父親因為被蓋上社會主義的帽子而被迫退休，居然自甘墮落了起來，每天在酒精面前麻醉自我，面對妻子大剌剌的綠帽，竟坐視不管。在戈林的成長過程中，對他影響最大的並不是他的父親，而是這位教父。

以古鑑今，繼父繼母大多不疼愛元配孩子，曾代的王祥、春秋的閔損、三皇五帝的舜都是有力的證據，然而這套規則卻不適用於戈林，愛普斯坦最疼愛善於社交、具有冒險精神的戈林，時常帶著他四處遊玩，並賜名為「赫爾曼·威廉·戈林」，「赫爾曼」是愛普斯坦的姓氏，而中間名的「威廉」則取自德皇威廉二世。話說這愛普斯坦可真具有紳士風度，面對老戈林這位大情敵，卻保持著超乎的氣量，慷慨大方地供給一整座城堡給老戈林生活（別擔心，愛普斯坦有一座更大的）。

愛普斯坦本人憧憬著中世紀貴族的奢華生活，故將城堡裝飾的非常豪華，侍從人員也被要求穿著宮廷風格的服裝工作，愛普斯坦也以城堡統治者的態度來接觸城中的人們。多數史學家認為，日後戈林對於奢華飾品的嗜好，即是在這時期受教父的影響而來的。

一九〇五年，戈林被教父送入一所著名的寄宿學校。曾有一次班上上作文課，題目為「我最欽佩的人」，戈林寫了他的教父，由於教父是一位猶太人，戈林大大讚美了關於猶太人的各種習俗、民族性。當時歐洲已經盛行反猶主義，校長親自約談戈林，對他責罵一番，並要他寫悔過書。同學也聞風而起，跟著欺侮戈林，在他脖子上掛了「我的教父是猶太人」的牌子，並要他罰青蛙跳，戈林對此極為憤恨。一九〇五年一晚，他即打包行李逃離了學校，返回教父的城堡。

學校給戈林留下對知識深深的厭惡感，以致後來對於舞文弄墨的知識分子感到十分厭惡，常將一句俏皮話掛在嘴邊：「一聽到『文化』這個字，我就會去撥我的白朗寧（手槍品牌）。」（這句話是戈林最為後人所知的名言，然而他卻不是這句話的原創者。德國劇作家漢斯．約斯特在劇作《斯拉格特》第一幕中寫道「一聽到『文化』，我馬上伸手撥槍。」另外，不只是戈林，同樣喜愛戲劇的魯道夫．赫斯也經常說這句台詞。）

後來在教父的幫忙之下，戈林考入有「德國西點軍校」之稱的「利希菲爾德軍事學院」，沒想到生性調皮的戈林居然在戒律森嚴的普魯士軍事體制下混得如魚得水，一年後，在學院最後階段的考試中，戈林取得了軍事訓練科目的最高分數，兩百三十二分，並在隨後獲得陸軍少尉軍階。

家喻戶曉的王牌飛行員

一九一四年七月，隨著塞拉耶佛的幾聲槍響，歐洲各國間爆發了戰爭，開始了第一次世界大戰。當時年僅二十一歲的戈林並沒有加入航空隊，而是作為一員普通的陸軍士兵在法國境內邊緣作戰，與當時盛行的個人英雄主義不同，戈林不強調出風頭，而是擅長利用團體作戰來取得戰果，在一次突襲當中，戈林的小隊靠著分頭包圍的方式俘虜了四名法軍士兵，因而獲得了二級鐵十字勳章。但陸軍生涯並沒有持續很久，隨後因為戰壕過於潮濕而得了風濕熱，被送往醫院療養。這是戈林人生的重大轉折點。

戈林住院期間，他的貴族朋友布魯諾．羅爾薩趁著空閒時間前晚醫院探望，並炫耀自己即將加入航空隊，現在正進行飛行訓練，隨著羅薩爾的繼續訴說，戈林眼睜得斗大，對於飛行隊充滿了憧憬，在羅薩爾推波助瀾之下，戈林交付了調遣的志願書，可是軍方卻拒絕了戈林的請求。然而，生性叛逆的戈林又怎麼能放棄他的夢想呢？風溼熱的毛病治好後，戈林為了表示抗議，竟私自離開醫院，玩起了失蹤！

當時已經成為飛行員的羅爾薩因為陰錯陽差的關係，並沒有被分派到觀測員，而戈林則在羅薩爾的掩護下，偷偷跑進航空員學校躲了起來，冒充羅薩爾的觀測員，坐上信天翁式觀測機觀測員的位置上，在羅薩爾的指導下進行飛行訓練。不久後此事被軍方發現，照著當時軍法，戈林本該被處以死刑的，但由於他是貴族後裔，僅被判處拘留於兵營二十一天，然而戈林的教父不知從哪聽來這份消息，利用身為普魯士皇室的御醫的崇高地位找到了第五集團軍司令威廉王，讓他親自頒予特赦令，還順利讓戈林轉進航空隊單位。

頭上的集團軍司令威廉王可真懂得人情，將戈林派遣至第五集團軍下的第二十五野戰航空營，順利成為了羅爾薩的觀測員。一九一五年春天起，羅爾薩與戈林的飛機開始進入戰場執行偵查任務，這種行動傷亡率十分高，為了讓偵查照片得以清晰，兩人必須在到戰場後降低高度、速度至防空炮能夠輕易擊落的狀態，不僅如此，由於當時的觀測技術並不成熟，戈林除了要忍受自地面的砲火攻擊，還必須在沒有任何降落傘、保護繩一類的保護措施下（當時並沒有大量裝備），在躲避砲火而左右晃動的飛機上站起來拍照。還好，戈林兒時曾迷戀於爬山，高海拔的致命缺氧對他並不算什麼，因此得以在高空上靈活作戰，不只命保住了，還成為一名拍攝多張高清晰照片的優秀觀測員，不久後他的威名在軍中遍地發揚，還被取了個

「飛天鞦韆」的美名。一九一五年三月，由於羅爾薩與戈林兩位搭檔在砲火最密集的凡爾登要塞，拍出了高清晰照片，一同被第五集團軍司令威廉王授予一級鐵十字勳章，比希特勒早了兩年。

戈林並沒有以此滿足，他通過進修，終於如願的當上戰鬥飛行員。這是戈林一戰身分的又一次蛻變，但一開始的戰鬥飛行員歷程卻不是一帆風順。早期在空中戰鬥中，戈林所操縱的飛機被一台英國的重型轟炸機打得體無完膚，硬拖著身體的重傷以及冒著白煙的飛機逃離戰場，光是療傷就脫離了戰場約一年之久。在這一年間的休息中，戈林發現僅靠著信天翁戰鬥機的兩把機槍是不夠的，只得仰賴團體作戰，他開始著手研究團隊作戰戰法，重返戰地後，戈林在一次次的行動中屢立戰功，飛行技術和戰鬥素養也開始穩定提升。他的戰鬥技巧與鬥志開始獲得各方的認可，不只是軍營廣為流傳「鐵人赫爾曼」的美稱，就連德皇威廉二世都聽聞了戈林的威名，親自頒予藍色馬克斯勳章。最終，戈林被選中成為德國王牌飛行中隊隊長。

一九一八年七月七日，戈林被任命為德軍最強飛機聯隊——第一戰鬥機聯隊的隊長，也正是大家口耳能詳的「里希特霍芬聯隊」，此聯隊第一任隊長為外號「紅男爵」的曼弗雷德・馮・里希特霍芬男爵，擁有擊落八十架敵機的戰績，卻於一九一八年四月二十一日遭到流彈擊中，墜毀身亡。繼任者威廉・萊茵哈特卻在不久後於新型飛機的公開比賽中墜毀身亡。下一任的隊長職務一般被認為將由擊落數排名第二與第三的恩斯特・烏德特（六十二架）與埃里希・羅溫哈特（五十三架）繼任，但出乎眾人意料地是由戈林被任命擔任隊長。

戈林的戰鬥機生涯共擊墜二十二架敵機，雖然已經稱得上是王牌，但相比於里希特霍芬聯隊成員烏德特、羅溫哈特、曼弗雷德．馮．里希特霍芬等諸多王牌，又顯得不足。航空兵的上級認為擊落數是一回事，團隊合作性又是一回事了，戈林注重與飛行員的配合作戰，而非追求個人的累計戰績，是不二人選。

當戈林正式擔任里希特霍芬聯隊隊長時，德軍的戰局已經徹底惡化，聯隊的飛行員們開始面臨著補給和燃油不足的困境，協約軍的攻勢卻從未停歇。一九一八年九月，戈林的副官在日記中寫道：「(局勢的)緊張也在戈林中尉的臉上表露無遺，他的容貌轉為消瘦和嚴峻，我們全體人員亦然。」十一月初，一通不尋常的電報從司令部打來：「戰爭結束了！立即調派全體里希特霍芬聯隊飛往斯特拉斯堡向當地的法軍投降。」戈林悲憤至極，不願投降，反飛向德國的一座南方小鎮，在降落時故意將飛機著陸失敗，把各機摔成一堆廢鐵，作為對協約軍的最後的反抗行動。戰爭結束，戈林的戰鬥機生涯共擊墜了二十二架敵機。

在里希特霍芬聯隊解散的典禮上，戈林舉起覆滿烈酒的玻璃杯，哽咽道：

現在的德國只剩下蒙塵的名聲、被人遺忘的記錄、受人嘲笑的軍官，但自由、正義以及公理的力量將獲得最後的勝利。我們將同企圖奴役我們的勢力作鬥爭，最終也將獲得勝利。里希特霍芬聯隊則將會發揮它們無論是在戰時還是在和平時期所具備的資質與榮耀。我們的時代將再度來臨，諸位，乾杯吧！為了祖國！為了里希特霍芬聯隊！

戈林將手中的酒一飲而盡，並將玻璃杯擊碎，其他隊員跟著照作，並一起悲傷地痛哭。戈林終其一生都未曾忘記過他的隊友們，除了在成為達官貴人後曾將烏德特和波登紹茲升至將官外，一九四三年時，其中一個前猶太隊員遭到蓋世太保所拘捕，戈林隨即冒險將該人救出、置於個人保護下。

戈林在猶太人方面是抱持著感性主義以及機會主義的混合體，在飛黃騰達後，他既捨不得先前並肩作戰的猶太人好友遭受屠戮，卻又為了功名利祿而簽署、默認了屠殺猶太人的協定，但又為了讓空軍持續壯大而收留猶太人人才，如納粹唯一一位猶太元帥艾爾哈德．米爾希正是受其保護才保住了烏紗帽。或許正如馬修．庫珀（Matthew Cooper）所道：「戈林這個人有如一個謎，他身上有著許多英雄和惡棍的本質，是一位融合諸多矛盾的人物，他既懶散又充滿衝勁、既清楚現實又懷著浪漫之情、既殘忍又和藹可親、既怯懦又勇敢、既文雅又粗魯、同時有著精明、自負、幽默、冷酷等諸多特質，令人揶揄與厭惡。」

不安分的退休生活

一九一八年十二月，戈林返回慕尼黑與母親居住。由於戰後的經濟影響，戈林母親的生活變得非常窮困，教父也在奧地利無法聯絡。正當戈林正為生活費發愁時，英國空軍上尉法蘭克．比蒙特（Frank Beaumont）向他提供了資金援助。比蒙特曾於一戰時為空軍飛行員，被德軍擊落後成為俘虜，當時德軍食物極其缺乏，多數人都表示應該避免浪費，將他就地處死，而戈林卻抱持著貴族的騎士道精神，力主保護，使比蒙特得以存活。

戈林的貴族意志跟了他一輩子。二次大戰之初，戈林還將戰爭視作中世紀式的「騎士道」對決，他曾試探性地問過戰鬥機總監加蘭特：「如果我要你對從戰鬥機跳傘降落中的飛行員開槍，你會怎麼做？」

加蘭特深知戈林的性格，裝模作樣道：「報告國家元帥，我認為這是謀殺，我不會執行此命令，也會盡可能阻止這條命令傳到下面單位去。」戈林對這答案非常高興。另一次，英軍的王牌飛行員——「無腿飛將軍」道格拉斯．巴德遭到德國空軍擊落而成了戰俘，由於巴德之前出過意外，沒有雙腳，行動十分不便，他請求能否聯絡英方送來義肢，而戰俘營的長官卻將他當作笑話：兩軍交戰如火如荼，這怎麼可能呢？這件軼聞傳到了戈林的耳中，他高興地笑了起來：「我們當然會幫助他，加蘭特，就像第一次世界大戰一樣，我們一直是這麼做的！」於是，二戰中出現史無前例的一幕：德國人專門開闢一條安全通道，通知英國空軍，讓巴德急需的假肢空降過來。

戈林的窮困生活並沒有持續很久，靠著一戰留下的名氣，戈林受到各國航空公司的表演邀請，他的特技飛行表演大獲好評，此一事業為戈林賺進了大量的財富。波登紹茲後來回憶道：「這時的戈林過著就像一位冠軍拳王的生活，有著大量的財富和美人作伴……戈林還曾在信中提到他在倒滿香檳的浴缸裡度過了一夜。」戈林在這段時期賺足了大批銀子，前往瑞典享受度假，遇見了貴族之女卡琳，卡琳當時已經是一位男爵的妻子，但由於戈林兒時教父與母親的特殊關係，戈林對戴綠帽這事放得很開，絲毫沒有感到這是件見不得人的事，一九二三年二月三日，在卡琳退婚以後，心滿意足的戈林牽著卡琳的手，返回慕尼黑舉行盛大婚禮。

歸國後，戈林在慕尼黑國王廣場的一次政治集會中，與後來的納粹領導人阿道夫．希特勒見了面，希特勒對初次見面的戈林熱情發表政治觀，戈林深被其個人魅力所折服，而希特勒也將這位功勳彪炳的空戰王牌視作可以利用的人才。一九二二年十二月，戈林加入了納粹黨，或許是因為戈林的名氣因素，希特勒在戈林入黨後的短短四個月內便將他任命為衝鋒隊總指揮。戈林在短時間內為衝鋒隊量身打造了軍事化訓練課程，大大改善了這支團體的素質，遽聞當衝鋒隊在路上行軍時已有路人會向其鼓掌送行。希特勒對戈林頗為讚賞，他說道：「我交給他的是一群粗野的烏合之眾，但他在很短時間裡就把他們打造成一支為數一萬一千人的師。」

一九二三年，納粹黨員發展到三萬餘人，成為德國一支新起的引人矚目的政治力量。這時，正值德國馬克暴跌，金融界一片混亂，法國、比利時又出兵占領了魯爾，激起了德國人民對政府的憤怒情緒和愛國熱情。希特勒認為奪取政權時機已到，他聯合德軍前總參謀長魯登道夫，企圖仿效墨索里尼向羅馬進軍，利用暴力推翻威瑪共和國。一九二三年十一月八日晚上，一座位於慕尼黑的貝格勃勞凱勒啤酒館特別熱鬧，為了慶祝即將到來的德意志共和國國慶日，慕尼黑政界和社會上的名流都參加了這場集會。希特勒眼見機不可失，在戈林率領二十五位武裝衝鋒隊人士的助陣之下前赴集會，發動「啤酒館政變」。

經過幾小時的談判後，局面已經被希特勒控制。十一月九日是一九一九年成立的德意志共和國國慶日，早上十一點，三千名希特勒的黨徒重新聚集在啤酒館外面。他們在希特勒、戈林和著名的恩里克．魯登道夫將軍的帶領下朝慕尼黑市中心進發，準備「進軍柏林」。起義軍在路上碰到了警察的阻攔，戈林從人群中跳出來，威脅要殺死啤酒館抓來的人質。警察們只好讓開道路，讓他們繼續前進。

但是當他們正準備從狹窄的街道到慕尼黑寬敞的歌劇院廣場集合時，又一次地遇到了警察的阻攔。希特勒的保鑣說道：「別開槍！尊敬的魯登道夫將軍閣下來了！」隨後從人群攢出一位身穿將官軍裝的老年男子，不慌不忙地帶領起義軍前進。高級軍官的登場使得警察面面相覷，一時不知所措，紛紛後退，直到不知是哪位警察太過緊張，竟擦槍走火地開了一槍，隨著這聲槍響，警察跟著聞風開槍，站在最前方的戈林大腿和小腿都中了彈，大腿那顆子彈還貫穿了他的鼠蹊部，離動脈僅有幾公釐的距離。衝鋒隊隊員將他抬上車逃離現場，好在有一家猶太商人主動提供醫療幫助，戈林血流如注的傷口才得以止住。

啤酒館政變失敗後，戈林為了逃避追捕，逃到了奧地利因斯布魯克。在奧地利的這段時間，戈林為取出那兩顆子彈展開好幾次手術，醫院使用嗎啡作為麻醉藥，使戈林在傷勢痊癒後對嗎啡產生依賴，爾後成為徹底的嗎啡中毒者，由於嗎啡會讓食道加強對於食物的吸收，戈林的體重也因而飆升，從原本的壯碩身材，轉變成了三百磅重的大胖子。

後世許多人對戈林服用嗎啡的習慣抱持戲謔、玩笑的心態，不過以戈林的角度來看，頻繁吸食嗎啡的這段時光可以說是他一生最不願提起的灰暗歲月，在康復前，坐臥病床的他只能眼睜睜看著自己的體態逐漸走樣，向來喜愛攀登高山的戈林，現在卻連下床都有困難！他試著停藥，不過即使傷口已經恢復，身體卻已經對藥物產生依賴性；他試著放下，不過街上的異樣眼光，卻一再戳痛戈林的傷疤。不願接受慘痛現實的他，最終產生嚴重憂鬱症，在一次自殺未遂後，戈林在妻子卡琳的鼓勵下進入精神病院醫治，經過一年多的治療後成功出院。

作者認為，戈林揮霍成性的習慣並不是因為兒時貴族的奢華生活，而是因為這段時期的衝擊，導致原本充滿自信的戈林跌落人生谷底，為了重拾自信，他不得不以某些特立獨行的習慣來區分自己與一般人的差別，他認為只要看起來比別人擁有更多權力、更多快樂、更多自由、更多財富，即能使旁人尊重他，然而事實卻不然。

手握空軍大權的動物愛惜者

啤酒館事變的失敗轉變了納粹的思路，戈林說：「我們再也不會發動政變了，我們只需把國內的局勢攪得更糟，這樣人們就會要求由國家社會主義者統治了。」果然，隨著經濟大恐慌的爆發，德國的經濟重新回到了剛簽署凡爾賽條約般的低靡，希特勒大刀闊斧的政見受到了民眾的愛戴，使納粹黨終於在一九三二年七月份獲得了兩百三十個國會席次，一九三三年一月三十日，興登堡總統任命希特勒為總理，雞犬升天的戈林順勢成為內閣中僅有的三名納粹部長之一，並在之後地位隨著希特勒的崛起一路飆升，成為了國家航空部長（凡爾賽條約說不准擁有空軍，於是戈林換個方向，將空軍稱之為「國家航空部會員」，對外謊稱這是民間團體而非軍事團體，這樣鑽漏洞的方式讓希特勒讚嘆不已。）

戈林在擔任航空部長後大肆狂言：「我要在兩年內使德國從一個毫無防禦能力的國家，變成一個令人生畏的軍事強國，而我的目標是在一九三五年底，擁有世界最強大的空軍編隊。」戈林以吹牛聞名於世，但這話他還真的信守承諾了，但實踐方式並不是身體力行，而是靠著與希特勒的親密關係，勸薦將空軍經費比例增高，或是貶低海軍的軍事力量，藉此分食海軍部分經費。最終，在戰爭開打前納粹政府撥款六百四十億馬克在軍備上，有百分之四十是用在空軍！

戈林對小動物有著難以言喻的愛惜之情。一九三四年，戈林在擔任普魯士邦內政部長時，通過了由他親自起草的「普魯士動物管制法」，規定嚴禁捕殺未成年的幼獸和懷孕的母獸，後來這法案經過增減後又推廣到了全國，成為了「帝國狩獵法」，這是前無古人，後無來者，史上最嚴苛的動物保護法。比如不准私自將狗培養成獵犬、不准強迫灌食禽類、以及不人道的屠宰方式；另外，也禁止在不使用麻醉藥的情況下就剪短狗的尾巴和耳朵。更奇葩的是，戈林還規定要先將魚麻醉後才能宰殺；宰殺龍蝦時不准活活放進滾水，必須一刀斃命。嚴厲的法律遭到當時民眾的大力反對，但戈林卻說：「我保證會將那些繼續把動物當作資產看待的人送到集中營。」此話不虛，他曾將一位漁夫送進集中營，原因僅因為他去釣魚時忘記買魚餌，抓起了一旁的青蛙切碎替代。

戰爭門外漢

從閃擊波蘭開始，無論是橫掃丹麥，入侵挪威，還是占領表示中立的荷蘭、比利時和盧森堡，甚至是對付號稱歐洲第一軍事強國的法國，德國軍隊所向披靡，然而，往往大戰打響以後，地面裝甲部隊總是大顯身手的往前推進，而空軍部隊只是個「輔助」的配角身分，戈林對此感到很不是滋味，還好，隨著德軍逼近敦克爾克後，陸軍的補給線脫得太長，顯得有些力不從心，更要緊的是，由於敦克爾克一帶是沼澤地形，坦克開入只會變成一團廢鐵，戈林於是毛遂自薦，向希特勒表示自己的空軍將會將留在敦克爾克的殘兵敗將一概收拾，不料空軍支援過慢，主力空軍難以在第一時間接替陸軍攻勢，最終讓三十三萬聯軍從海上逃走，可以說，戈林的虛榮心成就了邱吉爾的「敦克爾克奇蹟」。在接下來的不久後，德國空軍向英國本土發起「不列顛空戰」，在航程過長、燃料不足、精神耗弱、地勢陌生的劣勢下，掌握人數優勢的德軍最終慘敗，三千餘名訓練精良的飛行員僅因戈林的戰術錯誤而遭到災難性的殲滅。

希特勒又將侵略的目光，投向了東方的蘇聯，發起了歷史上最大規模的侵略行動——「巴巴羅薩行動」，對英國皇家空軍作戰受挫的陰影，始終籠罩在戈林的心頭，為了給戈林打氣，希特勒以遺囑的形式正式確立戈林為納粹政府的唯一接班人，為了這張空頭支票，戈林再次使出渾身解數，組織空軍對蘇聯展開了瘋狂進攻。正如大家所知，德國在軍事能力方面遠超過了蘇聯，一時將蘇聯打得找不著北，但隨著戰區的深入，德軍的補給線也越拖越長，最終陷入了泥淖般的停滯，一九四二年十一月十九日，蘇軍對在史達林格勒的德軍實施了反包圍，將二十五萬德軍圍困在城內，有眼光的將領都知道，在這鳥不生蛋，處處是彈坑廢墟的破地方，德軍是撐不下去的，因此一致要求立刻突圍，但戈林表示他的空軍可以向被包圍的德軍空投足夠的彈藥和糧食，這與希特勒「吃進去堅決不吐出來」的想法不謀而合，於是力排眾議，同意了他的行動。事實上，戈林對希特勒的承諾根本無法兌現，根據前線要求，空軍需要空投的物資每天至少需要七百五十噸，然而當時停留在東部戰線的運輸機過少，無法滿足於前線的需要，最終導致了德軍在史達林格勒災難性的失敗。

在戈林的領導之下，德國空軍從無到有，一直到後來「超英趕美」，可惜，戈林雖然在軍隊建設上有天才般的效率，卻不意味著他在指揮作戰這方面高人一等，他缺乏戰略思維能力，崇尚騎士道精神，喜愛好大喜功，這三個盲點導致了德國空軍經常遭受本可以預防的失敗，他之所以能夠當上空軍元帥，除了在空軍建設上的貢獻，最主要的原因還是在於對於希特勒的忠誠。

赫爾曼．邁耶元帥

史達林格勒會戰後，戰爭的天秤不可逆轉地倒向了盟軍一方，從一九四三年開始，同盟國空軍對德國本土實施戰略轟炸，一座座重要城市和工業重心毫無例外地遭到了毀滅性的打擊，從前戈林曾經說過：「敵人的飛機不可能到魯爾（德國最大的工業區）上空，如果有一架飛機，那麼我戈林就改姓邁耶——赫爾曼．邁耶」（邁耶是德國女性的常用名）。「邁耶元帥」一往轟炸別人，這次也嚐到了被轟炸的滋味。隨著戈林的食言以及戰略思維的無能，越來越多人開始不信任他，實際上從這時開始，戈林也開始從納粹高層的視線中消失，他處於隱退狀態，在高層的作戰會議上，戈林只是象徵性地出席一旁，鮮少有發言機會，甚至連希特勒也開始無視這位帝國元帥的存在，對他日益冷漠，戈林也對自己的處境大發牢騷，他說：「元首對我願來越疏遠，我對元首已經談不上有甚麼真正影響了。」

隨著德國的敗局已定，戈林已對軍事不抱有任何希望，在被冷落而無所事事時光中，戈林並不熱衷於重掌大權，而是把主要精力放在了搜刮藝術品上，不知是付諸風雅，還是出於對藝術品的真心熱愛，戈林像一隻永遠吃不飽的獅子，大肆掠奪被占領區的藝術品，在二次大戰開打至一九四四年末，從東歐運到德國的波蘭文物共裝了一三七輛鐵路貨車，共計四千一白七十四箱，兩萬九百七十三件，單繪畫就有一萬八百九十幅，其中絕大多數為名家傑作。戈林在分攤給納粹政府沒有價值性的藝術品後，便把少數的珍貴畫作標註上G（戈林的姓名簡寫），之後占為己有。戈林對此並不害羞，還專門買了幾棟別墅放置藝術品，大方邀請朋友來家裡參觀。戰後戈林的一部分的藝術品被盟軍繳獲，但大多數的珍品大多被他藏匿和掩埋，這些藝術品的去向至今仍是不解之謎。

一九四五年春，歐洲大陸基本上已經被盟軍給占領，開始由東西兩線直搗柏林，納粹德國的末日已經來臨。當失敗終不可避免地來到時，戈林決定拋棄希特勒逃出柏林，並親自以第三帝國全權代表的身分與盟軍媾和，在談判前，戈林向希特勒和外交部長里賓特洛普分別發去一封「逼宮」電報，戈林沒想到，這兩份為了第三帝國存亡而發起的電報，卻為自己的政治生命提前劃上了句號。接到電報的希特勒，認為這種行徑是叛變、是政變，他親自下令撤銷戈林一切職務，並開除了他的黨籍，黨衛軍也在第一時間踢開戈林的豪宅大門，逮捕了戈林全家，戈林遭到了軟禁。有趣的是，戈林被開除空軍元帥後，希特勒為了不影響德軍士氣，於是謊稱戈林體態肥胖導致心臟病發作，情況危急，於是主動請職。

末路梟雄之死

一九四五年五月八日，德軍正式簽署了無條件投降條約，但是對戈林來說，這並不是振奮人心的救贖，亦非喪權辱國的悲痛，只不過是換了關押他的對象罷了。十一月二十日，戈林被美軍押往紐倫堡接受審判，戈林的案子特別難搞定，他在戰爭結束時並沒有任官，且還有與盟軍媾和的動作，這使得軍事法庭頗為頭疼，但由於簽署過屠殺猶太人的協議，戈林最終難以逃脫命運，被選為第一位執行絞刑的戰犯。

戈林對於這項判決感到十分憤怒，並不是因為被判死刑，倒是因為繩子與子彈的差別：「我是一名軍人，一生都以軍人的身分度過，對於被其他軍人的子彈射倒早有覺悟。因此，能否以敵人組成的行刑槍隊來處死我？這絕非一個無理的要求。」然而這項看似無傷大雅的請求卻被法庭一口拒絕。

「我絕不會死在絞刑架上，帝國元帥應該要有帝國元帥的死法。」十月十五日晚，紐倫堡審判法庭將於凌晨對戈林實施絞刑，做完祈禱的戈林顯得格外沉靜，他躺在床上，將藏在衣服上的氰化鉀取出，將手臂抬到與臉同高處，做了個像是要遮臉的動作，嘴裡發出了「喀！」的一聲，三分鐘後，氰化鉀隨著血液的流通開始發作，戈林的呼吸開始急喘了起來，一旁的美國大兵立即大叫：「戈林牢房發生了緊急狀況！」在醫生趕到牢房之前，戈林已經斷氣。美軍搜了搜他的口袋，發現裡頭除了對牧師的道歉文、妻子的訣別書，還有兩個頗為戲謔的遺書，一篇給了典獄長，上頭話語頗多，重心卻只有一點：你們的檢查制度非常嚴格，我很佩服，但可惜的是我還是偷帶氰化鉀成功了；一篇給了拒絕以槍斃代替絞刑的委員會，開門見山的說道：「我本對你們槍斃我不存異議，然而想要將一位德國國家元帥施以絞刑是不可能的！」

戈林身上有著許多英雄和惡棍的本質，是一位融合諸多矛盾的人物，儘管戈林在表面上看起來奢華無度、古怪荒誕、妄想自大到有時候甚至像個小丑，但實際上他能幹又機敏狡猾，就連紐倫堡主審法官諾曼·博凱都曾評價「戈林溫文爾雅、精明幹練、足智多謀，他很快就能看清狀況。」不過他在軍事戰略上的不切實際以及不思革新，最終加速了第三帝國的覆亡。

第四章　約瑟夫・戈培爾

——納粹喉舌

「宣傳如同戀愛，
可以做出任何空頭許諾。」

戈培爾全名保羅．約瑟夫．戈培爾。與希特勒所期望雅利安人「高大、強壯、金髮碧眼」完全相反，戈培爾長得十分瘦小，留著一頭黑髮以及暗褐色的眼珠，但正是此人，僅憑著一張無懈可擊的嘴巴，讓數千萬名德國群眾能拚盡性命的忠於希特勒，最終成為名噪一時的納粹政府宣傳部部長。

以學歷掩蓋小兒麻痺的自卑

一八九七年十月，戈培爾生於萊茵河下游的工業小城萊特，這裡是德國紡織業的中心，戈培爾的父親弗里茲．戈培爾是一家燈芯工廠的小工頭，母親瑪莉亞則是鐵匠的女兒。這樣的家庭，當然不可能給戈培爾帶來甚麼富足的生活，他的童年是十分拮据的，但儘管貧窮，戈培爾的父親卻對這個孩子無比疼愛，甚至花了整整一個月的工資購買鋼琴，只為了能讓戈培爾學習音樂。

七歲時，戈培爾患上脊髓灰質炎，也就是俗稱的小兒麻痺症，致使左腿比右腿短了一截，走起路來一瘸一拐，十分不便。小兒麻痺也影響到了戈培爾的身高發育，在高大的西方人眼中，一尺六五、面黃肌瘦的戈培爾成為了受到同學側目的邊緣人物。左腿和右腿的差異對於戈培爾的一生影響頗大，當時的德國青年由於受到普法戰爭的刺激，流行以參軍來光榮祖國，戈培爾也受到愛國主義的氛圍影響，在一戰爆發時，曾跛著兩條腿，主動前赴參軍處報名，可是面試官一見戈培爾那不健全的雙腿，連體檢都沒驗，就將戈培爾趕出門外了。這對戈培爾的打擊非常大，此後戈培爾經常穿著長靴，並在裏頭安著假腿，彌補兩腿長度的差異，但這卻不能消除戈培爾走路時的毛病。一直到後來當上了納粹的宣傳部長後，戈培爾最頭疼的便是檢閱儀仗隊了，要在眾目睽睽之下一瘸一拐的跛走，是他一生中最羞恥的時刻，他也曾這麼說：「別人對我所能施加的最嚴厲的懲罰莫過於檢閱儀仗隊。而這並不總是可以迴避的。每當在慶典的日程上列入檢閱儀仗隊一項活動時，我就一夜睡不好覺。」

禍兮福所依，福兮禍所伏。戈培爾雖然沒能當上兵，但也因此躲過了這場為時四年的大屠戮。在這四年中，他走上了另一條道路——讀書。戈培爾當時腿腳不便，被政府優待不必上戰場，也不必在戰場後方做後勤，戈培爾本來想尋找工作，不過屢次面試未果，因此將所有夢想加諸於讀書上，希望通過學歷上的優秀表現，能夠讓群眾不再只側目於他的殘缺，而是能在知識層面上投以仰慕、甚至是崇拜的眼光。靠著對於夢想的追求，戈培爾的成績非常優異，從高中畢業後，他在教會的補助下，先後進入了德國的波恩大學、弗雷堡大學、伍茲堡大學、科隆大學、法蘭克福大學，還有慕尼黑大學、柏林大學，專修了哲學、歷史、文學和藝術，掌握了拉丁文和希臘文。每次戈培爾的成績進步，他便忙著書寫請願書，想要更換更好的大學，這也表露出了他對於受人仰慕的渴望。

一九二一年四月，年僅二十四歲的戈培爾從海德堡大學獲得哲學博士學位。走出大學校門後，滿懷抱負的戈培爾一心想成為像哥德，席勒那樣的大作家，起先致力於創作小說、劇本和詩歌，著有小說《邁克爾》、劇本《流浪者》和《孤客》，但現實卻給予他重重打擊，所投稿的數十家出版社，皆給出了各種原因不願意出版。這是多麼諷刺的一件事啊，戈培爾苦讀數年，得到崇高的博士學位，為的就是讓眾人能夠看得起自己，但無情的現實卻敲碎了他的夢想，這讓戈培爾痛苦地無以復加，也讓他的個性出現了分歧，他既有嚴重的自卑感，也存在著學歷上孤高的優越感，陷入了人生低潮的戈培爾，只能用學歷上的優越來壓制心頭的自卑，在簽名的時候必定冠上博士（Dr.）的頭銜，對於自己身為一個知識分子的自我意識變得更強大。

由於當時出版商大多為猶太人所掌控，戈培爾對於猶太人的厭惡也由此而生，為後來力主反猶太主義的開端。戈培爾當時只能低聲下氣地在報社工作，與那些學歷低下的同事一同處事，不過由於經濟不景氣，不久後上級便將戈培爾解僱。為了不讓家庭擔憂，戈培爾每天還是假裝成去上班，卻坐在公園長椅上哭泣。

不知讀者有沒有注意過，有些朋友平時在說話時總是手舞足蹈、陰陽頓挫、講話搞笑，這種人看似外向幽默，內心其實是很自卑的，戈培爾就是這種類型的人，在他滿懷自卑，情緒低落之時，他開始用外向的言論來掩蓋他內心的自卑，用激進的言論引起他人的注意，用非正常的言語來滿足自身對於聊天的成就感。流浪待業的生涯是戈培爾最不願提及的傷痛，但卻是戈培爾人生最有成長意義的一段時光，此時，他在說話、演說方面開始展露才能，為他將來的宣傳之路埋下了伏筆。

一九二二年六月，戈培爾手捧一疊小說手稿前赴一家出版社，又遭到了婉拒，回程路上，戈培爾為他的前途陷入苦悶迷茫，大街上徘徊，誤走進了慕尼黑皇冠馬戲場的一處演講，當時的演講者，便是希特勒。

窮途末路加入納粹

「現在，我找到了應該走的道路，這是一個命令！」戈培爾對於希特勒的演說讚揚不已，從此，戈培爾開始對納粹黨有所接觸，並且於一九二四年八月二十一日於門興格拉德巴赫城設立「國家社會主義大德意志解放運動」分部。也就是希特勒領導納粹黨進行啤酒館政變之後，被鎮壓後打為違法團體後，為了掩人耳目而設立的偽裝團體。事實上，當時的戈培爾在納粹黨的政見上猶疑不定，甚至屢次與希特勒發生衝突，身為左派納粹的戈培爾主張應該要和共產主義者同盟，並且傾向了由格里哥・斯特拉瑟所領導的左派，這使得希特勒頗為無奈。一九二六年二月十四日在漢堡舉行的幹部會議上，戈培爾竟公然斥責希特勒為「投機主義分子」，並且提議要將之除名！了解戈培爾才能的希特勒，繼續對戈培爾溝通，最後於同年四月獲得戈培爾的支持。

一九二六年十月，戈培爾被希特勒任命為納粹黨柏林和柏蘭登地區的黨部書記，負責清黨和機構整編，也就是說，戈培爾有用武之地了。在被稱為「紅色柏林」的共產主義齊聚之地，戈培爾發揮其煽動的能力，成功地讓本來以南部為根據地的納粹黨勢力進入德國北部，希特勒回顧這段時光時，曾表示「戈培爾博士擁有言辭和才智兩種天賦，沒有這些天賦，柏林的局勢就無法控制……對戈培爾博士來說，他以言辭的真情實感贏得了柏林。」一九二九年，戈培爾被任命為納粹黨宣傳部部長。

事實上，戈培爾並不是位天生演說家，他每一次演講，都會預先將演講內容打成草稿，並且對紙稿一再地修正，直至滿意，之後又反覆練習，讓自己能知道什麼時候該高聲疾呼，什麼時候該舉起雙手，眼神、動作、口氣，這些都必須隨著演講內容而做出變化，以做到能打動人心的演說。

戈培爾擅長運用人性，演講十分具有煽動力，在印海報時，總足採用鮮艷的亮紅色來引起群眾對納粹的關注。戈培爾知道群眾是愚鈍的，他們不知道政治的複雜性，只是一個沒有自主意識的巴夫洛夫之犬，因此他盡量將黨派意識給簡單化、對立化、感性化，在自行創建的「攻擊日報」上（Der Angriff），戈培爾的手法無非是以簡單卻不失縝密的言論，反擊其他報紙的言論，並以大級數的字體去辱罵其他報紙，挑撥讀者的感情，除此之外，他還善於組織大型集會，戈培爾組織了一場慕尼黑啤酒館暴動周年紀念，又經常在柏林體育館做大型演講，大張旗鼓的行徑不僅博得了媒體的版面關注，也為納粹黨爭取了數萬名的選票，而他在宣傳時，總是不忘一點：「謊言重複一千次就會成為真理。」這句話又稱做「戈培爾效應」，與《戰國策．秦策》曾參殺人的典故頗有相似之處，戈培爾用著遙不可及的謊言拉攏遙不可及的群眾，並且利用遙不可及的群眾來達成遙不可及的謊言，利用這套心理操縱術，納粹黨迅速壯大，使得希特勒更加篤定戈培爾的才能。

上任德國宣傳部部長

一九三四年希特勒主政德國之後，戈培爾立刻成為德國宣傳方面的領導。希特勒開創性地創造了「德國國民教育與宣傳部」，並讓戈培爾擔任部長。戈培爾的德國國民教育與宣傳部在希特勒的內閣中有著特殊的地位。戈培爾的辦公室人員規模比其他部門大三倍，因此很快獲得了強大的控制力，在屬於其他部門的傳統領域，也獲得了新的影響力。例如：戈培爾開始越界處理經濟部門的工作，主動承擔管理德國工商業廣告、展覽的工作。一部分原來隸屬於教育部門的中小學、大學、藝術機構的文化教育活動，也被戈培爾管理起來。到了最後，戈培爾甚至介入了里賓特洛普所掌控的外交部，所有對外宣傳的策略和措施，都需要徵得他的同意。

除了擔任德國國民教育與宣傳部的負責人外，戈培爾還掌管了另外一個頗具權力的宣傳通訊部門——德意志德國文化部。文化部致力於符合國家社會主義原則和目標的文化活動、事件的創造和傳播。在宣傳這一特殊的公關活動中，雖然是為了達到一個聲音、一種思想、一派政黨的獨裁統治。但戈培爾卻從不強迫灌輸民眾民族主義，他認為強迫的學習不會引起真正的認同，比起這個，他更崇尚用一些片面的科學知識以及歷史事件作為宣傳，以此間接控制大眾的意志。

在思想控制上，戈培爾最著名的舉止莫過於將所有非德意志精神的書籍燒毀的「壯舉」。一九三三年五月十日晚上，成千上萬的學生在戈培爾的煽動下高舉火炬，在柏林的各條大街上遊行，並最終匯集到柏林大學對面的廣場周圍。那裡已經堆積了數百位非雅利安哲學家、科學家、文學家的著作，激進派成員甚至規定任何非德語作家的著作也將一同燒毀，學生們稱這些書籍「對我們的前途起著破壞作用」，興匆匆地將汽油潑灑在成噸的書籍上，詩人海涅、心理學家弗洛伊德、戲劇家布萊希特、科學家愛因斯坦耗盡心血所撰寫的名文著作，猶如一團垃圾般遭到眾人踐踏。烈焰騰空，照亮夜晚。人們一邊歡呼，一邊繼續往火裡扔書，火光照亮了整個夜空。以此開端，德國二十餘所大學一百多座城市也紛紛效仿，開始焚書。戈培爾向參加焚書的學生們說：「德國人民的靈魂再度表現出來了。這火光不僅結束了舊時代，而且照亮了新時代。」戈培爾因此獲得「焚書者」的稱號。

宣傳上的「功績」

戈培爾和他的宣傳部對出版、報刊、廣播和電影也實行了嚴格的管制，建立起納粹黨領導下的統一的藝術家組織——德國文化協會，其目的很簡單：保持一家言。所出版的書籍，皆需按照國家規定的方針、政策和路線從事活動，作品的出版或上演必須經過納粹宣傳部的審查和許可。而由納粹黨制定的法律規定，第三帝國的編輯們必須在政治上和納粹黨保持一致，種族上必須是「清白」的雅利安人。於是，許多不願為納粹服務的編輯記者遭到消除，許多不能與納粹保持一種聲音的報刊被停辦，像是《法蘭克福日報》的老闆就因為留著猶太人的血液而被踢出報社，連續發行了兩百三十年的報紙《伏斯日報》也在一九三四年四月一日遭到停刊。在希特勒執政的短短四年間，全國報紙減少了將近一千種，剩餘的報章編輯為了保住自己的鐵飯碗，成為了納粹的宣傳工具。

關於宣傳器具，納粹黨在執政前著重於演講，隨著上任後權力的擴大，納粹已經有權力掌握廣播了，戈培爾認為廣播的影響力遠遠超過任何宣傳，它傳遞信息迅速，涵蓋範圍廣，影響大。因此，必須牢牢掌控德國的廣播事業。戈培爾通過宣傳部的宣傳司和納粹創立的國家廣播協會，控制、壟斷了德國的廣播公司。從此，這家廣播公司充斥著對於納粹政府的讚揚，以及對於英法政府的仇視。

在納粹德國發動波蘭戰爭之前，戈培爾開始絞盡腦汁，想辦法讓德國人處於「既憤怒又恐懼的狀態」，之所以要融合兩種情緒，是因為戈培爾認為憤怒使人感到力量，是進行侵略的最佳情緒，而恐懼使民眾感到缺乏安全，是將國家塑造成「逼不得已而出手」的最佳掩飾。一九三九年中期，戈培爾下達指令，讓《柏林日報》開始煽動不實假新聞，先是使用大字標題警告「當心波蘭！」，後又謊稱「波蘭軍隊推進到德國國境邊緣」。《領袖日報》則動用危言聳聽的標題「華沙揚言將轟炸但澤—極端瘋狂的波蘭人發動令人難以置信的挑釁！」《十二點鐘報》報導波蘭人攻擊三架德國客機。《人民觀察家報》編發特大通欄標題「波蘭全境處於戰爭狂熱中！上西里西亞陷入混亂！」一九三九年九月一日的早報則競相報導所謂「波蘭志願人員和上西里西亞叛亂分子」襲擊靠近邊界的德國格萊維茨廣播電台的消息，報導指出德軍傷亡慘重，而實際上襲擊行動是納粹黨衛軍保安處的特工人員策畫的，波蘭軍隊是由德國人所扮演，而那些德軍死者根本不是真正的德軍，而是保安處從監獄裡抽調出的死刑犯扮演的。但在戈培爾天衣無縫的宣傳掌控下，真實消息遭到勞實封印，直至二戰結束，德國民眾方才知曉，原來波蘭戰役的引爆點根本不是波蘭政府的反德情緒，而是納粹政府自導自演的入侵陰謀。

為了對付猶太人，戈培爾的宣傳部將功能發揮得淋漓盡致。他利用廣播、電視、電影、甚至下轄至漫畫、傳單等進行鼓動，哪個城市出現經濟、治安等問題，哪裡的猶太人就被當作代罪羔羊。當時有個笑話是這麼說的：「要求抵制猶太商店的代言人尤里烏斯．施特賴歇爾曾收到一封來自北方發來的電報，上面寫到：『立即派遣猶太人來，否則無法進行抵制！』」雖然是笑話，但足以說明納粹迫害猶太人到了何種程度。他們還為此專門拍一部名為《猶太嫌疑犯》的電影，結尾裡，老百姓對猶太人執行了死刑，這簡直是鼓勵濫用私刑！但形成反差的是，這部電影在德國獲得極大迴響，自一九四〇年九月上映後，這部電影總共在柏林六十六家戲院播映過。

說到電影，戈培爾特別重視電影的作用。曾經獲得德國電影獎、威尼斯雙年展金牌及巴黎世界博覽會大獎的《意志的勝利》，就是在戈培爾的監督下製作完工的。另外配合反猶太人政策，戈培爾除了《猶太嫌疑犯》外，還曾主導拍攝過《一個猶太人的故事》，影片的首映放在威尼斯電影節上，並獲得最佳電影獎。後來為了配合對英國的戰爭，戈培爾還製作了反英宣傳電影——《愛爾蘭，我的生命（一九四一）》，在這裡，英國政府成為窮凶極惡的帝國主義者。

二戰期間，在戈培爾的主導下，納粹德國共拍攝了五百餘部大大小小的紀錄片和故事片，堪稱歐洲之冠。其中還有十五部是彩色的。電影還被納入戈培爾的宣傳軌道，為戰爭服務。戰爭爆發後，戈培爾首先組織拍攝了《波蘭戰役》、《西線的勝利》、《東方的戰爭》等紀錄片，鼓勵帝國軍民前往前線作戰。

在戈培爾和他的宣傳部的精心操縱下，整個德國的輿論處於瘋狂的法西斯文化思想氛圍中。本來應該向公眾傳播事實、宣傳真理和正義的新聞媒介，竟成為蠱惑戰爭、散播仇恨的工具。但以政治的角度來看，戈培爾的宣傳是極為成功的，德國民眾的思想已經徹底遭到控制，他們一個個成為戰爭的狂熱支持者、擁護者、直接參與者，並為納粹的復仇戰爭獻出勞力、青春、以及生命。

宣傳部長之死

當蘇聯軍隊即將攻入德國本土時，希特勒已經徹底絕望，鮮少進行演說，多由戈培爾代替其工作，他總是以收音機廣播宣告國民對於聯軍要進行最後抵抗。在一九四五年四月蘇聯軍隊進逼柏林時，戈培爾也號召柏林市民捍衛首都，他組建了國民突擊隊，將柏林城下的老人以及尚未成年的青年等不適合應徵正規軍的男性召入其中，並親自擔任指揮官。但即使軍民一體，在裝備缺乏以及訓練不足的情況下，第三帝國依然難以力挽狂瀾，國民突擊隊往往在戰場上傷亡慘重，充當炮灰，在創建到解散的短短五個月間，國民突擊隊的戰死隊員共計十七萬五千人左右。

隨著時間步入到一九四五年二月，此時德國百姓已經對戰爭失去了信心。為此，戈培爾想盡一切辦法製造令人振奮的消息來提振帝國士氣。最常用的辦法是發布有關神秘武器的新聞。一次他向公眾介紹一種名為「冷光」的武器，他說：「當我走進武器庫，看見這種武器，我的呼吸驟然停滯。它的威力如此巨大，破壞如此可怕，以至元首要求不到最後關頭不能使用它。」令人意外的是德國民眾還真的相信有這種武器，但仔細想想，納粹德國在臨死前的掙扎中，發明出了V－一火箭、第一款實用性噴氣戰鬥機、第一種隱形轟炸機、第一種突擊步槍等先進武器，德國民眾相信有「冷光」的存在，也在情理之內。

在紅軍直逼柏林前的幾個禮拜，戈培爾發起了最後一次演講，其中提到：「德意志的字典裡是沒有投降兩個字的。不是勝利就是死亡，」戈培爾遵守了自己的諾言，決定自殺。希特勒死前立下遺囑讓戈培爾接替他的位置，但是戈培爾表示自己寧願死也不曾拋棄元首，不會做一個背棄國家的小人。四月三十日，希特勒自殺。

五月一日，這一天戈培爾夫婦準備追隨希特勒，由於害怕遭受池魚之殃，戈培爾的六個小孩也不能留下，他們準備讓六個小孩和他們一起面對死亡。五月一日下午，瑪格達將混有安眠藥的糖果發給孩子們。不一會兒，六個孩子都進入熟睡狀態，瑪格達逐個親吻著他們，細細端詳著這些親骨肉，淚水順著面頰滾滾落下。片刻後，她將氰化鉀放入孩子的口中，遂放聲大哭起來……戈培爾並沒有見證兒女的死亡，他親自出去帶人找回足夠焚燒他們屍體的汽油，晚六點左右，他才又回到暗堡。他來到每一位孩子身邊，俯身在他們額頭上印上一吻，沒有說話、也沒有哭泣，他走出房間，來到暗堡的書房。瑪格達正在這裡木然地坐著，這也是他們商量好的。各自辦完事後從這裡一起走向生命的終點。

戈培爾走到書房的衣架前，戴上他的軍帽，將黃駝色軍大衣的塵土拍除、再次確認領帶是否繫緊。隨後，把右胳膊伸給他的妻子，一句話沒說，他們依偎著緩慢地朝通向院子的樓梯走去。戈培爾和瑪格達都仔細演習過哈斯教授推薦的手槍加毒藥的自殺方法。瑪格達向前走了一步，咬破早已放在口中的膠囊，慢慢地倒在土地上，戈培爾不想讓她痛苦，隨後朝她的身體開了一槍。戈培爾用力咬破他口內的玻璃小瓶，緊接著扣動P－三八型毛瑟手槍扳機，子彈從他右邊太陽穴打入。

希特勒也並不希望戈培爾死，他想讓戈培爾活著，可是戈培爾不願畏首畏尾的活著、不願拋棄自己的祖國，他有著對於他來說比生命更為重要的信仰，或許正如他所說：「我們信仰什麼，這無關緊要；重要的是只要我們有信仰。」

第五章　萊茵哈德・海德里希

——納粹的斬首官

「世界不過是一支筒風琴，
主在其中轉動。
我們均將隨鼓的韻律起舞。」

說到西方傳說中的撒旦，人們頭腦第一時間出現的是凶狠醜惡、面目猙獰的形象，然而有這麼一個真實的撒旦，卻有著一副天使般的面孔，不熟悉他的人第一時間看到他的照片，很容易被其獨特的氣質所吸引，如果撇開他的政治所為，他幾乎可以稱得上是一個完美的人。從小擁有音樂天賦、成年後是德國的擊劍冠軍，擁有一副比較典型的日爾曼人外表，他身材高大瘦削，相貌英俊，個性堅毅，智力超群，精力過人。然而，只要稍微揭開這天使的外表，就會為其掩蓋下的徹骨邪惡感到不寒而慄，由於他行事極其殘酷，有著「金髮野獸」、「鐵石心腸之人」、「納粹的斬首官」、「布拉格屠夫」、「死亡的追隨者」等許多恐怖稱號，他就是猶太人大屠殺的執行者——萊茵哈德·海德里希。

音樂世家

一九〇四年三月七日，海德里希出生於德國東部萊比錫的一個富足的音樂世家，父親是當地一家音樂學院的院長，外祖父則是著名的德雷斯頓音樂學院的創始人。出生在一個充滿著浪漫藝術氣息的家庭，海德里希的名字自然也有含意，海德里希全名為萊茵哈德·特里斯坦·歐根·海德里希，其名的前兩部分均有愛國主義音樂背景：「萊茵哈德」為其父歌劇《阿門》中的悲劇英雄；「特里斯坦」來源於理察·華格納的《特里斯坦與伊索爾德》。其名的第三部分「歐根」為其過世的外祖父的名字。

生活在藝術家庭的海德里希生活優裕，從小就接受藝術薰陶，不僅衣食無缺，還能夠在閒暇之餘學習音樂，也許是基因的影響，海德里希在音樂展現出驚人天賦，小提琴和鋼琴都難不倒他，這一喜好使海德里希在將來的求職階段發揮出了頗為驚人的用處，成為官場上不可或缺的交際花。

第一次世界大戰後，德國政局動盪，德國共產黨和無政府主義者在各地組織暴動，威瑪政府搖搖欲墜。老海德里希的樂團入不敷出，家境一落千丈，舉步唯艱，直到二十年代初期才有所好轉。一九一九年，德國共產黨在薩克森州領導了「斯巴達克斯軍團」起義，企圖建立蘇維埃政權，隨後同前來鎮壓的自由軍團發生血腥內戰。進入青春期的海德里希止值思想觀念形成階段，因目睹左翼激進分子造成的社會動盪，而對共產主義、社會主義嗤之以鼻，接受了右翼極權思想，加入一系列民族主義青年組織。

一九二二年，十八歲的海德里希決定參加海軍，這個決定讓他的父母大失所望。老海德里希期盼他能夠子承父業，因此花了很多心血培養他的音樂才能。海德里希的小提琴拉得非常好，鋼琴、大提琴、作曲等方面也很出色。但是老海德里希並不了解自己的兒子，野心勃勃的海德里希早已厭倦了保守的小資產階級家庭的繁文縟節和循規蹈距，非常渴望冒險和榮耀。最終，海德里希以「在海軍服役完成可以享受德國政府的終生養老金」，說服了父親。

鶴立雞群的海軍士官

海德里希到基爾海軍基地報到時顯得鶴立雞群。他身高一八五公分，擁有一頭秀麗的金髮，深邃的藍色眼睛，寬闊的肩膀，潔白的皮膚、以及修長的身材，簡直是增一分則太肥減一分則太瘦，穠纖合度、儀表非凡的美男子。海德里希最初被編入海軍第二十二大隊第二中隊，和普通海員一起訓練。最初幾個月對海德里希來說簡直度日如年，他無法適應繁重的體力活，被教官斥為「一身細皮嫩肉」。在基爾軍港粗鄙的海員中間，海德里希是一個異類，他舉止文雅，不抽菸，不喝酒，喜好古典音樂，顯得很不正常，粗魯的波蘭教官特別喜歡針對海德里希，跟國軍的舊有文化一樣，教官經常在海德里希熟睡時吵他起來，但叫醒的目的不是為了叫他伏地挺身，而是因為波蘭教官是個夜貓子，想讓他演奏小夜曲助興。海德里希在軍營訓練的幾個月臉上總離不開黑眼圈，但依靠意志力，海德里希最終完成了艱困的海軍訓練。

一九二三年七月，海德里希登上「柏林號」驅逐艦實習，將在這裡完成他的士官課程。柏林艦的大副卡納里斯（Wilhelm Canaris）很快注意到這位氣宇軒昂的年輕士官，其音樂天份尤其讓卡納里斯欣賞，由於卡納里斯的妻子喜好音樂，海德里希頻頻受卡納里斯邀請，出席夫人舉辦的家庭音樂沙龍，他演奏的小提琴經常讓聽眾神魂顛倒。依靠這個特長，海德里希結識了不少德國海軍的頭號人物，為將來的飛黃騰達奠定基礎。

一九二六年十月一日，海德里希結束了四年半的士官課程，獲得海軍少尉軍銜，開始接受無線電專業培訓。海德里希轉正後，手頭有了很多閒暇時間，他全部投入競技體育，表現出一種驚人的進取精神和完美主義傾向，他不能接受自己體能、力量和運動協調能力各方面的一丁點缺陷。海德里希的擊劍教練曾評價：「他做任何事情都投入駭人的精力，完全不顧自己的體質和實際能力。」海德里希在其它方面也力求完美，自學英語、法語和俄語，並在海軍的語言考試中成績優異，無線電專業課也同樣出色。培訓完畢以後，海德里希很快被分到波羅的海艦隊，並在一九二八年晉升中尉。這個時期海德里希得到上級相當高的評價，後來成為海軍中將的克萊坎普（Kleikamp）曾評價道：「他的天賦、學識和能力都是出類拔萃的，我相信後面的主管軍官也會這樣認為。」

在德國海軍內部，海德里希成為了當時位階進步最快，評價最好的士官，沒有一人不看好海德里希在德國海軍發展的前途，然而，一次感情上的糾紛，卻使得海德里希一帆風順的軍官生涯走向了終點。

拈花惹草自毀前程

海德里希的相貌出眾，經常得到許多年輕女子的歡迎，他的緋聞甚至無法用數據統整。一九三〇年夏天，海德里希結識了漢堡造船廠主管的女兒（由於其父親有意保存隱私，且有認識具政治力量的官員，所以歷史上並沒有留下她的名字），在雙方父母都贊成的情況下，兩人很快同居，不過這種情況並沒有持續很久。一九三〇年夏天的一個晚上。海德里希閒得無聊，就拉著朋友莫爾，到基爾附近的海上去划船。當他們非常愜意地蕩漾在退潮後的平靜的海面上時，不知哪兒忽然傳來女人的呼救聲。他們循聲望去，只見一條小船打翻了，兩個划船的姑娘都落在水裡。

海德里希和莫爾急忙將船划到出事地點，跳入水中，把兩個姑娘救了上來。其中一位姑娘金髮碧眼，長得五官分明，十分漂亮。她叫莉娜．瑪蒂爾德．馮．奧斯滕，是個年僅十九歲的美少女，英俊的海德里希和美艷的莉娜一見鍾情，兩人在此後經常私下展開幽會，在半年過後，海德里希拋棄了造船廠主管的女兒，與莉娜於一九三〇年十二月九日訂婚。

漢堡造船廠主管的女兒聽得自己深愛的美男子竟然背信忘義，氣得精神崩潰，她的父親利用與海軍各層官員的關係，將家務事的糾紛化成罪名，將海德里希告入軍事法庭。海德里希非常惱怒這種仗勢欺人的做法，在法庭上聲稱：「她（造船廠主管的女兒）沒認識幾天就和自己同居，這真是隨便了！一個海軍軍官怎麼能接受一位隨便的女人呢？」海德里希玩世不恭的態度激怒了法官以及前女友的父親，本來這種感情糾紛最多是一次內部警告，但在法官的意氣行事，以及前女友父親仗著自己的身分一再干預之下，法庭最後判定海德里希品行不端，不適合繼續留在海軍。一九三一年四月，海德里希在海軍服役九年以後被通報遣退，掃地出門。

黨衛軍保安處

被海軍開除是海德里希一生中經歷的最大一次挫折。他回到家裡悔恨不已，整天以淚洗面。唯一的心理慰藉來自未婚妻麗娜，她不顧父母的反對，執意來到海德里希身邊悉心照料。這段時間海德里希生活相當窘迫，不得不屈尊在一個賽艇俱樂部擔任教練。

還好，海德里希有著廣泛的人緣，他的教母易伯施坦因夫人得知他的困境以後，立刻伸出援助之手。她的兒子易伯施坦因男爵在納粹衝鋒隊擔任要職，和羅姆、希姆萊等人熟識，非常樂意推薦海德里希加入衝鋒隊。在海軍服役多年的海德里希對衝鋒隊並沒有好感，比起這幫烏合之眾，他更希望進入具菁英氣質的黨衛軍。

一九三一年夏天，黨衛軍已經成為德國右翼激進青年趨之若鶩的組織。自從一九二九年一月希姆萊出任黨衛軍總指揮以後，兩年多的時間黨衛軍從兩百八十人發展到一萬餘人，希姆萊吸收了大批社會菁英，竭力將黨衛軍打造成一支血統純正、紀律嚴明的菁英隊伍，這對於海德里希來說極具吸引力，海德里希的推薦信不久便放在了希姆萊的案頭上。

當時希姆萊剛接到希特勒的命令，準備籌建黨衛軍情報機構，海德里希的無線電技術，以及標準的日耳曼人面相正合希姆萊的胃口，正當希姆萊準備錄用海德里希時，他發覺履歷表上竟然寫著「曾經擔任海軍軍官」這一字眼，這讓希姆萊的好感瞬間消失，要知道，希姆萊之前曾響應加入海軍，但卻遭到一口拒絕，這使希姆萊對海軍的一切事務始終抱持反感，也因為如此，希姆萊企圖對海德里希採取無視手段，多次拖延面試，直到易伯施坦因男爵多次提醒希姆萊，這才勉強接見他。

一九三一年六月十七日，希姆萊邀請海德里希來家中進行面試，希姆萊對於這場面試抱持著玩笑心態，心裡想著：「我沒有打算要用你，跟你面試不過是禮貌罷了。」面試一開始希姆萊便處處刁難海德里希，開門見山地表示自己打算招募一個情報官員，限制海德里希在二十分鐘內寫下開展黨衛軍情報工作的想法。雖然無線電是跟情報工作息息相關，但是海德里希實際在海軍只有學完無線電通訊，情報工作雖然說不上陌生，但所知有限，儘管如此，海德里希還是絞盡腦汁回想之前所學習過的各種情報知識，以及閒暇之餘閱讀關於英國軍情機構的書籍，還真的在短時間內寫完了報告，裡頭也不馬虎，他寫的答覆準確使用了相關的軍事術語，還附有一張機構設置圖。希姆萊不得不大讚海德里希是「一部活的記錄器」、是一個「天生的情報人才」，當場讓他入黨，並授予黨衛軍突擊隊中隊長頭銜，負責黨內的情報工作。

在開始工作後，海德里希搬進了慕尼黑褐色大廈的一個辦公室，雖然希姆萊對海德里希讚不絕口，但因為尚未了解海德里希的情報才能，僅給出了低階職位，和一百八十馬克（約為四十美元）的低價起薪，海德里希甚至沒有專屬自己的辦公地點，必須與一名同事共用辦公室和打字機。不過在短短三個月內，海德里希的名聲在黨衛軍已是如雷貫耳，他將情報天賦發揮得淋漓盡致，使希姆萊同意將他的僚屬機構擴大，並將黨衛軍各單位的菁英諜報人員和密探抽調出來，置於海德里希的領導之下，由此產生了第一個黨衛軍特別機構，即黨衛軍保全處（SD）。

新組織仍歸於黨衛軍旗下，但相對來說是較為獨立的監察機構，負責偵查黨衛軍各大區和各區，清空納粹黨內部的反黨分子，以及監視敵對黨派的活動。每一點具體情況、每一次監視活動、每一個人物履歷，都詳細記入海德里希的資料庫中，保存在慕尼黑楚卡里街四號保全處新總部。希姆萊驚奇地對他的情報頭子那種強勁靈活的事業心讚嘆不已。

然而最令希姆萊感到敬佩的不在於海德里希強而有力的領導作風，而是在於與其他情報部門的團隊合作。長久以來，黨衛軍保安處一直和國防軍情報局很有衝突，保安處總是嘲笑情報局是「古董」，而情報局則嘲笑保安處是「野狗」、「黑狗」（意指不能成為國家的正式情報職員、只能穿著黑色制服在街頭四處「狂吠」），當時軍情局總長是海軍出身的帕齊格（Conrad Patzig），此人是典型的職業軍人，性格保守正統，對黨衛軍保安處搞得那套激進措施始終缺乏好感。這年秋天，帕齊格和海德里希的衝突愈演愈烈，兩方情報組織已經鬧得不可開交，和昭和時期日本的陸軍、海軍仇視嚴重性相差無幾了。不久後，軍情局派遣間諜飛機偵查波蘭時遭波蘭政府發現，海德里希對這則新聞大作文章，最終把帕齊格趕下台了。

海德里希明白派系爭鬥沒有好處，因此見好就收，沒有再做更激烈的鬥爭，十分剛好的是，正當海德里希想伸橄欖枝時，國防軍情報局公布了新任局長的名單——海軍上將卡納里斯，卡納里斯曾經是海德里希的上級，兩人在柏林艦上共事過兩年，而且私交很好。這無疑創造了一個絕妙的情報合作條件，海德里希向國防軍高層表示歡迎促進軍情局和黨衛軍保安處之間的友誼與合作。一月底，卡納里斯邀請海德里希到柏林有名的「霍歇」（Horcher）餐廳赴宴，兩人把臂言歡，共敘舊情。湊巧的是，兩人到柏林安家時居然無意中住到同一條街上了。一九三六年底卡納里斯和海德里希相繼在柏林奧古斯塔大街（Augustustrasse）買了房子，兩家成為一籬之隔的鄰居。麗娜後來回憶道：「從前的美好時光又重現了，我們兩家天天見面，來往密切，經常組織音樂晚會，卡納里斯夫人和海德里希一起演奏的小提琴協奏曲往往是最後的壓軸節目。」

因為卡納里斯和海德里希的這層關係，軍情局和黨衛軍保安處的關係日漸融洽。不久，雙方達成一系列協議，劃分彼此的責任範圍，這些協議被戲稱為「十誡」。根據協議，軍情局負責國外諜報，而黨衛軍保安處負責調查國內政治案件，和任何涉及叛國的行為。

至此，納粹德國的三大情報組織——黨衛軍保安處、蓋世太保、國防軍情報局被海德里希融合在了一塊，他們捨棄前嫌，團結一體，互通有無，為將來一同對外的戰爭打下了結實的分工基礎。

希姆萊與海德里希

海德里希在所有的體育運動項目中，特別喜愛擊劍。這並不是偶然。滿腹孤疑地觀察和提防敵方企圖，對預計不到的情況做出閃電般的迅速反應，成了他的第二天性。他像幽靈一樣，似乎具有第六感官，能猜測細微末節的來龍去脈。在全國領袖存檔的記載別人言論的筆記中，海德里希常用剛勁的字型批示道：「我不相信」、「無稽之談」。當希姆萊問他對情況是否進行過核實時，他回答：「我的感覺不會欺騙我。」多數情況下，海德里希的感覺都是對的。對此，希姆萊誇讚：「他對人有著可靠的嗅覺。他具有令人驚異的的敏銳目光，能事先看清敵友的動向。他的同事不敢對他講假話。」

黨衛軍保安處的起點很低，但海德里希精明能幹，心細如髮，使保安處始終包裹在一團迷霧裡，在不知不覺中發揚壯大。

海德里希認為保安處必須掌握新的政治警察中的要職，這支警察還必須擺脫內政部門的全部關係，最終使整個警察體制以及黨衛軍體制合併成一支國家保衛團，把警察、黨衛軍和國家官僚政治，綜合成一個統一的整體。希姆萊對海德里希的這個設想深感佩服，之後在每場政治問題上，希姆萊屢屢請出海德里希提供意見，因此納粹黨內又將雙方的關係戲稱為「ＨＨｈＨ」，意指「希姆萊的大腦叫做海德里希」（Himmlers Hersens heten Heydrich）。

海德里希的保安處並不是納粹組織唯一的情報組織，另外還有兩大情報機構，但在海德里希的操作之下，保安處逐漸掌握了納粹黨的情報大權。慕尼黑警察局政治處雖然知道海德里希這號人物，但一直不清楚他是幹甚麼的。另外兩大情報機構由於行事過於張揚，受到了當時德國政府的嚴密監控，另外一方面，保安處的核心成員也與黨衛軍其他部門大相逕庭，體現出高學歷、高智力、高顏質等優點，納粹黨最優秀的人才，幾乎都進了保安處。

一九三三年希特勒上台之後，納粹黨各層幹部開始併吞德國政府的關鍵職位，希姆萊與海德里希是這場權力瓜分的失利者，希姆萊僅僅得到了「巴伐利亞州警察總監的位置」，不僅無法掌握所有警察，還因而遠離權力中心；海德里希則入主「慕尼黑警察六處」，是個沒有實質大權的閒職。二月間，希姆萊派海德里希前往柏林，企圖和戈林商談建立統一的德國國家警察機構，可是戈林根本不予接見，他已經把普魯士視作自己的地盤，豈能容他人染指？在納粹執政的第一年中，兩人不得不偏安一隅等待機會。

在這段期間，海德里希對希姆萊的信念產生了動搖，他雖然表面上對希姆萊依然畢恭畢敬，心裡卻對他頗不以為然。根據海德里希的遺孀戰後回憶，他曾私下嘲弄小學校長出身的希姆萊：「德國因此而失去了一個多麼優秀的小學校長啊！」不過海德里希了解自己在納粹黨內沒有甚麼根基，也沒有什麼貴族背景或堅硬後台，只不過是半路殺出的程咬金，需要借助希姆萊的威望來獲得權力。

政治可以共患難，但不能共富貴，當一個人功高震主時，意味著危險將不期而遇。海德里希向希姆萊提出，納粹贏得國家大權後，黨組織已經完成了應有的使命，這時候就應該放下狂熱，努力國家建設，避免引來殺機，「現在主要的任務是鞏固權力，而不是繼續無休止性的折騰」。一九三三年末，由於衝鋒隊與希特勒政見屢屢不合，加上衝鋒隊擴軍超過百萬，引起希特勒大為光火，海德里希認為衝鋒隊遲早會自食惡果，灰飛煙滅，他開始構想如何避免步入衝鋒隊功高震主的後路，他為黨衛軍的未來構畫了一張藍圖，把黨衛軍和德國的警察力量整合在一起，讓黨衛軍擔任保衛政權的責任，這樣一來不僅能避免猜忌，還能讓希特勒對黨衛軍日漸依賴，希姆萊對這個看法深感贊同。

希姆萊與海德里希實現計畫的最大障礙就是戈林，自從戈林入主政府後，在內務部的基礎下組建了一支不受法律管轄的秘密警察，即臭名昭著的國家秘密警察——蓋世太保，說個題外話吧，本來戈林並不打算採用此名，而是打算命名為「秘密警察署」，不過由於簡寫是GPA，與蘇聯的秘密警察「契卡」GPU太過相近，於是秉持著不齒為伍的原則將名字改為「國家秘密警察」。

納粹執政的第一年，威瑪時代的政治格局尚未打破，警察力量由各州政府控制，帝國政府無法統一領導。這個時期，蓋世太保及黨衛軍保安處成為納粹黨兩套併行的政治警察系統，所謂一山不容二虎，保安處和蓋世太保是必須合併，最後只是誰吃掉誰的問題。蓋世太保成立之初希姆萊就和戈林商談合併事宜，遭到冷拒。此時的希姆萊還無法與元老戈林爭鋒，只得苦笑忍受。

一九三三年底，希姆萊意外得到了一名強援——帝國內務部長弗里克，他計劃改革威瑪共和國的聯邦體制，削弱各州政府的權力而加強帝國政府的中央集權，改革重心就是建立統一的國家警察系統。但這項改革計畫卻被愛權的戈林拒絕了，他事後特地私自修改法令，使蓋世太保脫離帝國內務部的領導。弗里克知道單憑自己的力量是無法對付戈林，於是開始扶植希姆萊，讓保安隊壯大至足以抗衡戈林，迫使戈林放棄割據蓋世太保的大夢。

在弗里克的支持下，海德里希與希姆萊接管了普魯士以外所有的政治警察系統，形成與蓋世太保分庭抗禮的形式。與此同時，保安處也展現了比蓋世太保高出甚多的效能，十二月間，保安處破獲一個左派分子刺殺戈林的陰謀，而蓋世太保卻對此一無所知，這著實讓戈林非常尷尬，居然讓自己的對手給救了！最後在希特勒的勸導下，戈林終於妥協了。

一九三四年四月二十二日，希姆萊正式出任國家秘密警察總監，海德里希接管了蓋世太保總部。海德里希前腳才剛踏入蓋世太保，便對機構人士進行了一連串改革，如淘汰政治思想不夠堅定和業務水平不強的冗員。整體而言，海德里希的改革圍繞在「唯才是舉」一點，有能力即升官，沒能力，就算擁有多大的政治靠山，依舊無法避免貶官的命運。海德里希淡化政治立場，使原本趨於老化的蓋世太保重新振作，網羅了大批人才，他在各個關鍵位置上安插自己的親信，很快就完全控制了蓋世太保。柏林政界對海德里希都非常地驚異，這個沒有任何的從政經驗和專業的警察訓練的年輕人，卻將才剛合併、擁有諸多矛盾的帝國警察管理得井井有條！海德里希的政治作風，受到普遍民眾、官員的敬畏，威震一時。

貪得無厭

在一九三四年六月的長刀之夜行動中，海德里希所率領的秘密警察鋒芒畢露，迅速將衝鋒隊領導層一網打盡，儘管羅姆是海德里希長子克勞斯的教父，但海德里希為了自己的前途依然毫不留情。在海德里希的操作下，黨衛軍保安處和蓋世太保緊密結合，保安處負責收集情報，而蓋世太保則根據情報採取行動，在這種情況下，黨衛軍迎來了自身前所未有的巔峰，然而得隴望蜀的海德里希卻不滿於現狀，他開始策畫將帝國警察隊伍整個納入黨衛軍系統。

內務部長弗里克眼看希姆萊已然步入戈林後塵，竟然要從內政部裡割據出來了！弗里克失去了對帝國警察的控制，萬般後悔當初不該引狼入室，但此時已經為時已晚。一九三六年五月，海德里希代表希姆萊開始和弗里克磋商，準備進一步整合帝國保安機構。弗里克提議希姆萊出任「帝國警察總監」，但必須接受內務部領導。希姆萊的黨衛軍經過兩年的迅猛發展，實力早已今非昔比，怎能甘居弗里克之下，於是提出異議，提議希姆萊的職稱應為「黨衛軍帝國統帥兼警察總監」，相當於帝國部長的級別，須有權參加帝國內閣會議。

弗里克無法接受這個建議，請希特勒決斷。弗里克原本以為希特勒會給出合理、折衷的裁決，但在希特勒心目中，希姆萊和弗里克兩人的份量孰輕孰重是不言而喻的。

一九三六年六月十七日，希特勒簽署「帝國元首關於任命德國警察總監的命令」，希姆萊正式接管帝國警察系統，邁向權力最高階層的他，即刻穩固警察系統，他將其分為兩個部分：普通警察和安全警察。黨衛軍上將達魯格出任普通警察總監，而海德里希成為安全警察總監，主持秘密警察（蓋世太保）和刑事警察，掌握最令人生畏的國家機器，此時他年僅三十二歲。

英國首相邱吉爾曾經說過：「當納粹照鏡子的時候，看到的就是海德里希的模樣。」海德里希被後世稱之為蓋世太保的靈魂，他被許多人當作納粹分子的代表，英俊、冷酷、高智商、愛好體育、堅定不移，使他成為納粹種族理念的理想楷模，在海德里希主管的六年期間，蓋世太保日漸壯大，發展成為了一部結構精密、運轉高效的機器，其中的主要因素莫過於海德里希對於權力和榮耀的不懈追求，他是個工作狂，以一己之身主持多個帝國部門的要職，像是一個永遠不會疲倦的魔鬼一樣，精力過人，日理萬機。

海德里希的下屬曾回憶：「老闆可以用左手應付所有的事情，而用右手去包攬更多的權力。」海德里希除了工作之外就是工作，就連他的業餘興趣也是工作，如出任國際擊劍聯盟的執行主席，以及充當德國空軍戰鬥機飛行員參戰。

海德里希認為蓋世太保應該成為「德意志民族軀體的醫生」，這個醫生必須不顧一切的搶救病患，對付所有擁有潛在威脅的病原體，包括共產黨以及猶太人。一九三八年一月十日凌晨，德國各地的希特勒青年團、蓋世太保、黨衛軍化裝成平民走向街頭，瘋狂對猶太人的家庭、商店及學校打砸搶燒，破碎的玻璃在月光的照射下粼粼發光，由此被稱為水晶之夜事件。這次事件象徵著納粹對猶太人組織性攻擊的開始。海德里希對於這場事件出乎意料的反對，但不是為了同情受害者，他認為水晶之夜裡發生的野蠻侵犯是非理性的，毫無秩序的打劫，根本是一場「開倒車的行徑」，一樁「巨人的豬玀行為」，納粹黨自一九三三年後就已經取得了合法政權，可以用更為合理的手段來完成所需目的，何必倒車至衝鋒隊這等烏合之眾在街頭搶掠毆打爭地盤的時代？「這是自一九三四年以來對國家和黨的最沉重打擊」，比起瘋狂且張揚的民族對立，海德里希更喜歡不聲不響的官僚恐怖，用圖章及簽字實現排擠、汙衊、屠殺。

屠戮猶太人

暴力的最高境界絕非明目張膽，而是漠然無聲。海德里希堅決地將納粹主義進行到底，既然是迫害，那就必須毫無漏洞；既然猶太人是民族的敵人，那他認為就必須一個不剩的消滅，而無所謂怎麼消滅。

消滅猶太人的這項任務本來是由戈林主管的，一九三八年希姆萊主動要求將任務交給自己，希特勒考慮到黨衛軍的工作效率極高，因此批准了他的要求。希姆萊讓他最得力的助手主導這項工作。一九四一年七月三日，希特勒親自下令海德里希主管清洗猶太人的任務。根據希特勒的命令，海德里希制定出了幾套殺人的具體措施，其中包括集體屠殺、毒氣室、火化爐、人體實驗、賦予沉重勞役直至累死等慘無人道的行徑，使數以百萬猶太人死於屠刀之下。

海德里希就像是個精準的現代化機器，從不提出疑問或反對，要是放在某家名門大公司，肯定會成為公司的最佳榜樣，可惜他卻成為希特勒人種滅絕的意志之下的執行者，一九四二年一月二十日，海德里希在萬湖的一間別墅裡主持了一場高級領導人會議，通過了臭名昭著的「最終解決方案」，該計畫以處置患病或因其他原因無法工作的猶太人為名，計劃屠殺歐洲一千一百萬名猶太人，海德里希是這一計畫的始作俑者。

瘋狂屠殺猶太人的海德里希，據說身體裡面也留著猶太人的血液。早在海德里希一開始加入納粹黨時，就曾經有人舉報過他的血統問題，說他有猶太血統，當希姆萊聽到舉報通知時曾意圖開除海德里希，並向希特勒做了報告，奇怪的是，一向主張反猶的希特勒，表示將讓海德里希繼續留任保安處，還讓他擔任保安處處長，這是為什麼呢？原來，希特勒後來曾試探性地邀請海德里希來到家中進行談話，在與能言善道的海德里希幾小時的暢談下，希特勒認為這位年輕人是一個頗具才幹的人物，必須將他保留下來。而且他的非雅利安人出身也是個優點，如果沒有將他剷除，那他必將永遠感激納粹，永遠為黨服務。

希姆萊後來也證明確實如此，在反對猶太人的鬥爭中，整個德國找不到比海德里希更好的人選了。

治理捷克

一九三九年三月，德軍占領捷克斯洛伐克全境，成立了波西米亞和摩拉維亞保護國，斯洛伐克地區則成立受德國保護的斯洛伐克共和國。一九四一年九月，海德里希被希特勒選中兼任波西米亞兼摩拉維亞代理總督，在抵達布拉格的當天晚上，海德里希宣布在捷克主要城市實行戒嚴，開始著手打擊捷克地下抵抗運動。海德里希的鐵腕治國，行事殘忍果斷，打擊對象並不限於抵抗組織，還包括民憤極大的不法奸商，而且並不因當事人的社會地位、財富或民族（除猶太人、吉普賽人）而區別對待，這種鐵面無私頗得人心。

戒嚴持續了三個月，期間共有四〇四人被判處死刑，其中包括前捷克軍隊的六名將軍和十名上校，另外有五千多名猶太人、吉普賽人、貪官汙吏被送進集中營。被槍決的四百餘人中，有一半屬於經濟罪犯，大多是貪官奸商。海德里希的秘密警察效率極高，幾個星期內捷克地下抵抗運動幾乎被破壞殆盡，僅捷共還有零星活動。其實，用「恐怖統治」來稱之言過其實，海德里希雖然實行極權統治，但卻極力維護秩序，抓捕行動基本上都是以軍警配合行動能力極強的黨衛軍在夜間悄無聲息地進行，白天各大城市依然歌舞升平，形成了一股虛意的和平假象。捷克人民普遍不知道那些消失的人們到底去了哪，海德里希編造他們只是因為政治因素逃離歐洲，尚還存活，使人民不至於生活在恐慌之中。

海德里希治理捷克的基本方針與蘇俄的共產主義有許多相似之處，不過海德里希的政策獲得了顯著的成果。他主張軟硬兼施，恐怖統治的另一面是懷柔政策。十月初，海德里希命令重新統計全國的穀物和牲畜數量，結果查出大批非法囤積的食品和肉類，將有關連性的貪官奸商全數捉捕後，沒收的食品直接送到各個工廠的食堂去，等於是給藍領階層加菜了。海德里希在捷克工廠企業推行食堂制度，由政府直接管控食品，保證食堂的食品供應，以改善工人的營養水平，工人在這裡就餐不用花費食物票證。海德里希努力將捷克的食品配給標準提高到德國本土的水平，捷克兩百萬工人的油脂定量提高到每月四百二十克，核心軍工廠的工人則達到每月一千〇四十克。在社會福利方面，海德里希在捷克施行德國本土的福利標準，大幅度提高捷克人的養老金和醫療保險。一九四二年四月一日起實行的新福利制度，老年病殘養老金增加百分之二十，遺孀福利增加三分之一，孤兒福利增加百分之七十五，另外還創始性地通過了全民失業保險制度，這是捷克政府從未建立的福利制度。

捷克的納粹宣傳機構大力鼓吹「為捷克勞工打拼」政策。海德里希經常到各地工廠視察，不顧保安的反對走到工人中間詢問事宜、喊話鼓舞。海德里希親自掌握一部分資金，可以繞過官僚渠道直接用於解決工人的切身問題，他經常到一個工廠去，站在工人中間宣布增發一周的薪水以資鼓勵，往往得到工人們雷鳴一般的掌聲歡呼。海德里希把捷克溫泉療養聖地盧哈科維奇（Luhacovice Spa）建成工人療養院，勞動模範可以免費接受療養。一九四二年的五一勞動節，海德里希宣布放假兩天，向全國的工人免費發放電影票和戲票，光布拉格一地就發放了電影票十一萬六千張、戲票一萬八千張。

在海德里希的開明專制下，捷克的政治氣氛逐漸平緩。捷克社會各界開始對納粹政權抱持好感，捷克工人的勞動熱情無比高漲。在五一勞動節中，捷克總工會發表文章，誇耀捷克共和國時代談論了十幾年而未能實現的「社會主義」，海德里希在半年裡就實現了。「今天捷克工人的福利達到史無前例的高度，在海德里希無與倫比的舉措之下，深刻的社會變革已經得以貫徹，而這些變革在過去總是因為財政困難和政府低能而束之高閣。」

希特勒對海德里希的工作非常滿意，他在一九四二年五月二十日的一次講話裡聲稱：「看來只要給那些捷克人雙倍的食物配給，不送他們到東線去打仗，就可以把他們轉變為帝國狂熱的追隨者。然後他們就會在軍火生產上投入兩倍的努力，並當作自己神聖的責任。」

遇刺身亡

捷克流亡政府安插在布拉格的情報人員發回報告，稱海德里希「胡蘿蔔加大棒」的政策異常有效，已經完全遏制了地下抵抗運動，而捷克軍工企業的產量進入一九四二年以後也開始大幅度增長。盟軍高層對此深表憂慮，捷克流亡政府因此決定派出特種部隊刺殺海德里希。

布拉格殘餘的地下抵抗組織得知此事大為震驚，德國人對這種暗殺行徑的報復一向非常嚴厲，往往會牽連一整村的人，他們向英國政府申訴，要求取消行動，英國政府置若罔聞。

代號「類人猿」的刺殺行動由前捷克軍情負責人莫拉維奇中校組織策劃。莫拉維奇招募了十名前捷克軍人，明白地告訴他們，此次行動生還的希望渺茫。這些人經過英國軍隊的跳傘、偵察、射擊等訓練後，於一九四二年五月中旬由英國空軍陸續空投到捷克。空投以後有幾個人被蓋世太保追捕擊斃，其餘的人迅速隱藏到事先聯繫好的平民家裡。剩餘的行動人員以前捷克軍隊中上庫比斯為首，開始跟蹤海德里希的活動，很快找到他的致命弱點。

海德里希的官邸和總督府戒備森嚴，唯獨在前往總督府時防備最鬆，他乘坐一輛未裝甲的奔馳敞篷車，前後毫無隨從人員護衛，車上僅有他的司機陪同。海德里希每天的行車路線和時間非常固定，他的專車使用SS13的醒目車牌，車頭兩邊還插著黨衛軍和捷克總督的旗幟。自傲的海德里希認為捷克已經成為第三帝國的忠心僕從，根本不相信在捷克還有人敢向他動手，這樣的愚昧行徑，使庫比斯等人很快捉摸清了暗殺時間和地點。

一九四二年五月二十七日清晨，海德里希告別妻兒以後，跳上他的敞篷車出發前往總督府，準備當天飛往柏林。在伏擊地點，庫比斯握著一枚特製的炸彈，他的同事加布齊克手持英製司登衝鋒槍，緊張萬分地等待著。十點三十二分，前面望風的行動組人員打了一個手勢，表示目標出現。馬上海德里希的專車就開了過來，在馬路轉彎處開始減速，這是最適合瞄準的時刻，加布齊克衝到敞篷車面前拉響槍膛，對近在咫尺的海德里希扣動扳機，不料槍居然卡殼了！急忙的加布齊克反覆拉扯機柄、敲正彈匣，還是束手無策。

面對伏擊，海德里希犯了個致命錯誤，如果他命令司機加速衝過去，絕對能夠安然無恙，不過他卻大聲命令司機停車，站起身來準備拔槍自衛。庫比斯見大事不妙，將炸彈投向車裡，但由於太過急忙，竟沒有投進車內，炸彈在車門上反彈，掉到地上爆炸。庫比斯和加布齊克分頭逃跑，海德里希則跳出汽車向庫比斯追來，拿出P38手槍連連射擊，但沒走幾步便頭暈目眩，趴倒在地，海德里希往右臂一望，一塊暗紅色的污跡正迅速擴大。海德里希掙扎著回到座車，靠在門上連連喘息。剛好路過的一名捷克婦女認出了他，當街攔住一輛運麵粉的卡車，讓司機立刻送他去醫院。海德里希在婦女的攙扶下，勉力繞到卡車後面爬進車廂，然後癱倒在裡面。

事後證明，庫比斯投擲的那枚炸彈爆炸以後，彈片穿透車門深入海德里希的腰臀部位，雖說是個嚴重傷害，但卻不至於致命，傷勢也在醫生的細心照料下恢復良好。但弔詭的事情來了，由於海德里希遇刺時乘坐的那輛車不常清洗，皮椅的填充物太髒了，在爆炸後進入海德里希體內後竟引發敗血症！（一說為庫比斯的炸彈是細菌炸彈，但這種說法在作者眼中只是扯謊撩白，加布齊克所持有的衝鋒槍不是精良的湯普森衝鋒槍，而是有「水管工人的傑作」罵名、粗製濫造的司登衝鋒槍，這就表示這場刺殺行動經費有限，想當然不會使用細菌炸彈這種昂貴武器。）

由於當時的醫療條件有限，加諸沒有抗生素，海德里希的傷勢很快惡化，在六月二日希姆萊到訪時，海德里希已經多次陷入昏迷，在清醒時見到希姆萊時，他轉頭一望窗戶的藍天，朗誦了其父親歌劇中的一個段落：

> 世界不過是一支筒風琴，主在其中轉動。
> 我們均將隨鼓的韻律起舞。

說完這段話後，海德里希頭陷入長久的昏迷，於六月四日過世，時年三十八歲。屍體解剖表明其死於敗血症。根據參與調查刺殺行動的刑警伯恩哈特・魏納指稱，海德里希死時的面容展現出了「神秘的靈性和全然反常的美，如文藝復興的主教一般」。

無謂的復仇

海德里希的死讓捷克、德國民族的新仇舊恨重新燃起，捷克這時已經沒有一位能夠給予「胡蘿蔔加大棒」的軍官了，而是「小棒加大棒」的恐怖屠殺，希特勒對海德里希的死大為光火，本來要下令捕殺一萬名隨機選出的捷克人作為報復，經過下屬的勸說後，希特勒為顧及軍事經濟等層面影響，故未執行（捷克地區為德軍重要的工業區，此舉將會影響區域生產力。）然而，希特勒下令馬上調動十九名軍官和七百四十名士兵圍捕英國暗殺行動人員，最後將他們圍困在一座教堂。行動組七名成員英勇抵抗，擊退多次進攻，打死打傷數十名德軍，彈盡以後全部自殺身亡。

為了報復暗殺行動，德國占領軍逮捕了超過一萬三千人，其中掩護反抗軍的捷克村莊利迪齊、萊扎奇遭到大肆屠戮，萊扎奇不論男女皆無人生還，而莊利迪齊則將男性屠戮殆盡後，將女性遣送至拉文斯布呂克集中營，僅有四人活到戰後。

捷克人的反抗導致了德國政府的翻臉，恐怖氣氛一直持續到了二戰結束，在這期間受到監禁、屠殺、虐待的捷克民眾甚至無法用具體數字計算，也使得二戰後捷克展開「報復德國的報復」，頒布了一系列歧視德國人的法律，內容除了禁止參加任何娛樂活動、只能在固定時間固定地點購物外，甚至有權沒收德國人的財產，致使為數眾多的德國平民餓死街頭。捷克還重操納粹的舊業，開始建設集中營，強制德國人勞動，前後造成了兩萬四千人死亡，超過六萬人失蹤。德國政府的復仇，最終以捷克政府的復仇作為結束。

第六章 約亨・馮・里賓特洛普

——納粹第一外交官

「因為英國人是德國永遠的敵人，誰也永遠無法與之結盟。」

與其他納粹高層相比，里賓特洛普的出身經歷大概是最為平凡的。他在加入納粹黨前從未擔任任何外交類的官職，也從未與納粹黨有一點接觸，僅是一名英文、法文流利的香檳小酒商，但正是這麼一個不起眼的人物，竟被希特勒看中，在戈林、戈培爾、希姆萊的一致反對下任命為外交部長。不辱使命的他在外交手段中展露了天才般的天賦，以大使的身分前往英國簽訂《英德海軍協定》；憑藉一張嘴便說動義大利首相簽訂《鋼鐵同盟條約》；用甜言蜜語將史達林耍得團團轉，簽訂《蘇德互不侵犯條約》。希特勒將其稱為「俾斯麥第二」，甚至稱讚他是「比俾斯麥更偉大的外交部長」，此話不虛，去掉政治觀點來看，里賓特洛普在外交上的政績確實無出其右。

外語好手

約亨・馮・里賓特洛普出生於一八九三年德國萊茵河畔的一個軍事家庭，父親理察・烏利希・里賓特洛普是一名上校，母親約翰娜・索菲・赫特維則是一名家庭主婦，里賓特洛普的姓氏上頭有貴族的「馮」字，但他並非出身貴族，而是後來經過手段加上的。由於家庭庸碌，加上愛國主義的影響，父親並不想好好栽培里賓特洛普，只想讓里賓特洛普在十四歲後考入軍校，繼承軍事衣缽。因為如此，里賓特洛普的童年生涯是十分怠惰的，他沒有接受任何正規教育，每天只是與街坊孩童一同遊樂，直到他十多歲後才到德國與瑞士的私立學校唸書。不過，計畫永遠趕不上變化，一九〇八年，父親因多次詆毀德皇威廉二世是同性戀而遭到退役處分，父親並沒有反思自己言行的正當性，反而對軍方充滿怨恨，一氣之下禁止里賓特洛普考入軍校。

由於父親的提早退休，里賓特洛普一家空閒了起來，開始花時間栽培已邁入束髮之年的里賓特洛普，花費重金聘請法語和英語的私人家教對其指導，甚至搬到了使用多國語言的瑞士，接著又將其送入英國待了一年，只為了提高他對英語的了解，在父親的用心良苦之下，里賓特洛普能說出一口流利的法語和英語，這也為他後來成為納粹第一外交官打下了基礎。

一九一〇年，里賓特洛普前往加拿大，靠著精通英、法、德語的優勢，在渥太華經營了一間香檳公司，進口德國酒與香檳到加拿大去銷售，後來政敵戈林、希姆萊等人總是嘲笑他是個「香檳酒販子」。在經營香檳公司的四年之後，第一次世界大戰爆發，里賓特洛普本來可以靠著在國外的優勢，順利逃過服兵役的噩夢，加上里賓特洛普的身體並不是很好，據傳曾經切除過一顆腎臟，這也能讓他可以享受不服兵役的福利，不過里賓特洛普當時是個熱血青年，一聽聞德國要參戰後馬上收拾行李返回德國，加入到第一二五輕騎兵團，在裡面擔任參謀一職，後來還晉升中尉；在戰爭末期，還受到軍方親自欽點，前赴德國駐君士坦丁堡大使館擔任外交職務；在一戰結束後，曾作為漢斯・馮・塞克特將軍的副官參加巴黎和會，親眼見證凡爾賽條約的簽訂。種種功績，都可以反映出他在一戰中是個頗具作為的軍官。

一九二〇年，二十七歲的里賓特洛普與德國香檳製造廠老闆的千金——安納・亨克爾結婚，婚後的里賓特洛普作為岳父的助手處理了許多業務，開始步入上流社會，或許是覺得平民身分已經有損他如今的形象，父母均還健在的里賓特洛普竟然私自過繼到自己的貴族姨媽那裏，以此來獲得一個「馮」（von）的貴族姓氏，據說還為此付給姨媽一筆錢，這種行為讓政敵戈培爾在其中大作文章，稱「他的名字是用金錢買來的」。

為功名利祿加入納粹

里賓特洛普是一位善於追逐名利的人，而他的妻子安納・亨克爾是個潑辣的女人。或許受到了身為香檳製造廠老闆的父親影響，亨克爾也十分喜愛追逐功名利祿。在這種渴望虛榮的相互影響之下，一九二八年，里賓特洛普同意亨克爾的建議，倚靠友人的幫助與希特勒相見，經過幾番討論後，希特勒大讚他是「能以別人買下法國香檳的價格來買德國香檳的男人」（指里賓特洛普很有商業頭腦），同意其加入納粹黨，承諾給予高階官位。

然而，里賓特洛普對希特勒的黨派興趣缺缺，甚至是有點鄙視。里賓特洛普對猶太人抱持友善，他的香檳合作商大部分都是猶太商人，商販最忌諱豎立敵人，里賓特洛普因此對其漠不關心，認為加入納粹黨並不會帶來任何好處，反而會毀壞光明的酒商前途。不過在一九三二年間，里賓特洛普在強悍老婆的催促下，最終加入了納粹黨，從此服務希特勒。

里賓特洛普剛加入納粹黨時，納粹黨財政緊迫，沒有多餘的盤纏用來建設一個正式的開會場所，他大方提供自己柏林郊外的一間豪華別墅當作秘密會談場，並提供各層官員歇息、飲食等場地，服務很是周到，簡直就像是他們的「第二秘書」了。每次開會時，里賓特洛普便會盡量靠近希特勒，聽取他的看法，並在不同場合表達出相似的見解，以此博得希特勒的信賴。

僅僅一年的時間，里賓特洛普就成為了國會議員、親衛隊旗隊領袖（軍銜等同於上校）、和希特勒的外交顧問。里賓特洛普對這毫不吝嗇的升格感動至極，拋下了以前的偏見，誓死效忠希特勒。

阿諛趨奉的高手

里賓特洛普的討寵技術一流，他只給希特勒看他想要看的，只給希特勒他想要聽的，將所有壞事隱埋，將所有好事放大，藉此得到了希特勒外交顧問的地位。里賓特洛普的平步青雲來自於對希特勒的細心奉承，他觀察到希特勒總是會用特定的語句來說話，里賓特洛普便特意使用這些語句，來讓自己的話更順耳；另外他學走了希姆萊的絕活兒，在希特勒說話時拿出一本筆記簿，一字不漏地將其抄下，這樣的做法大大滿足了希特勒的虛榮心；後來里賓特洛普又發現希特勒在某些特定事務上十分激進，於是經常提出與其相似的發言、或著使用一些極端話語來幫希特勒答腔，他的副官曾回憶：「當希特勒說『灰色』時，里賓特洛普說『黑色、黑色、黑色』。他總是多說三遍，而且他總是比較激進。」里賓特洛普藉著自己的激進，使希特勒大為任用這名狂熱忠於自己的外交官。

作為納粹黨的一名快速崛起的新星，里賓特洛普並不受黨內老成員的歡迎，他們認為里賓特洛普只是靠著與希特勒的關係才位高權重，而非自身的努力，是可恥、不可取的，加上里賓特洛普為人傲慢，在納粹的高官會議上經常自以為是的與其他前輩相互爭執，最終，以希姆萊、戈林、戈培爾為首的納粹黨核心成員聯合起來一塊打壓里賓特洛普，在希特勒面前以謠言詆毀、以權力打壓，讓他扶搖直上的從政之路遭到了一層玻璃天花板隔著。

為了彌補在黨內遭到排擠而無法升官的問題，里賓特洛普道高一尺魔高一丈，開始將納粹主義融入自己的生活之中，將自己樹立成一個狂熱納粹分子的形象，好讓希特勒繼續相信自己的忠誠。原本他和猶太人之間關係十分緊密，輔助岳父打理香檳公司生意時經常和猶太銀行家有往來，香檳公司發展至國外時所使用的資金，有很大一部分是向猶太人貸款的。但為了向納粹靠攏，他開始高調提倡「反猶主義」，將所有的猶太贊助商給全數辭退。

儘管里賓特洛普在納粹黨中除了元首之外人人喊打，但靠著一口流利的英語和法語，以及對希特勒忠心不二的精神，他仍在一九三四年爬上德國裁軍事務代表、駐國際聯盟大使。

毫無原則的暴發戶

里賓特洛普普遍被史學家認為是一個「具有侵略性的，沒有原則的暴發戶」。他與希特勒可謂臭味相投，希特勒認為仁慈的人是不能參與征服世界行動的。當希特勒成為總理時，立刻展開了激進的對外政策，然而，現任外交部部長牛賴特雖然為希特勒的主張盡心盡力，但在外交方面，他依舊傾向保守，在傳統框架中小心翼翼地工作著，這種態度被希特勒認為是不可取的，當希特勒逐步任用里賓特洛普之後，發現這才是他所要的外交人才。一九三四年，里賓特洛普建立了以自己名字命名的外交政策辦公室，該辦公室是在希特勒的資金支持下建立起來的，地址在德國外交部大樓的對面，隱隱和外交部成分庭抗禮之勢。

在這裡，里賓特洛普經常越過外交部部長向希特勒直接報告有關情況，參與德國的重大外交活動。希特勒的目的就是運用這種「分而治之」的伎倆，逐漸架空外交部，以實施他的擴張政策。

里賓特洛普學識一般，反應甚至有些愚鈍，凡是跟他長期相處過的納粹黨人，無一不用負面評價來概括他，不過，他是忠誠的納粹黨徒，很能領會希特勒的外交企圖。一九三五年六月，里賓特洛普奉命以巡迴大使的身分前往倫敦，與英國談判並簽訂《英德海軍協定》，這一協定表面上規定德國海軍的總噸位不可超過英國海軍的百分之三十五，但在當時對於總噸位只是英國海軍零頭的德國海軍來說，為德國擴建海軍創造了名正言順的條件。一九三六年十一月，希特勒不顧國防、外交兩部部長的反對，指派里賓特洛普在駐英大使任上飛回柏林與日本代表談判並簽署《德日反共產國際協定》，一時讓共產國際陷入恐慌，對此，希特勒說得十分明白：「我必須利用布爾什維克主義的幽靈來遏止凡爾賽諸國，要使他們相信，德國是反對赤禍的決定性堡壘，如果英國認識到德意是在『反布爾什維主義』旗幟下組成聯盟的，那麼英國就不會反對這種聯盟，而且將尋求同它達成協議和諒解的手段。」

英國巡迴大使

巡迴大使不是長駐某國的使節，他的任務是代表國家元首，與有關國家政府商談某一重要問題，或是遞交國家元首親筆信件；視察駐外領事館的工作等，里賓特洛普就像是希特勒的手和眼睛，忠實著扮演著第三帝國的化身，從而也深受希特勒的信任。一九三六年八月，里賓特洛普被任命為德國駐英國巡迴大使，儘管當時英國政府對德國採取的是「綏靖政策」，但在議會中也存在著些許反對聲音，其中最激烈的反對來自邱吉爾，當時邱吉爾在大英帝國防務委員會任職，他曾警告議會「希特勒的法西斯獨裁將帶來災難」，他督促英國應當重整軍備，並鼓勵盟友法國加強軍事力量，但多數人都將他的警告視為危言聳聽。據記載，就任駐英大使的里賓特洛普曾經兩度邀請邱吉爾訪問德國，並積極安排邱吉爾會見希特勒，但邱吉爾認為訪問就等同於接受綏靖，接受以善者的軟弱來助長惡者的囂肆。於是嚴詞拒絕，這讓里賓特洛普顏面盡失。

里賓特洛普的外交知識很有限，墨索里尼曾調侃說：「只要看他的頭部就知道他只有一個很小的腦子。」儘管他自吹喜歡英國上層階級的生活方式，但他並沒有真正理解英國人的氣質和性格。英國人認為，里賓特洛普條頓式的大話帶有傲慢的印記，冒犯了他們的感情。照理來說，當時對於英國王室應該實行屈膝禮，但里賓特洛普在接受英國國王召見時不但沒有實行屈膝禮，也沒有實行舉手禮，而是在王室面前大剌剌的敲響皮鞋、舉起右手，行了標準的納粹禮，這簡直是汙辱英國！戈林又不忘對這次出糗事件嘲諷一番，在一次與希特勒的會談中戲謔道：「假設俄羅斯派出了一位善意的大使給你……並且用『共產主義革命萬歲』來迎接你！哈……哈哈哈哈！」戈林還沒說完話就笑得臉紅氣喘，無法說話了。

破壞國際禮儀是件國際大事，里賓特洛普在英國社交界風評逐漸敗壞，又遭到排擠，而這次甚至受到了死亡威脅，當時他的大兒子魯道夫（rudolf von ribbentrop）在英國的一所學校上學，出於安全考量，里賓特洛普甚至會讓保鑣一路護送大兒子上學，形成一種十分浮誇的奇觀，據同學回憶：「每天早上有一輛深紫色的豪華賓士轎車，當到達學校庭院後，司機們便會突然冒出來行納粹軍禮，並高呼『希特勒萬歲！』」

在英國反納粹人士的威攝下，里賓特洛普深刻了解到英國與德國的對立是不可調和的，在與希特勒的報告書上，里賓特洛普直白的寫上「英國是我們最危險的敵人」。其實在這份報告傳到希特勒手中前，希特勒是非常喜愛英國的，在《我的奮鬥》中，希特勒曾堅持認為，德國在歐洲有兩個天然的盟友——義大利和英國，甚至從人種的觀點，他認為英國人比拉丁人更接近德國人。希特勒先前的思想觀念遭受到了里賓特洛普的改變，從某種意義上來說，也可以看得出對於里賓特洛普的絕對信任。

傲慢的里賓特洛普普遍不受英國人歡迎，不過在權貴面前，里賓特洛普搖身一變，語調變得柔情善良，個性變得謙虛友善。靠著這種方法，里賓特洛普在同儕間評價雖糟糕，但在英國上層政治界仍有一席之地。里賓特洛普重點拉攏的對象為愛德華八世以及拋棄王位的辛普森夫人。辛普森夫人在與愛德華八世幽會期間有多名「秘密情人」，其中就包括里賓特洛普。里賓特洛普在擔任駐英國大使期間每天都要給辛普森夫人送十七朵康乃馨（具傳這十七朵康乃馨代表了他們共度良宵的次數）。

後來由於英國王室和政府懷疑辛普森夫人是納粹德國的支持者，將其流亡法國，當時辛普森夫人憑藉公爵夫人的身分、地位以及與上層社會的廣泛聯繫，獲得了大量的反法西斯盟國的軍事情報和活動信息，並將這些情報通過里賓特洛普傳遞給納粹德國。

哀嘆，愛情是偉大而理想化的，但不代表是無私而正義的。

風光上任外交部部長

一九三八年二月四日，四十八歲的里賓特洛普終於取代牛賴特，被希特勒正式任命為外交部部長。當他成為部長後，這裡的工作人員就被要求根據命令辦事。據說在波蘭危機的時候，里賓特洛普就警告他的工作人員：誰敢表達和他不同的觀點，他「就會親自槍斃他，並且在元首面前承擔責任」。

一九三八年三月十一日，希特勒準備合併德奧，遭到英法兩國的強力反對，里賓特洛普根據與英國首相張伯倫、外交大臣哈里法克斯勳爵的長談，向希特勒提出報告，認為「英國不會對奧地利採取行動」，他們「不會為了一個中歐的局部問題而冒險進行一場危及其世界帝國生存的戰爭」。隨後，他又奉命起草對奧地利的最後通牒。在納粹武力的脅迫和英法綏靖政策的縱容下，德國成功吞併奧地利。

里賓特洛普還極力主張把捷克斯洛伐克變為德國的保護國，向希特勒保證能「使法國置身事外」，英國則「只要你向他們表明你決不會退縮，他們就會讓步」。此種判斷與希特勒的計劃不謀而合，慕尼黑協定的發展又證實里賓特洛普的判斷，希特勒由此稱其為「俾斯麥第二」，甚至稱讚他是「比俾斯麥更偉大的外交部長」。

「我們需要戰爭」

希特勒認為「締結同盟的目的如果不包括戰爭，這種同盟就毫無意義，毫無價值。我們締結同盟只是為了進行戰爭。」建立侵略同盟是希特勒上台後在外交政策上的一個重要內容。隨著侵略步伐的加速，納粹德國迫切希望把德、日、意三國的政治同盟發展為軍事同盟。一九三八年六月，里賓特洛普向日本提出德日兩國締結「防禦同盟」，以防止英法美對德日各個擊破。日本當時在國際備受打壓，對德日友好十分重視，不過在確定同盟的主要敵人問題上，兩國意見不一，陷入僵持。在這種情況下，里賓特洛普決定先同義大利單獨結盟。

當時義大利工業能力、軍事能力皆未達一定水準，墨索里尼雖然想和德國結為軍事同盟，卻擔心德國會在義大利還沒有做好準備的時候，就發動一場全面的歐洲戰爭。為了了解德國的意圖，墨索里尼派出外交部長齊亞諾與里賓特洛普會談，會談中，齊亞諾指出義大利在三年之內是不會做好戰爭準備的，里賓特洛普非常善於掩飾，他表示德國工業水準也未達標準，同樣希望延長和平的時間，以至於齊亞諾對此深信不疑，他打電話告訴墨索里尼，會談非常成功，德國在未來三年內只會安分守己。墨索里尼十分滿意，命令齊亞諾發表公報，宣布德國與義大利已經建立軍事同盟。這個號稱「鋼鐵同盟條約」的德義軍事同盟條約，將兩位獨裁者的命運從此聯結在一起。

吞併捷克後，希特勒又將目光瞄向了波蘭。希特勒曾詢問國防軍將領凱特爾和馮・勃勞希契德國在波蘭戰爭能否取勝這一問題，這兩位將軍共同表示可以，但前提是蘇聯袖手旁觀，如果德國與西方列強交戰之外，還必須同俄國打仗，就簡直沒有打贏的機會。

一九三九年五月，英法蘇的三國合作談判正在莫斯科進行，德國害怕三國談判成功，認為「不管多高的代價，必須使俄國的中立實現」。八月二日，里賓特洛普會見蘇聯駐柏林代辦阿斯塔霍夫，以蘇聯與德國劃分「從黑海到波羅的海地區」的勢力範圍為誘惑，企圖引蘇聯離開英法蘇三國談判。不僅如此，希特勒為使英國隔岸觀火，也於一九三九年五月到八月持續進行英德的秘密談判。

八月中旬，蘇英法三國談判陷於僵局，這與德國的從中作梗不無關係，英國企圖與德國達成妥協和諒解，蘇聯一方面對英法持不信任態度，一方面也與德國頻頻接觸，里賓特洛普表示如果蘇聯能維持和平中立，那便可以與德國「劃分從黑海到波羅的海地區界線」（意指瓜分波蘭），最終，三國談判不了了之。

八月十七日晚，蘇聯外交官莫洛托夫暗示里賓特洛普將先前提出「劃分從黑海到波羅的海地區界線」的承諾兌現，他向德國大使舒倫堡提交了一份對德方八月十五日信件的書面答覆，對里賓特洛普來訪表示歡迎，里賓特洛普倒也講信。七天後便攜帶希特勒簽發的全權證書飛赴蘇聯談判，並在克里姆林宮簽訂《莫洛托夫—里賓特洛普條約》（又稱《蘇德互不侵犯條約》）。德國和俄國沒有經過多少討價還價，在輕鬆友好的氛圍中達成了協議。

出席這次會議的德國代表團的一個團員曾寫了一份秘密備忘錄，記下這個外人難以想像的場面：史達林詢問德國的伙伴——義大利和日本是否有「更進一步的野心」，里賓特洛普對此毫無猶豫，作了爽快的、令人放心的回答。談到英國的時候，蘇聯獨裁者和那位現在舉止盡量表現得規矩的納粹外長也發現彼此的看法馬上一致。史達林告訴他的客人說，英國派到莫斯科的軍事代表團「從來也沒有告訴蘇聯政府，他們到底要什麼」。里賓特洛普在回答時著重點出，英國老是想破壞德國和蘇聯之間的良好關係。他大言不慚地說：「英國是軟弱的，只想叫別人給它打仗，好讓它狂妄地僭取統治全世界的霸權」。對此史達林深感同意，毫不疑慮里賓特洛普背後的目的為何，史達林還說：「如果英國真的統治了全世界的話，那是因為老是讓自己被它嚇唬的其他國家太傻的緣故」。

很難想像，城府頗深的史達林，竟然會對里賓特洛普異常信任，據里賓特洛普回憶，史達林還在這場宴會私下透露出了一個秘密：「桌子上擺著一瓶度數很高的棕色的伏特加。但這樣的烈酒似乎對史達林沒產生任何作用。我連聲稱讚俄羅斯人好酒量，德國人沒法比。史達林聽後大笑起來，他狡黠地看我一眼，向我透露一個秘密：他在宴會上從來都只喝克里米亞葡萄酒，而不是桌上的那種伏特加。兩種酒顏色一模一樣。」

一九三九年八月，義大利外交部長齊亞諾預感德國即將不守諾言發動戰爭，而且會把義大利拉入其中。在與里賓特洛普在薩爾茨堡進行私下討論時，齊亞諾問：「里賓特洛普，你需要的是什麼？但澤走廊？波蘭走廊？」里賓特洛普毫不猶豫地回答道：「我們需要戰爭。」

為利益而反戰

《莫洛托夫─里賓特洛普條約》使里賓特洛普的外交活動達到巔峰。在戰爭時期，里賓特洛普雖然幫助希特勒的侵略行動參與了許多外交行動，但其重要性已經大幅下降，主要原因離不開一點——交流缺陷。說來奇怪，做外交的人士應當是口若懸河、拍馬屁一流的大師才對，但除了希特勒外，他對納粹、義大利的各層高官都抱持著一種不屑態度，甚至在檯面上與戈林、戈培爾等人公開交惡，遭來許多權貴們的謾罵。戈培爾刻薄地說：「每一個黨的領導人至少有一個值得讚美的品質，但里賓特洛普除外。」「他的名字是用金錢買來的，錢財是通過婚姻獲得的，官職是靠詐騙弄到的。」戈林公開稱里賓特洛普為「骯髒的小香檳酒販子。」齊亞諾說他「空虛，輕浮，喋喋不休」，墨索里尼則說「只要看他的頭部就知道他只有一個很小的腦子。」然而，希特勒聽不進任何反對里賓特洛普的話，仍然稱讚他是「比俾斯麥更偉大的外交部長」。

為了博得元首的青睞，里賓特洛普開始參與對猶太人的屠殺，一九四二年九月，他命令所有軸心國的外交全權代表加速把猶太人放逐到東方去。一九四三年四月十七日，他參與了希特勒和匈牙利領導人霍爾蒂關於放逐匈牙利猶太人的會談；他向霍爾蒂說：「猶太人必須加以消滅，或是關進集中營。」

里賓特洛普是《蘇德互不侵犯條約》的簽訂者，撕破條約發動戰爭對一位外交官信用程度的受損是極為重大的。他因此不支持德蘇戰爭，但為了在希特勒面前保持忠心耿耿的形象，他忍下了自己的怨念。直到入侵蘇聯後的一個月，里賓特洛普為自己的忍氣吞聲得到了應有的懲罰，當時包括美國在內的一部分國家皆對德國的不守信義感到失望，但鑒於兩國的友誼不能破壞，於是將矛頭指向里賓特洛普，讓他擔任代罪羔羊，遭受群眾謾罵，這可讓里賓特洛普忍不下去了，來到希特勒身旁勸說，表示這場戰爭將會難以收拾，但希特勒尚未聽完勸諫，一手打響了辦公桌，站起來指著里賓特洛普破口大罵，嚇得他渾身顫抖，遭受這次打擊後，里賓特洛普整個人都嚇癱了，在病床上躺了好幾天，他再也不敢反對希特勒了。

一九四一年冬，莫斯科保衛戰打響，精銳的德軍部隊在寒酷的冬天之下顯得力不從心，陷入了戰爭的泥潭，最終於十二月撤退，讓蘇聯取得了自德蘇戰爭爆發以來第一個重大勝利。里賓特洛普這時又小心翼翼的向希特勒討論談和的可能性，並在之後的幾個月內多次提出調停的問題，此時的希特勒倒是沒有再來一頓破罵了，而是以沉默表達了自己的猶豫。

緊接著在一九四三年初，持續半年之久的史達林格勒戰役又以德軍的失敗告終，這是第三帝國創建以來最為慘重的戰略失敗，給希特勒帶來了重大打擊，一九四四年蘇聯紅軍發起了一系列戰略總攻，蘇聯史學者將其稱之「十次史達林突襲」，蘇軍陸續收復了大量失地，納粹德國的盟國羅馬尼亞、保加利亞、芬蘭、匈牙利一看苗頭不對，紛紛倒向蘇聯，戰況越來越不適合德國，第三帝國搖搖欲墜。

此時出現了一批勸諫希特勒媾和的聲音，里賓特洛普也是其中一人，不過此時他已經將對蘇議和的念頭打消了，主張對西線單獨媾和，東線則繼續作戰。

瘋狂的刺殺史達林行動

一九四四年，里賓特洛普竟然決定親自出手，刺殺史達林。他精細研究了各種可能，史達林的工作和居住地點克里姆林宮早就變成了難以進入的堡壘，所有通道都有衛隊把守。保衛史達林的人達數千名，都是身手不凡的軍官和特工。里賓特洛普是個外交家，他的職業特點幫他做出決定：如果不能在官邸將史達林消滅，那就把他騙到某個國際會議上伺機下手。

里賓特洛普把自己的想法告訴了希特勒，希特勒同意了他的計畫。從這點上也可以看出，希特勒對蘇德戰場的失利束手無策，已到了病急亂投醫的地步。在這之後，里賓特洛普向東線情報人員瓦爾特．舍倫貝格邀請加入刺殺。舍倫貝格在美國出版的回憶錄裡對此作了描述：「里賓特洛普來找我，對我說：『我已親口對元首（希特勒）表示，我準備為德國犧牲自己。將組織一個有史達林參加的國際會議，我在會上把他殺掉。』我問：『就你一個人嗎？』他說：『元首說一個人可能實現不了這個計畫，讓我再找一個幫手，我就提到了你。』」當然，里賓特洛普也知道，會議的保衛工作肯定將十分嚴密，左輪手槍之類的武器未必能帶進會議廳。他聽說舍倫貝格手下的一個技術小組研製出一種同鋼筆一模一樣的手槍，對短距離殺傷頗具效果，他決定使用這種手槍。

與里賓特洛普不同的是，舍倫貝格絲毫沒有充當敢死隊員的願望。他在回憶錄中說：「我認為，里賓特洛普的計畫，說得好聽點，是他神經和大腦過度疲勞的結果。」舍倫貝格是位富有經驗的情報人員，他清楚地意識到，希特勒在戰場上遭受了一系列重大失敗，德國與蘇聯單獨媾和的夢想已化作泡影。所以里賓特洛普的計畫顯得非常不現實——以一九四四年當時不可逆轉的戰場形勢，史達林根本不會參加有德國代表出席的國際會議。如果舍倫貝格傻乎乎地跟著里賓特洛普幹，最後可能會斷送自己的性命。後來，里賓特洛普也發現自己的這個計畫猶如癡人說夢，不了了之。

窮途末路的第三帝國

隨著時間來到一九四五年，在壓力的驅使下，希特勒的個性已經古怪到了一個極致，經常因為一些無關緊要的小事、或是因為不服從自己不切實際的要求而大罵之前吐食握發的愛將。里賓特洛普有個習慣，當他站著聽人講話的時候，會把頭向後仰閉上眼睛，好像是雲遊到另一個世界裡面一樣，有次希特勒口語不清，里賓特洛普睜開眼睛：「對不起，您剛剛講什麼呢？」希特勒卻誤認為他睡著了：「你太老了，看看你，竟然站著就開始睡覺了！」

儘管遭受到希特勒的冷落，里賓特洛普卻不計較，在希特勒自殺的一個月前，幾乎所有的高官都為自己著想，向盟軍找後路，只有里賓特洛普還是不計代價的陪元首走到最後。一九四五年四月二十日是希特勒的五十六歲生日，在德國總理府的避難室裡，里賓特洛普與希姆萊、戈培爾、鮑曼一起為希特勒過生日，不過氣氛十分慘淡，因為就在他們舉杯投箸的時候，外面的槍砲聲已經隱約可聞，蘇聯紅軍已經逼近柏林了，過壽之後，人們紛紛逃離了這艘沉沒中的大船，里賓特洛普也是其中一員，當晚他便乘車逃往漢堡，據說他臨行前曾盡最後努力，苦苦哀求希特勒的情婦愛娃勸說希特勒撤離，可是愛娃回答：「元首必須獨立做決定，如果他認為留守柏林是正確的，那麼我也會留在這陪他，如果他要離開，我才會跟他一起離開。」

不知為何，里賓特洛普並沒有逃出德國，他選擇隱姓埋名在漢堡的一座公寓當中。一九四五年六月，英軍發現躲在家中的里賓特洛普，當時他穿著睡衣，手裡握著洗漱包，英軍搜查公寓後發現，里賓特洛普的行李僅有一套軍服、十萬馬克、和一封寫給丘吉爾的親筆信。

紐倫堡大清算

這位納粹外交的執行者終沒能逃過法庭的審判。向他送達起訴書時，往日的納粹外長兩手扭在一起，看起來比實際年齡五十二歲老很多，頭髮灰白稀疏，面色憔悴，一臉痛苦狀。他還想為自己辯護，寫了一份名單交給負責處理戰犯的英國執行官艾瑞．尼夫，上面全是英國貴族的名字，「他們能夠證明我的和平願望。」「我該到什麼地方找個律師？你願意幫助我吧，少校先生。」和里賓特洛普一同關押的沙赫特戲謔道：「如果沒有別的問題，這個人會因為愚蠢而被絞死。」沙赫特的玩笑話成真了。當里賓特洛普得知自己被判絞刑後，在牢房裡茫然踱步，自言自語地說：「死刑！死刑！現在我無法寫感人的回憶錄，嘖！嘖！太多仇恨了，嘖！嘖！嘖！」

一九四六年十月十六日凌晨一時，由於戈林的自殺，里賓特洛普順勢成為了第三帝國的首席戰犯，成為了第一個走向絞刑架的戰犯，在被問及是否有最後遺言時，他說：「願仁慈的上帝保佑德國，憐憫我的靈魂。我最後的願望是德國應該恢復自己的團結，東西方會相互理解、重歸於好，世界會永遠和平。再見，我的朋友。」隨後，黑布蒙頭蓋上了他的頭頂，絞刑執行者拉動控制桿，納粹第一外交官里賓特洛普在絞刑架上結束了他的生命。

第七章　魯道夫・赫斯
——「叛逃」的副元首

「在一切權威蕩然無存的時候，
只有一個來自人民的人才能確立權威。」

一九四五年一月二十日的紐倫堡審判正式開始前，一位身著淺色西裝外套的納粹戰犯在英國警衛的押送下來到現場，頓時引起了其他納粹戰犯的騷動，他們紛紛交頭接耳，打聽這名男子的消息，卻一無所獲，這名男子倒是神態自若、毫不在意，操著一口流利的英文向一旁的衛兵提問事項。他就是第三帝國的副元首——魯道夫·赫斯。據各國普遍的官方記載，赫斯曾在一九四一年患有嚴重的精神問題，這導致他在納粹的最鼎盛時期，竟駕駛飛機開往不列顛群島，投降英軍。但在作者查閱史料後發現，事情並沒有如此片面，他的投敵舉動，並非偶然。

早年生涯

一八九四年四月二十六日，魯道夫·赫斯出生於埃及亞歷山大里亞的德國商人家庭。父親約翰·弗里茨·赫斯是一位德國貿易商，母親克拉拉則是瑞士商人的女兒。雖然說是漂泊在外的商人，赫斯的父母卻對德國異常的忠心，不僅在家中的客廳懸掛著威廉二世的畫像作為裝飾，就連威廉二世的生日都必須好好慶祝一番，這使赫斯從小對德意志敬仰不已，為他之後的政治思想奠下了紮實的基礎。

由於當時埃及還是英國的殖民地，商人也大多以英語作為溝通，赫斯的父母為了讓赫斯克紹箕裘，於是讓他從英語以及德文雙管齊下，親自教導赫斯英文。大約在四十年後，當赫斯遭受英國監禁時，獄卒們不由得驚嘆：「每當我與赫斯談話時總感到我面對的是一個英國人，他英語講得非常流利、純正，經常使用我們在教科書中學不到的表達方式，而且沒有任何非標準發音，這使我萬分驚訝，甚至於有些警覺起來。」

在埃及讀完小學後，赫斯一家回到了德國，先後在亞歷山大里亞的德國教會學校、德國的巴德戈迪斯堡教育學院、瑞士的納沙泰爾商業學校和德國的慕尼黑在學學習。青年時代的赫斯對繼承父親衣缽、經商致富並無興趣，倒是對物理和數學情有所鍾。在赫斯上大學時，與慕尼黑大學教授、地緣政治學創始人卡爾·豪斯霍弗爾關係頗為密切，豪斯霍弗爾的地緣政治學理論給赫斯的世界觀影響極大，這位學者認為，德意志和英吉利是兩個盎格魯—撒克遜人後裔的國家，是高人一等的民族，應當聯合起來統治世界。

豪斯霍弗爾與英國上層社會的代表人物們保持著密切的聯繫。歷史學家認為正是此人說服了自己的忠實追隨者於一九四一年飛往霧茫茫的不列顛島，實行和平談判。

第一次世界大戰於一九一四年八月開始時，赫斯不顧父親的反對，自願響應徵召服務國家，參加巴伐利亞第七步兵團，成為一名普通陸軍士兵。他的戰爭經歷十分豐富，先後參加以帕、阿圖瓦、凡爾登、福克沙尼等多次戰役，赫斯在初入戰場時非常興奮：「村莊正在燃燒。美麗得足以讓你放下心扉。戰爭啊！」後來，赫斯在凡爾登戰役時曾經遭到砲兵轟炸，左手被砲彈彈片擊傷，經過一個月的恢復後並無大礙，福禍相依，這次重傷後不久，赫斯被賜予二級鐵十字勳章，還被晉升為中尉。

相比其他納粹高層，赫斯與希特勒是最早認識的，一戰末期，赫斯在寫信給後方司令請求物資援助時，被指派負責傳令的士兵正好是希特勒，當時希特勒僅是一名下士，而赫斯卻是位高數階的中尉，但兩人一見如故，竟忘記了軍階身分的分隔，臭味相投地聊了起來，成為刎頸之交的摯友。

一九一八年春，赫斯被批准轉職飛行員，在奧格斯堡附近的勒希費爾德兵營的第四飛行員學校接受訓練。赫斯想效仿紅男爵、戈林一樣，成為著名的擊墜王，但這個願望沒有實現，赫斯第一次出動後幾天，一戰就結束了，他沒有被擊落，也沒有擊落一架敵機。

由於空軍遭到凡爾賽條約給徹底取消，赫斯因而遭到退役。

追隨希特勒

在一次世界大戰結束後的這段期間，赫斯的生平資料是一片空白、毫無紀錄，他是否成為困苦乞丐，還是成為了一名每天勞累加班的工廠員工呢？作者我不敢明斷，但可以推測出的是，赫斯在這段期間過得並不好，他的腦袋裡盡裝滿了憤恨，使他在一九二〇年七月一日做出決定——加入德國工人黨。

大約在一九二一年五月納粹黨的某次晚會上，當時已是黨內重心人物的希特勒在台上發表演講，在觀眾位置的赫斯驚訝地發現，這位老戰友多年沒見，像是整個人都變了，口條有理、行動自信，且過得這麼風生水起，打聽之下，才發現希特勒已經混到了主席團委員，赫茲對希特勒越發欽佩。想必是有感而發，聽完演講後的當晚，赫斯便撰寫了《領導德國恢復舊日光榮地位的人應當是怎樣的人》文章進獻黨內，裡頭說道：

> 在一切權威蕩然無存的時候，只有一個來自人民的人才能確立權威，獨裁者在廣大群眾中紮根越深，他就越能了解在心理上應該怎樣對待他們，工人們也就越不會不信任他，他在最活躍的人民階層中也就越會得到更多的支持。他本人與群眾並無共同之處。像一切偉大人物一樣，他有偉大的人

格，必要時他不會因害怕流血而退縮。重大問題總是由血和鐵來決定的。

這樣的文章自然能博得希特勒的歡喜，也使其看見了赫斯的文筆天賦，將他委以重任。

一九二三年一月，赫斯追隨希特勒在慕尼黑舉行啤酒館政變。失敗後赫斯脫逃至奧地利，其實他只要等風聲過後悄悄回到德國即可，但他卻忍不住思鄉情，在不到半年就回到德國，結果可想而知，被捕後，赫斯被判在蘭德斯堡監獄服刑五年，非常剛好的是，希特勒也在此座監獄，也正是在該監獄期間，希特勒開始撰寫自傳，不過他的文筆實在糟透了，無法寫出如其演講一般煽動的內容，在赫斯的建議下，希特勒以口述，赫斯在一旁撰寫的形勢，完成了這本長達七百二十頁的著名著作，值得一提的是，希特勒最初起的書名為《對抗謊言、愚蠢、懦弱的四年半》，不過由於書名太過冗長且弔詭，在出版社的建議下，最後改為《我的奮鬥》。

書籍出版後，《我的奮鬥》一針見血的言詞，打動了德國人民積怨已久的心房，書籍瞬間紅遍了德國的大江南北，銷售量根本無法用具體數字記載，甚至引起了瘋狂崇拜現象，時人將其稱為救國良藥，新婚夫婦甚至會贈送紙本作為嫁妝。

納粹禮與「元首」的創始者

納粹黨於一九二五年重組之後，赫斯成為希特勒的私人秘書。這是赫斯青雲直上的起點。一九三二年十二月，赫斯被希特勒任命為納粹黨中央政治委員主席。同年，赫斯成為德國國會的納粹黨議員，晉升為黨衛軍上將。繼希特勒出任德國總理、納粹黨登上國家權力舞台之後，一九三三年四月二十一日，赫斯被任命為納粹黨副元首。同年六月二十九日，赫斯還被任命為德國不管部部長，統管除外交政策和武裝部隊以外的一切事務。

赫斯在納粹政權上任時做出了兩大貢獻，一個就是發明了元首（Führer）這個詞，另外一個近乎成為納粹代表的手勢——納粹禮。其實用「發明」一詞來稱之是有爭議的，早在古羅馬時代，羅馬士兵便會將右手伸直向前進行軍禮，但把它發揚光大的卻是納粹德國，魯道夫．赫斯最先用這個手勢向希特勒致敬，希特勒第一次見到這種敬禮真是大為歡喜，他向來反對見面握手，認為握手是懦弱、妥協的行徑，希特勒規定使用戰鬥感極強的羅馬軍禮來取代握手，大大強化了德國民眾的歸屬感以及自信心，使得羅馬軍禮成為了納粹統治下的象徵。

赫斯對希特勒無條件地忠誠，他說：「簡單地說，希特勒就是純粹理智的化身。」人們可以通過新聞看到當他在群眾大會上介紹希特勒時，眼神和聲音所透露出來的虔誠熱情。一九三四年，赫斯在群眾大會上說道：「我們驕傲地看到有一個人從未受過任何的批評，這是因為每個人都感到並且知道希特勒總是正確的，他仍將總是正確的。」紐倫堡審判期間，赫斯仍未放棄對希特勒的忠誠：「我得承認自己在我的國家的千年歷史所產生的最偉大的兒子的領導下生活和工作過多年。」

一九三五年九月二十四日，赫斯提到參與任命所有納粹高級官員的授權。一九三六年，赫斯在德國柏林的第十一屆奧林匹克運動會期間結識了英國的漢密爾頓公爵，此人便是日後赫斯駕機飛往英國後求見的第一位要員。一九三八年二月四日，在希特勒改組軍事與政治機構之際，赫斯被任命為德國秘密內閣會議成員。一九三九年八月三十日，赫斯成為德國國防委員會委員。就在此時，赫斯被希特勒任命為繼戈林之後的元首繼承人。

決心議和

一九三九年九月一日，第二次世界大戰全面爆發。一九四〇年，納粹德國征服西歐大陸各國，對英國實施大規模的空戰。對此赫斯是不願意見到的，就他在大學時期的認知，盎格魯－撒克遜人和德意志日耳曼人是同血脈的兄弟，宣戰等同骨肉相殘，不具有任何意義。比起唯唯諾諾地待在希特勒底下做事，他更願意為了英德和平而反抗第三帝國，私自試探議和的可能性。

美國作家威廉·夏伊勒認為，赫斯的動機是清楚的，他真誠地希望同英國媾和。此外，「戰爭使他個人黯然失色。戰爭期間，作為希特勒的副手管理納粹黨是一種很無聊的且不再是非常重要的職務。目前，德國的重要工作是處理戰爭和外交事務……這些事情使戈林、里賓特洛普、希姆萊、戈培爾和將軍們處於重要地位。赫斯感到既失望又嫉妒。為了恢復他以前在他們愛戴的元首身邊的地位和他在國內的地位，單槍匹馬地安排德國和英國之間的和平，這樣一種人膽而顯赫的政治成就，豈不是最好的辦法嗎？」

簡單來說，魯道夫·赫斯的逃亡絕對不是精神問題所造成，而是堅定的種族世界觀，以及遭受冷落的苦悶作祟，這才導致了擅自議和的舉動。

一九四〇年夏季行將結束之際，赫斯就在地理學家豪斯霍弗爾的協助下，開始擬訂德國與英國停止戰爭。赫斯原計畫在中立國與英國的漢密爾頓公爵就和平協議舉行談判，後因未能得到漢密爾頓公爵的滿意答覆，而決定親自飛往英國會見漢密爾頓公爵。赫斯為此行作過精心策劃。赫斯由於屢次公開表態同情英國處境，已被希特勒禁止飛行，但他順利繞過規矩，密請梅塞施密特飛機製造公司總裁、著名的飛機設計師威利．梅塞施密特，為其提供BF一一〇重型戰鬥機並安裝遠程飛行訓練裝置，還曾集中精力學習駕駛技術和空中導航，佈置收集有關的氣象資料，標有飛行路線圖，此外還備有一份和平計劃。

一九四一年五月十日下午，赫斯與妻子伊爾莎．赫斯匆忙告別，在副官、傳令官、保安官和司機的陪伴下，驅車來到德國奧格斯堡機場。赫斯換上德國空軍尉官制服，留給副官一封信件，並言：「如果我離開四個小時之後仍未返回（後悔），就得盡快轉交希特勒。」隨後單獨駕駛已準備就緒的BF一一〇重型戰鬥機飛往英國蘇格蘭。至於赫斯給希特勒的信件，內容說道：「我的元首：當你收到此信的時候我將身處英國……我的元首，如果我的計劃失敗（我得承認成功的機會極少），如果命運決定與我作對，那麼此行也不會給你或德國帶來不幸的後果。你可以選擇任何時機與我斷絕關係，就說我瘋了。」

由於赫斯的弟弟患有精神問題，以遺傳來說赫斯也有機率可能獲得精神問題，所以當時希特勒以「精神錯亂」為由將赫斯撤職的時候是無人懷疑的。

經過六個小時的飛行後，赫斯已經飛到英國北部的蘇格蘭了，他雖然曾任職航空兵，但已經長達二十餘年沒有駕駛飛機，似乎對自己的迫降技術不大有自信，選擇棄機傘降在漢密爾頓公爵住宅區所在的格拉斯哥附近，飛機墜毀的巨大響聲引起了人們的注意。農場總管戴維．麥克萊恩找到帶有摔傷小腿的赫斯並將其帶往農場。赫斯在路上用英語對麥克萊恩說：「我是德國人。我的名字是艾爾弗雷德・霍恩上尉。我是來此執行特殊使命的。我想向漢密爾頓公爵提供重要情報。」赫斯先後被帶到吉福諾克國民自衛隊總部和格拉斯哥，一再申明要見漢密爾頓公爵。

五月十一日，赫斯終於和擔任皇家空軍某殲擊航空兵群司令的漢密爾頓公爵上校相見，公開表明自己就是魯道夫・赫斯。赫斯說明自己前來的目的，表示元首並不想征服英國，而是要實現停戰；並且表示德國遲早會攻下英國，為了停止這種不必要的流血，建議德英雙方共同討論可行的和平方案，同時轉達希特勒的和平條件。

起初英國政府非常認真看待這場議和，英國前駐德國大使館一等秘書伊馮・柯克帕特里克爵士、英國大法官西蒙勳爵、英國飛機生產大臣比弗布魯克勳爵等人都曾受政府以及邱吉爾的命令前赴展開會談，可惜的是英國本身卻因為主戰派本身勢力強盛而不願接受議和，赫斯也在與這幾位貴族談完話後被軟禁在倫敦塔，無法返回德國。

天真的赫斯妄想達成和平，沒想到換來的卻是長達四十六年的監禁。

另一方面，在德國，廣播電台播發公報，稱赫斯已違背命令駕機起飛，到今仍未回返，並聲稱赫斯患有精神問題，「留下的信件以其混亂狀態而不幸地表現出精神錯亂的跡象，這使人感到黨員赫斯恐怕是妄想症的犧牲品」，因此赫斯或許已在某地墜毀。公報並未透露赫斯已飛往英國媾和。

五月十三日，在英國政府宣稱赫斯在蘇格蘭降落並受有輕傷之後，希特勒向集中在上薩爾茨堡的納粹黨高級官員感嘆：「在指揮官們隨時可能奉命開始最為困難的軍事行動（指入侵蘇聯）的時刻，赫斯離開了我。當我的高級政治領導人根據他自己的計劃離開戰場的時候，我怎麼能指望我的將軍們服從這項命令？」赫斯畢竟是納粹黨內數一數二的存在，如果全盤否認赫斯的行徑，那納粹的權威也會隨之下降。而既然不得批判，卻又要否定赫斯的行徑，希特勒只得對赫斯的叛逃找了個「精神問題」的理由，以同情眼光來看待赫斯。

希特勒在報紙上宣稱「赫斯似乎處於幻覺之中，這種幻覺使之感到通過在過去認識的英國人之中採取個人行動，他能夠促成英國和德國之間的諒解」，「國家社會主義黨對這個理想主義者淪為這種災難性幻覺的犧牲品深表遺憾。然而，絲毫也不會影響強加給德國的這場戰爭的繼續」。

無止境的監獄生涯

蘇聯政府由於害怕英德議和成功，對赫斯赴英之行極為重視。二戰結束前不久，在一九四五年二月的雅爾塔會議上，史達林不失時機地向丘吉爾詢問了「赫斯的使命」，不過卻被邱吉爾嚴正駁斥。盟軍對於赫斯到底該負多少戰爭與種族滅絕責任一直存有爭議，但在蘇聯的堅持下，一九四五年十月八日，赫斯與其他戰犯一起被五花大綁，押到紐倫堡進行審判，由於英語是赫斯的第二母語，當年紐倫堡審判時，德國人都必須戴翻譯耳機，而赫斯卻兩耳自由，顯得格外突出。一九四六年十月一日，赫斯被紐倫堡國際軍事法庭判處終身監禁。一九四七年七月，赫斯被轉移到西柏林的施潘道盟國軍事監獄，編為第七號囚犯。隨著一九六六年十月施佩爾等人的釋放，作為施潘道監獄唯一囚犯的赫斯成為世界上最孤獨的人。施潘道監獄由蘇聯、美國、英國和法國各指派一名監獄長共同管理，各組織三十名衛兵輪流看守。有關的經費全部由德意志聯邦共和國政府承擔。從一九六〇年十月到一九八四年，納稅人為此共付出兩千六百五十餘萬德國馬克。

赫斯的獄房是一間十到十二平米的長方形小屋，有防止憂鬱症而設計出的小窗戶，不過小窗上釘著柵條；有一張能夠睡得安穩的床；不過卻是連翻身都困難的單人床。相鄰的小屋內存放著他的私人物品，有一身黑皮風衣，軍帽，還有一九四一年飛行至不列顛島上所穿的飛行服。在這段時間內，赫斯沒有收音機，更沒有電視，十分無聊，還好英國政府同意他可以閱讀監獄圖書館內的書籍，但卻嚴禁其本人入內，他所要的每一冊書必須經過嚴格檢查，有無詳及納粹主義的報導，雖然很難想像，這位第三帝國的顯赫要員能夠從中找到什麼有關納粹主義的蛛絲馬跡。話雖這麼說，有一些書中，一些章節甚至於整頁整頁地用黑墨水塗抹掉了。

赫斯通常將自己需要的書寫成書單，請獄卒幫忙申請，他要的書多是星象術方面的，還有會話書和詞典。赫斯需要詞典是因為獄中的工作人員主要來自土耳其、南斯拉夫以及北美，而施潘道監獄卻嚴禁僱用德國人，赫斯囚禁於這個城堡監獄的四十年中，沒有一個德國人能接近他。孤單的赫斯只能學習其他語言，與外國人聊天，打發心中寂寞。

赫斯的監獄生活很有規律：早晨七點醒來，起床，洗漱，早餐，閱讀；散步，晚餐；大約在晚上十點摘掉眼鏡，同時熄燈。根據通信與探視條例，赫斯獲准閱讀指定的三份德文報紙，每月可由家人提供四本書籍作為讀物，據獄卒所言：「每次來到監房，看到赫斯總是一個姿勢，駝著背坐在桌旁，背對著門不是讀書就是寫著什麼。」赫斯很關注自己的身體，早上做瑜珈操，白天在獄中小花園裡散步，園中有一小亭，夏天，他經常在亭中小坐休息（將來就是在這個亭中發現他的屍體）。此外，對自己的飲食也很重視，自己親手擬寫菜單，通過獄卒交給廚房，善良的廚師長還真的照赫斯所求，煮了一道道健康飲食。

據當時的英國法律：囚徒有權每週收發信件各一封，內容不得超過一千三百字，還禁止在信裡打上著重號，邊頁不得有任何標註；每個月接受家人一名探視一次（十二月份有兩次），時間不得超過一個小時，且每次探視必須提前兩個星期向獄方提出申請，由監獄長審核批准或予以拒絕。施潘道監獄的翻譯承擔檢查赫斯信件的任務。因此也必須認真查閱赫斯給其夫人和兒子的信件。按規定，一旦發現字裡行間涉及二戰的話或提到有關納粹黨的隻字片言，就必須在該處劃上黑線。不過這種情況不常發生，赫斯所寫的信函絕大部分都帶有抽象神秘的性質。

給獄中赫斯的信很多來自世界各地，主要來自拉丁美洲、南非和澳大利亞，發信人都是潛逃到那裡的前納粹分子。按規定，必須有監獄監督官在場才能把信件拆開，迅速檢閱後予以原件銷毀。為此，英國人特地裝了一台專用銷毀機，將信封和信內附寄品就地處理，說來可笑，有些「熱心」的前黨衛軍分子會寄支票、鈔票來給赫斯改善生活，不過這些鈔票沒有落入任何人的口袋，而是在銷毀機中撕成千萬片碎片。

監獄裡頭的生活並不是一味地充滿嚴肅，一天晚上，一名比利時裔獄卒喝醉了，穿上赫斯的皮風衣，頭戴納粹軍帽，吆喝著在走廊裡亂跑，口裡還不停地喊著「希特勒萬歲」！當時值勤的是兩名美國黑人，這兩個沒有出息的小伙子，第一次見到「活生生的希特勒分子」，竟然嚇得逃之夭夭。事後對此進行了嚴肅處理，那個比利時醉鬼丟了自己的飯碗。

「被自殺」

在第三帝國滅亡數十年後，英國政府開始對赫斯採取寬容政策，為了讓赫斯能夠在獄中「安享晚年」，各國政府特別在施潘道軍事監獄的花園裡蓋了一間小的避暑別墅。屋子裡的陳設很簡單：幾把椅子，一張桌子，一張用來睡覺的木質長凳，還有一盞可供赫斯讀報紙的油燈。每天都有專門的醫生和護士來給他做身體檢查。由於那時的赫斯已經是高齡了，醫生們還為他制定了一個代碼為「自相矛盾」的應急方案。也就是在赫斯病危或遇到不測之時，就會啟動這套方案，對他進行特別護理。

赫斯所在的施潘道監獄由二次世界大戰的戰勝國美、蘇、英、法四國士兵輪流看守。一九八七年八月是美國士兵的執勤月，這裡所有的一切都平靜如往昔。八月十七日這一天，赫斯吃完午飯之後，要求看守他的獄卒讓他到別墅外面呼吸新鮮空氣，但沒過多久便獨自進了他的小屋。然而在下午三點的時候，監獄警報突然拉響，「自相矛盾」應急方案真的派上了用場。

在一九九七年底之時，施潘道監獄的前獄長尤金·伯德同俄羅斯新聞報記者和當年執行「自相矛盾」應急方案主要的護士阿卜杜拉赫進行了一次會面。阿卜杜拉赫回憶說：

那天，我接到了提前安置好的應急電話，我的第一反應就是赫斯出事了。然後，我急忙奔向了施潘道監獄，那時的施潘道監獄門口已亂作一團。開始的時候，儘管看守的士兵都認識我，也知道我是經過授權可以自由進入那裡，但他們卻不讓我進去。經過一番爭執，他們終於把我放進去了，那時的我已經來不及同他們生氣，飛一般的向赫斯的別墅跑去。

當我推開門時，發現看守赫斯的士兵約旦在赫斯身上按來按去，動作非常的奇怪，明顯那不是在為赫斯做心臟按摩。於是，我急忙把約旦推開，但那時的赫斯已經停止了呼吸，只見一根繩子像一條蛇一樣緊緊地纏繞在他的脖子上面。作為一名醫務工作者，只要病人有一線生機，我都不會放棄。所以，我把繩子從赫斯脖子上解開之後，一邊按照「自相矛盾」應急方案對他進行搶救，一邊喊身旁的約旦來幫我。但是他站在那裡一動也不動，只是向我喊道：「沒有用了，這個老鬼已經完了」。結果，「自相矛盾」應急方案以失敗而告終。沒過一會兒，赫斯的屍體便被人抬到了英國軍事醫院。

一九八七年八月十七日晚間，英國政府的一份官方聲明震驚了整個世界：「魯道夫·沃爾特·理查德·赫斯用一根電纜線在獄中自縊身死，享年九十三歲。」消息傳出之後，赫斯的兒子立即打電話詢問內情。施潘道監獄的前獄長尤金-伯德便把他請到了施潘道監獄的辦公室，告訴他到底這裡發生了什麼事。調查人員稱：「當赫斯散完步之後，便獨自進了他的小別墅。進屋之前，他告訴士兵約旦不要跟著進來，他要小睡一會兒。守衛他的約旦在外面待了大概有半個小時，突然覺得事情不妙，於是急忙推開房門。沒想到映入他眼簾的竟然是這番景象：只見一根電纜繩掛在一個窗子上，赫斯把頭伸到裡面上吊自殺了。」

官方宣稱：一九八七年八月十七日，赫斯在柏林施潘道軍事監獄內的小別墅上吊自殺身亡，享年九十三歲。不過當時赫斯的脖子上有繩索多次纏繞過的跡象，勒痕呈平行狀，因此有不少人認為赫斯的死並不單純。赫斯死後，他的家人要求律師讓施潘道監獄將所有赫斯的私人物品交出來，其中包括赫斯的筆記本。然而，施潘道監獄和赫斯待過的小別墅卻以「防止新納粹分子崇拜」為名被夷為平地，赫斯所有的私人物品也消失得無影無踪。唯有一張赫斯給親人留下的「遺書」保存了下來，但在經過仔細的修辭學分析後，結果表明此遺書並不是死前寫的，而是早在二十多年前就已寫了。按羅爾夫．呂迪格的話說：英國人有意迫使赫斯寫下遺書，留待以後殺害赫斯後用來證明是自殺致死。

在赫斯家屬取走屍體，並對赫斯進行公開驗屍時，英國法醫詹姆士．卡梅隆證實了赫斯用電纜上吊自殺的說法。然而獄中的目擊人員卻指稱：「這絕對是一個謊言，因為我看見電纜繩當時仍然連在插座上面，赫斯脖子上的那根繩子絕對是別人從外面帶來的。」而赫斯的家人怎麼也不能接受「纜繩自殺」這個現實。赫斯的兒子把赫斯的屍體運到慕尼黑，請求慕尼黑法醫學院做出第二次解剖，在一九八七年八月二十一日進行解剖時，慕尼黑法醫學院的病理學教授沃爾夫岡．史潘曾說：「死者脖子上有繩索多次纏繞過的跡象，勒痕呈平行狀，沒有任何自殺痕跡，實屬謀殺。」「如果死者是上吊死亡的，那麼繩子在拉緊之後，脖子上的勒痕的方向一定是朝上的，但我們發現死者脖子上的勒痕卻呈平行狀。我敢打賭，死者決不是因自殺而死亡。」而赫斯的兒子沃爾夫．赫斯也說：「我對第二次的驗屍結果深信不疑。因為這年，父親可能被特赦出獄。在一九八七年春天的時候（赫斯人生的最後一年），父親曾告訴我：『蘇聯人準備放我出去，但英國人卻準備殺死我。』」

的確，多年來，國際社會一直呼籲四國政府以人道主義精神將赫斯釋放，但都遭到了蘇聯的反對。但在戈巴契夫上台之後，莫斯科放出消息稱他們可能會將赫斯釋放，這時反倒是英國開始反對釋放赫斯了。政治的黑暗以及裡頭的勾心鬥角是常人無法理解的，但依作者判斷，英國一開始便沒有打算要釋放赫斯，他知道太多英國的黑暗面了，僅是因為「飛赴和平談判卻遭到軟禁」就可以讓英國遭到國際間的唾棄。英國當初不反對釋放赫斯，甚至贊同釋放赫斯，只是因為蘇聯也不想要釋放，而英國人大可以利用蘇聯扮演黑臉人的時候扮演善良的白臉人，而當蘇聯試著轉白時，英國自己如果打算繼續扮白臉，那便會使得赫斯得以順利出獄，這是英國不願意見到的，但白臉總不能迅速轉黑，於是英國想到的唯有將赫斯滅口。

赫斯被關押了長達四十六年之久（四年的軟禁，加上紐倫堡審判後四十二年正式關押），他是關押時間最長，也是級別最高的發動第二次世界大戰的納粹戰犯。雖然他在錯誤的時代加入了錯誤的政黨，又用著錯誤的觀點試著彌補錯誤的戰爭，但他主張和平議和的理念，確實值得後人嘉獎。

第八章　埃里希・馮・曼施坦因

——閃電伯爵

「即使是毫無希望的戰鬥，
也不能作為投降的理由！」

無可否認，德意志民族是天生的戰鬥民族，他們在近代軍事史上的成就無出其右，從俾斯麥喚醒德意志人民的民族意識，並著手武裝統一開始，德國人的戰鬥個性就已經覺醒，他們身材高大，體格壯碩，紀律性極強，能完全配合上級的旨意進行各種戰術進攻，尤其是陸軍，長期以來以驍勇善戰聞名，以至於史學家一致認同十九世紀最強的陸軍國家並非身為兩次世界大戰戰勝國的美國或法國，而是德國陸軍。

二戰時期德國名將多不勝數，在眾多名將之中，又以三位陸軍名將最負盛名，他們分別是裝甲兵之父古德里安、沙漠之狐隆美爾，以及這篇章節的主角——閃電伯爵曼施坦因，曼施坦因的作戰生涯可謂貫穿著第三帝國興衰的每一個腳步，瓜分波蘭，閃擊法國，入侵蘇聯，曼施坦因從一位陸軍參謀一路做到集團軍總司令，發明出了許多令人拍案叫絕的戰術。

在二戰結束後，曼施坦因對戰敗的結局深感憤恨，在戰後奮筆疾書，於六十八歲那年撰寫出了《失去的勝利》回憶錄。這本書裡充滿著曼施坦因對於戰爭失敗的不甘心，對於希特勒的埋怨也躍然紙上。以至於此書也被許多人戲稱為「甩鍋的藝術」（意指將錯誤推卸給他人），不過，不管曼施坦因是否有掩蓋自己的不足，《失去的勝利》確實是最具有研究價值的第三帝國興衰史。此篇章節中，作者將會大量使用回憶錄記載，帶領讀者走入曼施坦因的內心世界。

將官後裔的從軍生活

一八八七年十一月二十四日，埃里希·馮·曼施坦因出生於柏林一個顯赫的貴族世家裡。他的母親三姐妹堪稱德國的宋氏三姐妹，分別嫁給了李文斯基二級上將、曼施坦因二級上將、以及大名鼎鼎的興登堡元帥。埃里希原本是李文斯基二級上將的兒子，但出於曼施坦因二級上將膝下無兒，所以孩子還沒有出生前就決定過繼給他的姨父。埃里希剛出世，李文斯基就給老曼施坦因發了電報：「你今天得到了一個健康的孩子。母子平安。恭喜。」從此，曼施坦因這個姓氏伴隨了他一生。

曼施坦因家族是一個龐大的軍官世家，埃里希·馮·曼施坦因其父是普魯士將軍，他的舅舅也是將軍，他的兩個爺爺也是普魯士將軍，其中一位甚至在普法戰爭統領過整整一個軍，在這種傳統的普魯士軍官家庭中，不論曼施坦因是否願意，從軍必然是第一選擇，一九〇〇年，十三歲的埃里希被養父送進了少年軍校。兩年後他從這裡畢業，進入了德國軍官的主要培養基地——李希特費爾德軍校。

在軍校的這段期間裡，曼施坦因過得非常普通，不是個特別突出的學生。他成績平凡、總是在考試前才刻苦念書、在能夠偷閒的時候盡量偷閒，另外他也經常會偷看課外書，每當教官出現時便以極快的速度藏進抽屜裡，很難想像出這種舉止再也平凡不過的學生，竟會一躍成為德國三大名將之首。

無論他表現怎樣，曼施坦因名門貴族的出身都給了他一個機會出入宮廷，每年寒暑假，這些貴族少年都必須義務性地擔任德國皇帝威廉二世的宮廷侍衛。在莊嚴華麗的宮廷裡，少年曼施坦因穿上一套鮮亮的藍色禮兵軍裝，戴上鑲金的普魯士尖頂盔，他真是高興極了，絲綢般的紅毯、光彩奪目的水晶吊燈、精雕細琢的大理石牆壁，這位每天在軍官學校睡鐵床的少年早已習慣了軍中的樸素，此次進入皇宮猶如劉姥姥逛大觀園般，不但大開眼界，其榮譽感也被提升至極致。在他的一生裡，他始終把這段經歷視為其最大的榮耀。在晚年回憶錄《一個軍人的一生》中，他不怎麼提及枯燥的軍校生活，卻以極大的篇幅敘述了他的宮廷侍衛經歷。

一九〇六年，十九歲的埃里希·馮·曼施坦因從李希特費爾德軍校畢業了。此時他已經發育完成，出落得儀表堂堂。他身高一米八，有一雙如大海般蔚藍的眼睛，高挺的鼻子，金白色的頭髮，謙遜中帶有一絲狡黠的笑容，以及健壯的身材。在基層待了幾年時間後，一九一三年，二十六歲的曼施坦因進入了柏林軍事學院。在這個由沙恩霍斯特創建，克勞塞維茨、老毛奇、魯登道夫、塞克特等巨匠曾在此鍛造思想的基地裡，曼施坦因猶如一位誤打誤撞考進升學班的學生一樣，同儕壓力非常的大，但他還沒來得及提升自己，戰爭的炮火便將他送上了東線戰場。

一戰前期，曼施坦因被調派至東線擔任一位團長的副官。一九一四年的冬天，曼施坦因所在的前線獲得了俄軍正準備撤退的消息。德軍高層眼見機不可失，命令每個團組織一個追擊支隊對撤退中的俄軍進行窮追。曼施坦因本不在追擊隊的行列裡，但由於年少輕狂，十分渴求戰功和榮譽，硬纏著團長讓他加入追擊隊。哪知道這個情報其實是假的，俄軍根本沒打算撤退，彈藥缺乏的他們埋伏在一處據點當中，打算等待德軍追擊到此處時利用人數優勢，展開一場血腥肉搏戰。

當曼施坦因率領部隊到俄軍的埋伏處時，他的衣裝暴露了自己的軍官身分，俄軍的第一槍便瞄準他，隨著一陣混亂，曼施坦因中槍倒下，俄軍拿著軍鏟、刺刀衝向德軍展開肉搏，一名俄軍趁著空隙衝到曼施坦因面前，曼施坦因拔出P—08手槍準備自衛，卻被俄軍一腳踢開，他雙手舉起刺刀，準備捅入曼施坦因的心臟，幸好旁邊的擲彈兵及時發現，從背後刺死了這名俄軍，救了曼施坦因一命。

肉搏戰對德軍很不利，德軍的槍砲優勢在近距離戰鬥下顯得毫無用處，德軍士兵也在俄軍的人數壓制下相繼倒下，身負重傷的曼施坦因躺在地上呻吟，悲哀地等待著被俘或者被殺的命運，幸好他的戰友們在撤退時硬將他拖下戰場，這是曼施坦因從軍生涯中唯一一次受傷。

曼施坦因在醫院裡躺了五個月。重回前線後繼續擔任副官或者參謀之類的職務。戰爭末期，他先後擔任了一個騎兵師和一個步兵師的作戰處長。在德軍師一級單位中是沒有參謀長的，師作戰處長實際上也就履行了參謀長的職責，因此曼施坦因有了很好的機會累積這方面的經驗。

戰後的空閒生活

一九一八年十月，一戰結束了。在未來的第三帝國名將中，戈林、博克、隆美爾、舍爾納在這次大戰中皆以出色的表現，獲得了象徵軍隊最高榮譽的藍馬克斯勳章。曼施坦因雖然也獲得一級鐵十字勳章，但以參謀長這個職位來說，只獲得這個連普通士兵都能拿到的勳章，是十分羞恥的。不過他還是獲准留在了戰後的十萬國防軍中。

曼施坦因在之前的軍官歲月裡，只將成為達官顯要視為唯一，絲毫沒有將愛情放在眼中，直到一九二〇年的一次宴會上，三十三歲的曼施坦因認識了一位正值花樣年華的貴族少女——尤塔・西貝麗。曼施坦因對她一見鍾情，但他先前根本沒有戀愛經驗，不知道愛情的橋樑該如何搭起，卻又是個喜歡直線行事的急性子，三天後，曼施坦因穿著西裝、抱著一束花來到了西貝麗家中，西貝麗一打開門，曼施坦因隨即向她求婚，意外的是，那名女子絲毫不覺得他是怪人，竟然欣然同意了！婚後他們育有兩子一女，其中長子格羅於一九四二年戰死東線。

由於凡爾賽和約關閉了德國所有的軍事院校，陸軍總司令塞克特想利用鑽漏洞的方式繼續培育軍官，創立了「軍事研討會」，表面上只是各層軍官互相交流寒暄的交誼團體，私底下卻是承擔著負責培育下一代軍官的重責，幸運的是，當時才剛升任成為步兵連連長的曼施坦因成為了軍事研討會的其中一名教官。

在軍事研討會裡，曼施坦因等教官們在塞克特指示下，刻苦學習、教導機動作戰和攻勢的軍事觀念。曼施坦因受其影響極深，從此，機動，攻勢和奇襲成了他軍事思想的三大基石，貫穿了他整個指揮生涯。與此同時，學徒曼施坦因還回顧了德軍在一戰的戰略進程，並結合了自己在一戰中的經歷，得出了一個結論：德軍其實在一九一八年還有翻盤的機會，那就是填平所有壕溝，放棄比利時、荷蘭等地盤，向東撤退吸引協約國軍隊來追，等到他們遠離安身之地——壕溝後，再將德軍所有的坦克集結在一塊，以機動戰術突破敵方的進攻攻勢，之後趁敵方大亂，無法組織防禦工事之際，以迅雷不及掩耳之速度進攻至巴黎。雖然這僅是事後諸葛，但毋庸置疑的是，機動思想在二次大戰中對已成為陸軍元帥的曼施坦因的影響極深。

一九二八年，曼施坦因晉升為少校，次年又進入了部隊作戰辦公室（凡爾賽和約照樣關閉了總參謀部，不過德國又鑽了漏洞，以「部隊作戰辦公室」來替代總參謀部）。在一戰結束到納粹政權上台的這段期間，對於隆美爾、赫爾曼巴爾克、胡貝等明星將領來說，都是懷才不遇和極端無聊的時光，但對曼施坦因來說，這十年卻正是他的軍事思想的形成期，因此也是收穫頗豐的十年。

一九三一年，曼施坦因陪同上司前赴蘇聯進行友誼軍事考察，蘇軍的機械化程度讓他大開眼界，但軍備的先進與指揮官的愚昧形成了巨大對比，由於剛經過大清洗，有能力的蘇軍指揮官們都遭到了清算，留下來的只是一群不成氣候的門外漢，像後來成為蘇聯元帥的羅希洛夫，曼施坦因晚年在回憶錄中提及他時，只有簡單一句「戰前我訪蘇時，他與我見過一面」，忽略之情溢於紙面。在未來的二戰中，曼施坦因往往看重蘇軍的攻擊力和機動能力，卻輕視蘇軍將領才能，多少跟這次蘇聯之行有關。

納粹上台

曾訪問過蘇聯裝甲部隊的曼施坦因在軍中頗具知名度，顯得格外威風，也因為這次的難得經驗，曼施坦因在兩年之內升了兩級，一躍成為上校，這段時期被他稱之為自己軍旅生涯中最快樂的時光。一九三三年希特勒上台，整個德國軍界頓時山雨欲來風滿樓，休閒懶散的氣氛風雲突變，希特勒大張整軍，重開總參謀部，曼施坦因上校被任命為作戰處處長。關於他這段時期的工作，當時在他手下的威斯特法爾回憶：「各個部門開始很藐視作戰處的權威，直到曼施坦因的鐵腕讓他們不得不收起了傲氣。」一九三六年，四十九歲的曼施坦因被晉升為少將並出任總參謀部的首席軍需長，即副總參謀長。值得一提的是，他的頂頭上司（總參謀長），即是後來策畫七二〇密謀案的主謀路德維希．貝克。

三〇年代的德國經濟雖有回復氣象，但軍事建設經費依然有限，各個兵種的經費競爭非常激烈。作為首席軍需長的曼施坦因，對於古德里安天天呼籲發展坦克並不贊同，他更喜歡的武器是自走砲，簡單來說，這種武器就是將坦克的底盤上裝上一門榴彈砲，形成一個可以迅速移動、轉換陣地的炮擊單位。曼施坦因主張給每個步兵師配備一個突擊砲營。由於陸軍總司令弗里奇和總參謀長貝克都是砲兵出身，曼施坦因研製突擊砲的建議最終通過了，突擊砲成為了德軍重要裝備之一。

一九三八年，德國陸軍經歷了一場大洗牌。由於三軍總司令勃洛姆堡元帥娶了一位之前做過妓女的女子，引起希特勒勃然大怒，要求取消婚姻遭拒後，憤怒的希特勒解除了他的所有職務，曼施坦因的上級威爾納·馮·弗里奇上將也遭到了牽連，跟著被迫請辭。作為弗里奇的愛將，曼施坦因也受波及，被迫離開總參謀部，調職里格尼茨成為一名步兵師師長。

由於遠離了柏林的政治漩渦，曼施坦因這個師長當得倒也愜意，有事沒事就去憑弔古戰場，望著兩百年前腓特烈大帝和勞頓的激戰之地，在夕陽的餘暉中流連忘返，懷百年之往事，發思古之幽情。正當他樂不思蜀時，一九三九年夏季的一份電報打斷了他的寧靜：「立即前往西里西亞的南方集團軍群，向龍德施泰特一級上將報到，出任該集團軍群參謀長。」

波蘭戰役

一九三九年八月十八日，曼施坦因調任南方集團軍總部的參謀長，策畫入侵波蘭的「白色計劃」（Operation Fall Weiss）。其實曼施坦因對於進攻波蘭並不是特別熱心，他認為波蘭作為德國和蘇聯之間的緩衝區更好，他也擔心進攻波蘭將會導致英法兩國進攻，從而將德國拖入兩線作戰的窘境。不過南方集團軍總部的上級對曼施坦因有知遇之恩，這使得曼施坦因不得不報答恩情，竭盡所能地提出入侵戰術，最終成功將波蘭瓜分吞併。

調頭法國

第二次世界大戰初期，曼施坦因以參謀長的身分在幕後發揮影響，為德軍進攻法國戰役規劃了以施里芬計劃的基本架構，當時德軍在整個西線的部屬可以分成A、B、C三個集團軍群，B在北方、A在中間、C在南方，最南邊的C集團軍群正面就是馬其諾防線，這座造價五十億法郎的鋼筋混凝土防線，擁有各式大炮、壕溝、堡壘，強攻勢必會造成大量傷亡。而北方的B集團軍群、以及中間的A集團軍群由哪個做主攻確實值得商榷，德國陸軍司令部對西線一開始的進攻方案是以B集團軍群為主力，預計將在北方派出三十個步兵師、九個裝甲師、三個摩托化師，占了德軍西線總兵力的一〇二個師的近四成，精銳的快速機動部隊更是盡數投入，意在首先奪下比利時、荷蘭這兩塊大餅，之後再往西進攻法國。然而，這個作戰計畫幾乎是一戰的翻版，曼施坦因在回憶錄中憤然說道：

使我感到羞恥至極的是，我們這一代人居然無能到，除了重複一個陳舊的方案之外，再也提不出另一個良方的境地，儘管它是出自像施利芬這樣的名人。如果重複一個陳舊的、敵我雙方曾共同經歷過的戰爭計劃，結果會怎樣；況且敵人肯定對這個計劃的重新啟用早有充分準備！因為，任何一個有經驗的軍人都肯定明白，比起一九一四年對凡爾登——圖爾——南錫築壘防線來，德國人更不願意也不可能攻擊馬其諾防線。

事實上，曼施坦因真的預料對了，英法兩國依照前車之鑑，確實斷定德國的主攻部隊會安排在北方，所以早早就將聯軍主力頂入荷、比境內，不過這卻給德軍創造了另一個機會，曼施坦因認為：「我們的進攻重點必須放在A集團軍群，而不是B，之前計畫中的B集團軍群的突擊，將會與預先準備的敵軍正面相遇，進攻也許會得到一定的初期戰果，但最終會停止在索姆河畔。真正有希望的是A集團軍群經阿登森林，那個敵人認為我們絕不會在此使用裝甲部隊的地方，就在此時對敵人實施一次突然襲擊。」

根據另一位名將古德里安的回憶錄記載，早在一九三九年十一月，曼施坦因就請古德里安從裝甲兵專家的角度，看看他這一計畫是否可行，對地圖進行一番仔細研究後，古德里安斷定這個計畫是可行的，但唯一前提是「在此行動中必須投入足夠數量的裝甲師和摩托化師，最好能全部投入！」

然而自一九三九年十二月，曼施坦因遞交這份更正計畫後，陸軍總司令部並未給予重視，曼施坦因只好頻繁在軍事會議當中提出這份觀點博取認同，然而此舉適得其反，不斷催促的曼施坦因惹惱了上級，將其從A集團軍參謀長的職務調離。曼施坦因以研究高機動性的裝甲兵團為名，上級在這次的調職感情弄事，竟然不讓他擔任裝甲軍軍長，而是調至普通的步兵軍軍長，他不由得抱怨：「至少給我個裝甲軍吧」。

雖然遭到參謀部流放，不過歷史倒給了曼施坦因一次珍貴的契機。一九四〇年二月十七日，曼施坦因奉命來到柏林，與另外幾位新任軍長一同向希特勒報到，在早餐會議中，大家邊吃邊聽元首慷慨陳詞，曼施坦因回憶道：「他對包括敵國在內的新軍師技術有著驚人的了解。」用完餐後，各個軍長紛紛敬禮離去，不知是隨機抽查，還是特意看中，唯獨只有曼施坦因被希特勒叫來了辦公室，要他報告對於西線攻勢的想法，「關於我們的計畫，他是否通過他的副官長知道或是了解多少我並不清楚，但我驚奇地發現，他對我集團軍群數月以來建立的基本觀點理解的非常快，對於我的陳述表示完全贊同」曼施坦因又強調：「西線攻勢的目標必須在陸上取得決戰勝利。」如果執行B集團軍作戰，「即使在比利時消滅量多的敵軍，奪占部分港口等，將在政治和軍事上付出高昂代價，必須將陸上的最終勝利作為我們的目標」，此番談話過後，希特勒對曼施坦因的軍事思想給予極高評價，將他的理念付諸實施，德軍最終得到極大成功，裝甲兵部隊一路直衝英吉利海峽，英法聯軍無法組織有效防線，只好遺棄法國本土，沿海路撤退至英國。

在一九四〇年的法國戰役中，德軍並不像大家所想像的具有壓倒性的優勢，法軍無論從人數還是坦克數量上來講都多於德軍，英法軍隊的坦克數量總共有四千八百多輛，其中包含了許多裝甲厚重，火力強大的重型坦克。德國軍隊卻僅有兩千八百輛坦克，這筆數字還是經過灌水的，事實上進攻開始時，能動員的德國戰車僅有兩千兩百輛，且有超過一半的坦克屬於輕型坦克，唯一的優勢僅有超強的機動力。但德軍充分的將「揚長避短」的戰術發揮到了極致，將機動性坦克集中使用，利用著一股銳不可擋的力量，將坦克分散的英法軍隊各個擊破，最終以閃擊戰拿下了法國。

艱困的東線戰場

「希特勒的戰略觀，對技術的興趣使他對技術手段估計過高，他缺少作戰訓練和經驗以及判斷能力，他的戰略目標是由政治和經濟因素決定的，他深信他的意志能決定一切，忽視敵人的意志，懼怕冒險，對他不願接受的決定盡量拖延，寸土不讓，沉溺於數字之中，干預指揮細節，卻從不下達長期性的指令，誠然，戰略是政治領導的僕人，但是也不能像希特勒在確定戰略目標時那樣，全然不顧每一場戰爭都是以摧毀敵人軍事抵抗力為戰略目標這一規律。只有戰爭的勝利才能為達成政治和經濟目標開闢一條通途。」曼施坦因——《失去的勝利》

一九四一年，希特勒轉向蘇聯發起巴巴羅薩行動，三百萬德軍分成北方、中央、南方三大集團軍群向蘇聯進攻，曼施坦因終於如願以償，指揮一個完整的裝甲軍，他隸屬於北方集團軍群的第五六裝甲軍軍長，率領的第五六裝甲軍在開戰後的四天內，衝入蘇聯境內達兩百公里，打得蘇軍措手不及，他認為裝甲兵部隊就是要不斷向前衝，以機動的方式深入敵陣縱深，迫使敵軍無法重整旗鼓組成新的防禦陣地，一旦停下來就會成為敵軍的標靶，因此必須不斷突進。

一九四二年，希特勒為了消除蘇聯對羅馬尼亞油田的轟炸威脅，準備進攻蘇軍位於黑海的克里米亞半島最大的海軍、空軍基地，他任曼施坦因為第十一集團軍司令。曼施坦因在此次作戰表現活躍，該軍團不僅攻占克里米亞半島，在蘇軍享有海空優勢的情況下，擊敗三至四倍以上的蘇軍。當時守衛克里米亞半島的蘇軍擁有兩個集團軍，共三十萬人，外加防守堅固的塞瓦斯托波爾要塞。戰鬥於九月二十四日展開，到了十月二十八日，德軍已精疲力盡，有諸多人士建議曼施坦因應該讓德軍小歇，但曼施坦因認為「我疲敵更疲」，如果停止進攻即是幫助敵軍，沒有必要讓敵軍獲得休息，果然，蘇軍先堅持不住了，二十八日，蘇軍防線開始崩潰，幾場攻勢下來，共有十萬蘇軍被俘。

克里米亞的危機引起了史達林的注意，蘇軍又以近三十萬人的兵力穿越刻赤海峽向克里米亞半島發起逆襲，腹背受敵的曼施坦因靈機一動，使了一計花招，立刻決定停止進攻著名的塞瓦斯托波爾要塞，將主力悄悄的向刻赤半島轉移，正面只留下少量部隊虛張聲勢，使其不敢兩面夾擊，結果成功阻止了蘇軍的反攻，一舉俘獲了十八萬蘇軍，曼施坦因被晉升為一級上將。

不久後，塞瓦斯托波爾要塞彈盡糧絕，終於陷落，這場塞瓦斯托波爾戰役讓曼施坦因得到了元帥權杖，他的成就已經足以證明其將道的卓越至極。

正當曼施坦因元帥準備穿越刻赤海峽，加入進攻高加索地區的行列時，希特勒卻下令第十一集團軍必須北上列寧格勒，拿下該城。對此曼施坦因非常反對，他認為就算將第十一集團軍充當預備隊，也總比將其浪費在一個次要戰場上任其消耗要來的明智。

眾所周知，導致納粹帝國崩潰的主要原因便是蘇德戰爭的失利，而讓蘇德在後期屢屢失利的原因，與希特勒過度干預軍事策略有著直接關係。曼施坦因在到達列寧格勒後使用切斷補給線的戰術，將城市團團包圍，正當城裡斷糧數日，戰意低落，曼施坦因即將成功之際，希特勒卻下令要曼施坦因去解除蘇軍另外的威脅，曼施坦因對此表示強烈不滿，但希特勒始終認為自己是正確的。在這場臨時調動中，曼施坦因不但喪失了拿下列寧格勒的大好時機，自己的長子吉羅在調動中遭到砲兵伏擊陣亡。痛失愛子讓曼施坦因蒼老了不少，但此時他卻無法沉靜身心的哀弔自責，第六集團軍在史達林格勒被包圍了，必須等著他去解救。

一九四二年十一月，希特勒將曼施坦因升任為新組建的德軍頓河集團軍群總司令，旗下包括霍斯的第四裝甲集團軍、保盧斯的第六集團軍和羅馬尼亞第三集團軍，從這旗下的人員來看，希特勒是將一批精銳部隊送給曼施坦因指揮，但實際情況卻是將爛攤子送給曼施坦因，當時第六、第四集團軍已經被團團包圍在史達林格勒，糧食彈藥嚴重缺乏，這表示曼施坦因一上任後，需要立刻支援三十萬名被困的部隊。

曼施坦因於十二月十二日派出大量增援部隊，經過十二天的跋涉後，初期，「冬季風暴」行動取得了一定程度的成功，曼施坦因一度離史達林格勒只有四十八公里。不料正當取得聯絡之際，蘇軍發起了強力攻勢，將他們無情阻擋住了，之後敵軍增援反攻，德軍被迫後撤上百公里。隨著信息的增多以及曼施坦因對蘇軍強度的了解，他發現自己單側的德軍是無法穿透蘇軍防線的，且第六集團軍的補給狀況異常差勁，戈林原本承諾會在每天投放一千噸的軍需物資，然而事實上只有一半不到，保盧斯根本無法固守史達林格勒。曼施坦因向希特勒請求讓第六集團軍放棄史達林格勒，抓緊向自己的方向突圍，保盧斯卻向曼施坦因反映自己無法突圍，因為坦克油料早已耗盡。

孤立無援的第六集團軍元帥保盧斯在突圍無望後，被希特勒晉升為「德意志陸軍元帥」，這次晉升別有用意，德國史上從未有一名元帥投降，希特勒也藉著晉升，暗示保盧斯戰鬥到死或者自殺。可是保盧斯卻表示：「既然升我為德國元帥，我就沒有必要為了那個奧地利的下士（希特勒）自殺。」旋即帶領三十萬軍隊投降蘇聯。

哈爾科夫反擊戰

從史達林格勒災難性的失敗後，曼施坦因和希特勒之間的矛盾更加激化了，曼施坦因曾多次抱有辭職的念頭，但他總是抱持為國獻身的精神，把怨氣給憋在心頭，從未果斷行動。

希特勒的戰術思想早在東線戰役發起不久後便有老化、固化之跡象，史達林格勒會戰後，他已然成為一位保守人士，幾乎否定掉了所有軍事名將提出的大膽計畫，自顧自地插手軍事戰略，且絕不允許撤退，甚至不允許前線將領實施戰術性撤退。希特勒以高傷亡卻毫無收穫的死板戰術（如壕溝戰，這明顯在閃擊戰的發明後已經過時，希特勒卻為「堅決不遺棄一塊占領地」的原則將其大量採用），將幾場有機會藉此反擊的戰役弄得一蹋糊塗，對此曼施坦因極為憤怒，甚至曾用責備的語氣向希特勒說話，希特勒雖然表面對曼施坦因的大膽舉止表揚了一番，實際上卻很是反感，他們關係變得更差了。

人們通常都知道，史達林格勒會戰是以蘇聯紅軍的勝利而告終，但是在這次會戰以後，還有一段很長的續曲，那就是德軍在哈爾科夫一帶進行的反擊戰，此戰役又稱為第三次哈爾科夫戰役。可以這麼說：如果不是這段續曲，第三帝國的覆亡至少要提前一到兩年。這個反擊的策劃與指揮都是由第二次世界大戰中德國最具軍事才能的曼施坦因元帥完成的。

史達林格勒戰役結束後，曼施坦因率領殘軍一邊抵抗著蘇聯攻勢，一邊慢慢向第聶伯河方向撤退，蘇軍當時擁有著絕對優勢的兵力。一名敗退的德軍士兵在日記中記錄著自己絕望的心情：「蘇軍的反擊速度非常快，我們敗退的速度更快，我開始懷疑這場戰爭會不會一開始就是個錯誤。」儘管當時曼施坦因的南方集團軍士氣低落，但隨著蘇軍越追越遠，戰線越拖越長，攻勢逐漸顯得力不從心了，這讓曼施坦因清楚的認識到自己還有反擊的機會，只是時機未到。

與曼施坦因相比，希特勒就像是戰場的局外人，竟然想讓史達林格勒邊境的德軍停下腳步，繼續防守：「沒有我的命令不許第六集團軍撤退，那怕戰到最後一人，誰敢違抗我的命令軍法處置，第四集團軍有能力向蘇聯發起關鍵反擊。」當時聽到這些命令後，一名羅馬尼亞的敗兵在日記中寫下這樣的話：「那個叫希特勒的簡直是蘇軍的間諜，他這樣做無非是想要我們去死。」

一九四三年二月六日，曼施坦因通過與希特勒四個小時的談話，艱難的說服他將集團軍群的東部防線撤至米烏斯河陣地。二月十七日希特勒前往史達林諾大本營聽取曼施坦因匯報形勢。哈爾科夫反擊戰用撤退包圍代替挖壕固守戰術，擊敗了當時自信心旺盛的蘇軍，贏得了時間。曼施坦因事後回憶：「不管怎麼說，我的印象是，希特勒對我大本營的訪問，使他對當前以及將來德軍東線南翼被合圍的危險有了清楚的認識。」

而此時的蘇聯由朱可夫元帥率領的坦克集團群，由於急於收復失土，戰線拉得過長，很多坦克已經沒有燃料，追得潰不成軍，朱可夫這位蘇聯英雄志得意滿、太過輕敵，以為德軍氣數已盡，接下來只要仿照德軍在巴巴羅薩的行動，使用裝甲洪流撲進敵軍占領區，以其人之道還治其人之身即可。朱可夫將為這種天真的想法付出重大代價。

一九四三年二月末，曼施坦因在多次要求下，希特勒終於同意抽調當時全德國最精銳的三支部隊——

黨衛軍第二「帝國」裝甲師，黨衛軍第一「希特勒」裝甲師，和第六黨衛軍「骷髏」裝甲師，三個黨衛軍裝甲師齊頭並進，向蘇聯的坦克集團側翼發動過鐮刀攻勢。德國第一黨衛軍裝甲師，第一坦克裝甲團在他日記中記錄他們反攻時情景：「很顯然，蘇聯坦克裝甲集群，已經嚴重匱乏燃油補給，我們幾乎不費吹灰之力，就重創了蘇聯四個裝甲軍，他們的坦克幾乎有一半是不能使用的，而我們的時間緊迫來不及去繳獲。」

當時朱可夫的一百二十萬大軍，已是疲憊之師，連續一個月的進攻雖然收復了大量失地，卻讓他們的軍隊承受強大的疲勞壓力，這是朱可夫在「哈爾科夫反擊戰」失敗的重要原因，太過急於心切，最終導致了五十萬蘇聯紅軍被德國裝甲部隊圍殲，蘇聯一百二十萬大軍被七十萬德軍殘兵打得潰不成軍，大約有五百輛坦克被德國繳獲，是。這是德國二戰在東線最後一場戰役級別的勝利。

「我也願意在你的領導之下」

一九四三年夏季，已是陸軍元帥的曼施坦因回大本營商討堡壘作戰事宜，由於回來得太早，閒著無事，於是跑到了一處小湖中游泳，無意中碰見了剛從北非回來的隆美爾元帥。這是雙方人生中第一次，也是最後一次見面。雖然這個時候兩人都已經過了各自軍旅生涯的巔峰期，但對和慕名已久的同事會面，自然是挺感高興。當天晚上，他們和克魯格三人在隆美爾下榻的賓館裡開了一瓶葡萄酒，舉杯徹夜長談，雖然對話間只是相互的寒暄，提問家庭安康否？健康狀況如何？沒有提及工作事務，也沒有產生任何建設性的對話，三方都知道對方因為勸諫不成，突又遭受希特勒冷落，因此在談話中相互產生了英雄惜英雄的敬佩之心。

分別的時候，發生了令人震驚的一幕，遠比曼施坦因資深，一九四〇年就擔任過曼施坦因上司的克魯格元帥居然說了一句：「曼施坦因，我重複我以前對你說過的話，我準備在你的領導之下。」曼施坦因一時不知所措，禮貌地答謝了他。在曼施坦因和隆美爾告別的時候，一向孤芳自賞的隆美爾居然也說了一句：「曼施坦因，我也願意在你的領導之下。」

此後三人奔赴各自的戰場，餘生裡再也沒有碰面了。

東線戰情轉為被動

在哈爾科夫反擊戰的巨大成功下，曼施坦因內心自我膨脹，打算繼續進攻，以一次重大戰役勝利來逆轉局勢，重新逼近莫斯科。這雖然不是不可能，卻是一個十分冒險的行為，第九軍團司令莫德爾和裝甲兵總監古德里安等人皆反對進攻，他們認為德軍現今而且作為主力的三號、四號坦克不論砲火口徑、裝甲厚度皆已過時，必須等待虎式、豹式坦克出產完畢才有本錢發起進攻。但曼施坦因不以為意，他認為德軍必須在泥濘季節剛剛結束就實施打擊，迫使蘇軍坦克和機械化軍在沒來得及補充休整前倉促應戰，成功粉碎蘇軍的坦克部隊，轉而對蘇軍的頓涅茨戰線或其他戰線實施新的打擊。

對此，希特勒也十分猶豫，他曾對古德里安說「自從我開始考慮這次進攻，我一直心情不好」，幾經躊躇，他還是決定採納曼斯坦因的計劃，不過卻是折衷方案，他堅持要等到虎式、豹式坦克送往前線，才得以實行計畫。這等同給了蘇軍一次長時間的休息準備，直到新型坦克送到時，蘇軍已經構築了大量的三道堅固的防禦線，等待德軍的到來，多數將領皆認為進攻的最佳時機已經失去了，蘇軍已經恢復了元氣，「堡壘」計劃應該放棄，不過曼斯坦因卻力排眾議，在希特勒面前展現出極有自信的一面。使計畫得以照常行動。不過眾所皆知，庫爾斯克經過數月以來的建設早已銅牆鐵壁，就連曼施坦因的機動部隊也難以突破，德軍最終以大敗收場，這是曼施坦因生平中少有的戰術汙點。事後他經常迴避不提這次事件，如有提起，便會大發雷霆地斥責希特勒的插手行事，撇開曼施坦因是否真的有機會贏得勝利，庫爾斯克會戰的落敗對曼施坦因的自尊心傷害非常之巨大，導致後期領軍作風趨向防守為主。

隨著庫爾斯克會戰的落敗，東線德軍已經無力發起有力攻勢，成為戰局的被動方。一九四三年八月，蘇聯紅軍集中五個方面軍，約兩百萬人的強大兵力，以及五萬一千三百門大炮，兩千四百輛坦克和兩千五百架飛機，對第聶伯河流域的德軍進行了大規模的反擊戰。這場戰役是第二次世界大戰中規模最大的軍事行動之一，史稱第聶伯河會戰。德軍在人數差距達兩倍，以及火炮數差距達四倍的劣勢下死傷慘重，曼施坦因不得不對作戰地區施行焦土政策，摧毀了所有船隻和可用於造船的材料，使蘇軍的渡河計畫一度受阻，使用焦土政策為曼施坦因引來了一些負面評價，也導致了戰後被判長達十八年的監禁。

一次戰鬥間歇期，曼施坦因打電報聯絡希特勒，請求其將戰線內縮，但希特勒堅決不撤退，只答應給第四裝甲集團軍增派幾個師，曼施坦因據理力爭，希特勒才勉強同意撤到第聶伯河後面，基輔陷落後，曼施坦因繼續堅持再撤退：「如果元首認為，能有一個司令官或集團軍群司令部，具有比我們去年冬天要健全的神經，表現出比我們在克里木、頓涅茲河和哈爾科夫更強的主動性，找到比我們在克里木戰役或最近的冬季戰局中更佳的應急措施，或者能比我們更清晰的預見未來，那麼我情願卸任，但是，只要我在任，我就只能用我自己的腦袋做事。」

據《失去的勝利》記載，一九四四年一月四日，曼施坦因又一次在元首大本營與元首會晤，他請求可以「坦率直言」：

「請說吧！」他答道，語氣冰冷，至少也是有距離的。

「元首，我們必須承認，造成我們目前所處困境的原因不完全是敵人的壓倒性優勢，我們自己的行事方法對此也要負很大的責任。」

這些話一出口，我就看到希特勒的表情變得強硬起來了。他看了我一眼，讓我覺得他不會再讓我說下去了。他的眼神非常有力，這樣的眼神我從來沒有在別人臉上看到過。有位駐柏林的外國大使曾經在他寫的回憶錄裡描述過希特勒的眼神對他的影響。的確，希特勒長相平凡，但是他這雙眼睛卻讓人印象深刻，因為它們非常具有表達力。他盯著我看，似乎是想讓我覺得無地自容。這讓我不禁聯想到印度弄蛇人。這種沉默的戰爭持續了幾秒鐘。我知道很多人都讓他用這種「眼神」直接給壓了下去，我卻沒有動容，而是接著跟他講我們不能再用這樣的方式指揮了，我得再次向他提出我曾經兩次提到過的建議。我認為他需要一個真正有實權的總參謀長，而他在做出軍事決定的時候，首先要考慮這位總參謀長的建議。然後還應該在東線任命一位總司令，允許他可以獨立指揮整個戰線。

這一次跟前幾次一樣，希特勒依舊持完全否定態度。他說只有他才能調得動德國的所有資源，所以在軍事方面也只有他才指揮得了戰爭；只有他才有能力決定一個戰區所需要的兵力，以及他們的作戰方式。同時，他也認為戈林元帥絕對不會同意服從除了他以外任何人的命令的。關於在蘇聯戰場上任命一位總司令的問題，他的回答依舊是，沒有人能有他這麼高的威信。

「這些元帥們連我都不服從！您覺得他們會對您更服從？如果有必要，我還能撤他們的職，沒有其他人能有我這麼至高無上的權力！」他衝我喊道。

「可是凡是我下的命令，」我反駁道，「都是能夠徹底得到執行的。」

他沒有繼續反駁我，而是就此結束了談話。

一九四四年一月下旬，曼施坦因在蘇軍的進攻下被迫進一步向西撤退。一九四四年二月中旬，他違抗希特勒「不惜一切代價守衛土地」的命令，指示南方集團軍中的第十一和第四十二軍（包括六個師共五萬六千人）於一九四四年二月十六至十七日從「科爾遜口袋」中突圍。最後，希特勒在行動開始後接受了這次撤退行動，並下令突圍。

一九四四年三月，蘇軍再度展開攻勢，隨即突破第四裝甲軍團與第一裝甲軍團之間的空隙，將第一裝甲軍團趕往羅馬尼亞山區並執行包圍殲滅。蘇聯名將朱可夫將裝甲兵力集中在東南邊，準備等第一裝甲軍團往南退卻後進行包圍，好在曼施坦因識破朱可夫的意圖，嚴令禁止第一裝甲軍團退往羅馬尼亞山區，但若想向西突圍，又必須面對蘇聯兩個戰車軍團阻擋在前，曼施坦因因此要求第四裝甲軍團主動向東攻擊，與第一裝甲軍團會合，第一裝甲軍團二十萬人得以避免史達林格勒式的全軍覆沒，雖然朱可夫得知德軍並不是向南，而是向西後立刻命令部隊往西追擊，但為時已晚，以為可以甕中捉鱉的朱可夫又被曼斯坦因擺了一道。

「部隊對我的領導給予充分的信任，我不忍心將他們棄之不顧。為了部隊，有時我也不得不向希特勒提出辭呈，那是我最後的王牌，只是為了達到急需的目的。不久，在拯救第一裝甲集團軍時，我就採取了這種辦法……出於一種信念，沒有任何一個司令部能比我們這個在多年艱苦作戰中久經考驗的司令部更能勝任當前重任。我的離去不僅僅是更換一個集團軍群司令的問題，而是帶來更多的後果。」——曼施坦因——《失去的勝利》

告別戰友

隨著大戰步入一九四四年，德軍已是疲態盡顯，希特勒與曼施坦因在戰略上的衝突越來越多，越走越遠：「每當希特勒不同意我的建議，或是介入集團軍群指揮時，我就對參謀長說，希特勒是想找另一位司令代替我」。一九四四年三月三十日，在倫貝格的元帥司令部，曼施坦因元帥一早就被自己的助手斯塔爾堡叫醒，後者告訴了他一個很意外的消息：「元首的私人飛機再過幾分鐘就要降落了，它來接曼施坦因前往貝希特斯加登會見希特勒。」希特勒親自到來會見將軍只有兩種可能——晉升或左遷。

在希特勒抵達之前，焦躁的曼施坦因使用無線電聯繫了好友陸軍總參謀長蔡茨勒，打聽是否對於元首的到來略知一二，但得來的消息非常不好：有兩位元帥已經在不久前遭到免去司令官職務。黃昏的時候，希特勒終於接見了曼施坦因。他和氣地向曼施坦因解釋說你並沒有犯錯，但是今時不同往日了。又說曼施坦因的才華比較適合用在大規模的作戰計劃上，但是這類戰爭現在已經不適合東線了。他現在需要的司令是另一個類型的，要能夠用粗野的辦法和斯拉夫人堅決地　步步硬拼，並且已經找到了非常合適的人選來接替曼施坦因的位置。

希特勒對曼施坦因說了一通讚美的話，又說入侵法國計劃的成功也是多虧了他，說以後如果有機會，肯定還會再讓他出來擔任司令官，還說到了他的健康問題。不止如此，希特勒還授予曼施坦因雙劍，用以加在他的橡葉騎士鐵十字勳章上。令曼施坦因感到吃驚的是，他們剛走出希特勒辦公室的門時，就看見接任者已經在大廳裡等著了。曼施坦因的官方離職理由是健康問題，但是在軍事高層眼裡，這是一個顯而易見的謊言。

除了離去，曼施坦因已經沒什麼可做的了，他向他的參謀官們做了告別：「與我的戰友們告別令我黯然神傷，我們一起度過了戰鬥的日日夜夜，共同經歷了克里米亞的勝利和一九四二至一九四三年艱苦的冬季戰局，之後又經受了一九四三至一九四四年戰局種種危機的考驗。親歷在那些歲月裡所結成的相互信任，是我的最大快事，現在要結束我們的合作，如何不令人傷感！」大部分跟曼施坦因合作過的軍官在之後紛紛發出調動請求，也都被批准了。

一九四四年四月二日，曼施坦因元帥正式將指揮權交給莫德爾。他這樣描寫了他自己的離去：「一九四四年四月三日，我離開了倫貝格的集團軍群總司令部。我所有的同僚都來火車站送我。火車開動的時候，我最後聽到了有人在朝我說話。他是我座機的飛行員，藍格爾中尉。我們曾經不知道多少次一起在極其惡劣的天氣中飛行過了！他剛剛被調到戰鬥機部隊，不久以後還將在這支部隊作為一名飛行員壯烈犧牲。他的話在我看來就好像是我的戰友們對我的最後致敬，『元帥……我們今天把象徵著我們勝利的盾牌——克里米亞之盾勳章，從飛機上取下來了……』」

希特勒並沒有兌現自己的承諾，曼施坦因再也沒有被重新任命。在後面的幾個月裡，他將眼睜睜地看著他的祖國被無情地打敗，即使他是千萬個不願意，但鑑於他和希特勒之間惡劣的關係，難道他還能做什麼嗎？

一九四五年春，當蘇軍逼近曼施坦因住地時，他舉家西逃。在漢堡附近他去見了帝國繼任領導人鄧尼茨，希望鄧尼茨能任命他為陸軍總司令。這是一個值得欽佩的舉動，第三帝國覆滅在即了，陸軍總司令一職肯定是人人避之唯恐不及的差事。曼施坦因這個時候要求這個燙手的山芋，動機只能是為了用自身才智替德國爭取一個有利的和平。無奈，鄧尼茨卻選擇了舍爾納。失望中的曼施坦因向英軍投降了。

戰後大審判

第三帝國無條件投降後，所有的德軍將領都被拘押。待審期間，盟軍看曼施坦因閒得發慌，給了他一個任務，讓他編撰德軍的發展歷史，並派遣威斯特法爾二級上將當他的助手。期間曼施坦因聽聞國防軍最高統帥部和陸軍總參謀部被定性為六大犯罪組織之一，立即和威斯特法爾向盟軍提出抗議，後來越來越多的德軍將領加入抗議行列，迫使盟軍兩年後撤銷了這一定性。

一九四八年，軍事法庭開始審判曼施坦因。在這次審判中，西線總司令兼D集團軍群總司令龍德施泰特、南方集團軍群參謀長布塞二級上將紛紛出面袒護曼施坦因，顯示出袍澤情深的一面。不過面對一九四三年向第聶伯河撤退時執行焦土政策以及在克里米亞時默認黨衛軍的屠殺行為的明確指控，曼施坦因最終被判十八年監禁。

戰後餘生

一九五三年，曼施坦因因為身體問題被提前釋放。一九五五年，他的第一本回憶錄《失去的勝利》出版了。這本書頗具爭議，許多人將其蔑稱為《甩鍋的藝術》，曼施坦因在此書中對希特勒大吐苦水，對於自己的一些戰術錯誤敷衍帶過，且在東線默認駭人暴行隻字未提，此舉使這本書籍的參考價值性頗有縮減，但瑕不掩瑜，古往今來從未有一位將帥能將回憶錄寫得如此具有視界，《失去的勝利》內容不僅觸及戰術，更談論至政治、戰時經濟、交情、民族性等……對於後世對於二戰史料研究擁有舉足輕重的權威性。作為德軍三大名將之首，出版後不論先前是敵是友，許多在二戰中呼風喚雨的名將，如朱可夫等蘇軍指揮官都曾拜讀過此書，其中不乏有人將其視作經典。

一九六六年，曼施坦因的妻子病逝。曼施坦因本人繼續過著平靜的生活，隨著人們對二戰的反思日濃，他昔日的光輝戰績即便在他的祖國也沒有人願意提起，在一九五六年西德重建國防軍時，鑒於曼施坦因卓越的軍事戰略才華，西德國防部將其聘選為高級顧問，並且將其選拔為北約的軍事顧問，可惜時不我予，機動、攻勢和奇襲為核心的軍事思想已經過去了，曼施坦因在西德國防軍面前顯得格格不入，曼施坦因的名字逐漸為世人遺忘，變得不重要了。一九七三年，曼施坦因中風病逝，享年八十六歲。

第九章 海因茨·威廉·古德里安

——裝甲兵之父

「裝甲兵只要一發動了攻勢，那麼在他們前進的道路上，決不會有紅燈的出現。」

作為德軍的三大名將之一，海因茨·古德里安是一位特殊人物。他稱得上是近代德國的「鬼谷子」，赫赫有名的曼施坦因、隆美爾等人的戰術啟發幾乎全是經由古德里安推廣的裝甲兵理論所授。然而在整個二戰期間，德軍前後總共有二十七人晉身元帥階級，古德里安卻沒能享受這等榮譽，原因離不開一點：交際。古德里安不是納粹黨員，又經常與希特勒意見相左，好幾次在軍事會議期間與希特勒吵得面紅耳赤。古德里安不像曼施坦因出身煊赫貴族、軍政界根底深厚，也不像隆美爾曾擔任元首護衛，與希特勒私交甚好。這些因素，都是導致沒能晉升元帥的主要原因。不過作為閃電戰的發起者，古德里安的功績自然是難以抹滅的，他的戰略理念不僅對德軍在二戰初期的勝利立下基礎，也對軍事發展產生了深遠的影響，「閃擊戰之父」、「世界裝甲車之父」、「急速海因茲」等美譽實屬當之無愧。

軍官世家

一八八八年六月十七日上午。在維斯杜拉河畔的庫爾姆市（今赫爾姆諾）的一家醫院裡，年輕的步兵連長菲德列·古德里安中尉喜得貴子，為自己的愛子取名海因茨·威廉·古德里安。由於出生在一個軍人家庭，祖父又曾擔任過將軍，自幼在軍營中長大的小古德里安自然受到普魯士軍人傳統作風的薰陶，用功學習且好勝不已。一九〇一年四月一日，父親在小古德里安十三歲時就把他送入了設在巴登的卡爾斯魯厄陸軍軍官預備學校。兩年後，小古德里安不負父望，以優異成績進入位於柏林近郊的大里西特場中央陸軍軍官學校，正式開始了軍校學員的生活。

經過兩年的嚴格軍校生涯，古德里安於一九〇七年二月畢業，獲得準尉軍銜，被分派到洛林州的第十輕騎兵營任職，開始其漫長的職業軍官生涯。一年半後，古德里安晉升為陸軍中尉，轉赴漢諾威的部隊任職，漢諾瓦省駐防其間，他與瑪格麗特・哥爾尼（Margareta Goerne）相識並訂婚，由於老古德里安認為兒子還太年輕，不能過早成婚，在經過三年之後（一九一三年）雙方才成眷屬，可惜，新婚的浪漫氣氛持續不久，就遭到戰火的打斷。

一九一四年八月，第一次世界大戰爆發，古德里安中尉告別妻子，奔赴西線戰場參戰。在這次大戰中，古德里安是無名上尉，行動並不出色，相關史料幾乎沒有，唯一只知道的是他的職位頻繁轉換，似乎沒有一定待在哪裡。大戰即將結束前，古德里安靠著機遇，有幸在德國陸軍參謀本部任職三個月，使他大開眼界。

古德里安在一戰期間有悲有喜：悲是父親去世，他傷心地寫道：「他的逝世使我喪失了一個在軍人典型和人格方面可以作為楷模的榜樣」；喜者是自己生下兩個兒子，他們後來也都成為德國軍官，參加了第二次世界大戰。

但在兩次大戰期間，在德軍第五騎兵師任職的古德里安上尉親眼看見由英軍操作的馬克沁機槍掃倒一排發起衝鋒的德國騎兵，他開始思考古老的騎兵部隊是否已經過時，是否應該遭到替換，而又有甚麼東西能繼承騎兵的機動性呢？大戰結束後，古德里安開始探索機動性部隊的未來發展，最終得出：機械化裝甲兵將替代騎兵成為未來戰爭中的主角。正如古德里安本人所言：「我在兩次世界大戰期間，主要的活動就是與德國裝甲兵建立密切的關係。雖然我是輕騎兵出身，而且也無任何的技術訓練，但是命中註定了我一定要和機械化發生密切的關係。」

接觸摩托化部隊

「雖然我是步兵出身，也不懂技術，可命運偏偏要我與摩托化結緣。」一戰過後，由於凡爾賽條約的限制，德國只能保留為數十萬人的縮減部隊，曾在大戰中擔任營長的古德里上尉只能降任騎兵連長，但不久後被幸運地選中，調到德國國防部運輸兵總監部擔任參謀。他開始研究裝甲車輛問題，並將注意力集中在第一次世界大戰中初露頭角的坦克——兼具機動力、攻擊力和防護力於一身的新式武器。當時在裝甲兵理論方面處於世界領先地位的是英國，裝甲兵理論就是由英國人富勒所發明，他提出必須將坦克視為一種主力武器，而不是步兵的輔助工具，且要讓坦克集中使用，製造出一個無懈可擊的刺角，突破敵軍防線，可惜的是在英國的保守勢力面前，富勒只能將自己的理論用於紙上談兵，將坦克分散給步兵支援的愚昧戰略仍然是世界主流。

一九二二年，古德里安被分配到慕尼黑第七汽車營實習，雖然當時汽車營並不負責正面戰鬥，而是在後勤補助方面工作，但無可否認的是，這是古德里安軍旅生涯中的一次轉捩點，他終於正式開始與摩托化部隊結緣。古德里安很快展現出了對於摩托化部隊的特殊思想，他開始在軍中提倡將摩托化兵種套用在前線戰場上，為了提高想法的能見度，古德里安把裝甲理論先驅富勒的四本著作研究得倒背如流，將研究成果投稿在德國的《軍事周刊》上，由於此種戰法是有始以來前所未見的，引起了許多保守勢力的撻伐，古德里安在一片罵聲中迅速成名，被迅速冠以裝甲兵專家之稱，古德里安謙虛地回應道：「在一個盲人的國家裡，獨眼龍也能成為皇帝。」

推崇新興裝甲兵作戰理論的古德里安上尉，在這些將塹壕戰視為唯一戰略的頑固的老將領們面前根本不被當作一回事，被斥作異端，好在於一九二三年冬，古德里安兼任戰術及戰史教官，他利用這個位置四處宣講自己的觀點：「我希望由於我們的努力，在將來可以把我們的機械化部隊由勤務兵種發展成為戰鬥兵種。」在眾多守舊派的阻撓之下，古德里安忍辱負重，繼續將裝甲兵理論發揚光大。一九二五年，古德里安陪同運輸兵總監納茨默爾參觀軍事演習時，特地秀出改造成裝甲運兵車的運貨卡車，想讓上級知道卡車不只能夠供應後勤部隊，也能搖身一變成為戰鬥部隊，可惜這位死板的總監勃然大怒，粗魯地回答：「見鬼去吧！什麼戰鬥部隊！它們只配裝運麵粉！」隨後拂袖而去。

儘管受到德國軍隊守舊勢力的頑固阻撓，古德里安遠比他的英國老師更加幸運，此時德國有個野心勃勃的政黨領袖打著積極擴軍備戰的政見，獲得了大批群眾的歡迎。古德里安認為，戰爭中重要的不是軍隊的數量，而是軍隊的速度和與三軍配合作戰的技巧，他構想遍組裝甲兵團，使機動進入一種全新的境界以具有攻無不克的功效。這種構想很快便在希特勒上任後化為行動。

大膽探索裝甲兵作戰理論

一九二七年十月，古德里安少校結束了教官生涯，被調赴新組建的參謀本部運輸處，從事使用卡車運輸的研究工作。一年後，他在參謀本部運輸部隊訓練處兼任坦克戰術教官，有趣的是，他雖然被調至機械化相關軍職，本人竟從未親眼見過一輛坦克，因為《凡爾賽和約》不允許德國擁有坦克這樣的重型武器裝備，他只能進行紙上談兵式的理論研究。不久，古德里安赴瑞典坦克部隊訪問，得以首次親眼看見真正的坦克，並有機會親自駕駛坦克，獲得了極為珍貴的體驗；他下決心要努力促成德國早日組建自己的裝甲兵部隊。

他後來在《回憶錄》中說：「我在一九二九年逐漸相信，無論是單獨使用坦克還是坦克與步兵協同作戰，都不可能達到具有決定性的價值。在各兵種的組織下，坦克應居於主要地位，其他兵器都應配合裝甲兵的需要而居於輔助的地位。把坦克配屬在步兵師裡是絕對錯誤的。事實上我們所需要的是一種裝甲師，其中包括一切支援部隊，以使坦克得以充分發揮戰鬥效力。」

一九三〇年二月，古德里安少校出任第三機械化營的營長。幾經波折，他拼湊成一支擁有模擬坦克的裝甲搜索營，充當德軍第一支供試驗用的「裝甲兵部隊」，全力投入戰術演習，說來好笑，由於當時希特勒尚未上台，德國政府並未膽大到有意秘密製造坦克，古德里安只好購買許多長四公尺、寬兩公尺的厚紙板箱子充當坦克，並在前面用美工刀挖出一塊小洞，充當駕駛員的觀察孔，頭上則裝有一個厚紙板砲塔，上頭還不忘插上衛生紙捲筒充當大砲。而「坦克」移動時五位坦克員則齊力將厚紙板抬起，露出數雙大腿走路，看起來格外搞笑。

幸運的是，新任運輸兵總監魯茲將軍思想先進，巡檢部隊時瞥見古德里安頂著大熱天訓練厚紙板坦克，不禁萌生敬佩之心，十分看好這位不畏他人眼光、敢於行動的新派軍事家。一九三一年十月，已在年初晉升為陸軍中校的古德里安升任機械化兵總監部參謀長。這是他從了無權力的紙上談兵勘始轉為事必躬親的大刀闊斧的轉捩點。為使德國陸軍的眾多將領們接受自己的新觀念，古德里安中校身體力行了大量艱難工作，不僅親自帶領部隊訓練，甚至親自參與了德國坦克的研究設計工作，最終成功地讓機械化理論轉為現實，當他後來回首這段時光時，曾幽默地說：「最終，新觀念的建立者還是戰勝了馬匹；大炮還是戰勝了長矛。」

一九三二年，德軍終於研製出了自凡爾賽條約後首批裝甲車輛，這是一種裝甲偵查車，有著防彈裝甲以及非履帶的六輪底盤，雖然看似弱不禁風，但面對已經十餘年未曾擁有裝甲車輛的德軍，古德里安依然高興：「過去，小學生為了能知道模型坦克裡裝的究竟是甚麼東西，常常用鉛筆把我們的模型戳穿，這次可讓他們大失所望了；在過去的模擬演習中，步兵也經常用石塊砸我們的模型車，迫使我們的戰車退出戰鬥，現在可好了，在裝甲車面前，他們的刺刀只能甘拜下風！」

隨著裝甲車輛的製造成功，越來越多軍官們開始看好這種新式武器，古德里安也漸具知名，不過當時的德國裝甲兵有許多不足之處，其中最大的問題為經費不足，僅研發了裝甲薄弱的裝甲偵查車、一號坦克，古德里安回憶道：「在一九三二年那個時候，絕不會有人料到，我們將來會有一天開著這種用於訓練的小坦克與敵人作戰。」在古德里安的構劃中，一號坦克不過是一個實驗性的開端罷了，他所理想的坦克至少要有三號坦克規格，需一次滿足火力、機動、裝甲，然而一號坦克不僅裝甲薄弱，火力甚至僅有兩挺機槍，只有機動能達到標準，德軍只好再讓一號坦克從中改良，於一九三四年研製出裝載二十毫米機砲的二號坦克，解決燃眉之急。古德里安理想中的三號坦克則在一九三七年宣告服役，但在二戰爆發後產量卻供不應求，只得派出一、二號坦克赴往前線作戰。

有趣的是，德軍並不是沒有能力開發重型戰車，而是引擎水準尚未達標，三〇年代中期，西方各國開始研發多砲塔戰車，德國也受到風氣影響，開始祕密開發NbFz雙砲塔戰車，並對外謊稱為「大拖拉機」，這是德國第一輛重型戰車，是一個不小的里程碑，然而因為速度過慢，無法應變閃電戰，因此在入侵波蘭、攻打法國時並沒有用上，只生產了五輛就停產了。

一九三三年，阿道夫．希特勒出任德國總理，擴軍備戰的國勢為古德里安製造了一個有利的大環境。一次新兵器發表會上，古德里安精心展示了一支小型裝甲兵部隊受閱，希特勒在主席臺上像收到新玩具的小孩般興奮大喊：「這就是我所需要的東西！這就是我所想要的東西！」（Das kann ich gebrauchen! Das will ich haben!）默默站在一旁的古德里安不禁發出了由衷的微笑，他從希特勒激動的表情上看到了德國裝甲兵部隊的遠大前途。

一九三五年，希特勒撕毀凡爾賽條約後開始大整軍備，於十月十五日組建出了三個裝甲師，古德里安上校被任命為第二裝甲師的師長，從此開始他日後非同凡響的裝甲兵指揮官生涯。經過艱苦的整訓工作，第二裝甲師在一年後成為可與各兵種密切協同的一支作戰部隊。

一九三六年八月一日，古德里安晉升為陸軍少將；一年後，他出版了《注意！裝甲兵部隊！》一書，這本書被許多軍事學家視為經典，裡頭大膽闡述了對建設德國裝甲部隊的基本意見。此時，古德里安少將已然成為德國陸軍一顆急速升起的新星。好運還在繼續降臨，一九三八年二月，在希特勒直接掌控的運動中，古德里安又晉升為陸軍中將，出任陸軍第十六裝甲軍的軍長，有趣的是，古德里安本人事先對此事竟一無所知，還是從報紙上看到了自己的升職命令。

初試牛刀

一九三八年三月十日，德國陸軍參謀總長貝克上將緊急召見古德里安，命令他親率第二裝甲師參加訂於三月十三日進行的兼併奧地利的行動。照當時而言，德奧合併可謂你情我願，德軍的坦克是在一片奧地利民眾的歡呼之下捧著奶油、火腿和鮮花進城的，絲毫並沒有受到戰火的考驗，不過長途行軍確實是不得不面對的嚴苛挑戰，按照命令，古德里安中將要親率第二裝甲師在四十八小時內長驅七百公里至維也納。在這次長途行軍中，德軍裝甲部隊面臨了機械、燃油等一系列後勤問題，為即將到來的戰爭做了一次大練兵。滿懷信心的古德里安最終成功在四十八小時的時間限制內率部隊完成了這次在當時令人難以置信的急行軍，充分顯示了裝甲師優於步兵師的優點。

同年十月上旬，古德里安中將又親率第十六裝甲軍的第一裝甲師、第十三和第二十兩個摩托化步兵師，參加了《慕尼黑協定》允許的合併捷克蘇台德地區的行動，僅用三天時間，這三個師就全部到達德國與捷克斯洛伐克兩國的新國界。在三天的入侵行動中，希特勒在古德里安的部隊裡視察了兩天，親眼目睹了裝甲兵部隊的行動情況，對古德里安及其裝甲兵部隊產生了極佳的印象。回到柏林後不久，古德里安出任新設立的機動兵總監一職，隨即被晉升為陸軍二級上將。

充滿致命缺失的波蘭戰役

一九三九年九月一日凌晨四時四十五分，德國軍隊向波蘭發動全面進攻，挑起了第二次世界大戰。重新出任軍長的古德里安親率其第十九裝甲軍（下轄第三裝甲師，第二、第二十摩托化步兵師）在第一攻擊波中衝到曾貝堡以北地區的前線。作為軍一級的指揮官，古德里安的這一勇舉成為整個德軍中的第一先河。

在大部分人的印象裡，面對波蘭這個實力薄弱、戰略老舊的國家，入侵猶如進出自家後花園一樣簡單，但事實並非如此，作為德軍的第一次出戰，各派兵種的各種缺失浮上了檯面，據古德里安記載：

「九月一日四時四十五分，全軍同時越過邊界。進攻剛剛開始的時候，地面籠罩著一層厚厚的濃霧，空軍起初無法使用。我隨第一波的第三裝甲旅一起前進，在澤姆珀爾堡東部與敵人遭遇，發生第一次小規模戰鬥。遺憾的是，雖然我已經下達了不要隨便開砲的命令，但是第三裝甲師的重型火砲還是不照命令行動，居然向著大霧開了炮，惹來不少麻煩。第一發砲彈落在我的指揮車前五十米的地方，第二發落在我後方五十米處。我估計，下一發就要命中我，於是我立刻命令駕駛員趕緊向右轉。突如其來的爆炸把駕駛員嚇壞了，一踩油門，開足馬力把車開進了一條溝裡。」

儘管弄壞了一輛裝甲指揮車，人幸好毫髮無傷，事後古德里安自豪的說：「在戰場上使用裝甲指揮車實施指揮的軍長，我算第一個。因為這些車輛都裝有無線電設備，可與軍司令部和所屬各師保持不間斷的聯繫，使我能與我的裝甲兵一同馳騁在戰場上。」

更換過一輛裝甲偵查車後，古德里安回到第三裝甲師的前線，繼續鞭策部隊向前，此時該師長被集團軍司令召回開會，古德里安向第六裝甲團的軍官們詢問布拉河的情況。團長說：「今天不可能渡河了，現在正盼著下達休息命令。」古德里安勃然大怒：「他們已把我下達的要在第一個進攻日強度布拉河的命令忘得一乾二淨！」正當古德里安怒火中燒之際，　位中尉報告：「將軍先生，我剛從布拉河回來，我知道對岸敵人的兵力很弱。波蘭人想把哈莫米勒附近的橋樑燒掉，但我用坦克把火撲滅了。橋樑現在可以通行。我們之所以不能渡河，是因為這裡沒有人指揮，將軍先生，您應當親自指揮。」

「正合我意！」

下午四、五點左右，古德里安來到正在交火的前線，當時德國坦克、火炮由於害怕遭到擊毀，隔著一條河不敢前進，他們將所有彈藥傾瀉在敵方身上，但這只是毫無目的的見影開槍，砲彈落在空蕩蕩的地面上，躲在壕溝裡的波蘭軍隊絲毫不受任何影響，古德里安先是制止德軍的盲目射擊，然後投入摩托化步兵營乘橡皮艇在敵人的射擊範圍外渡河，當他們渡河成功後負責營造火力壓制，讓波蘭軍隊害怕得難以抬頭，此時古德里安便命令坦克過橋。最終在戰爭打響的第一天便成功攻陷布拉河。

波蘭軍隊的抵抗並不弱，先不論裝備上的劣質，起碼戰鬥精神十分頑強，特別是波蘭騎兵，甚至連德軍的司令部都曾拉響過騎兵來襲的警報，古德里安在回憶錄中寫道：「波蘭波莫爾斯卡騎兵旅對我們坦克作用和性能一概不知，居然用刀劍和長矛向我們的坦克挑戰，自然會遭到慘敗。」

九月五日，希特勒來到前線視察，古德里安向元首報告了他所屬的四個師的傷亡情況：一百五十人陣亡、七百人受傷。希特勒聽後非常驚奇，隨後希特勒回憶起自己參加一次世界大戰時，他本人所屬的

「李斯特」團在首次作戰中的死傷就超過兩千人。古德里安對於坦克集中的運用，給希特勒留下了深刻的印象。

九月二十九日，波蘭戰役結束。在此次入侵行動中，德軍裝甲兵部隊與空軍部隊聯合作戰的理論第一次受到實戰的檢驗，裝甲兵部隊大顯其能。古德里安在戰後回憶錄中寫道：「波蘭戰役對於我的裝甲兵部隊而言，還是第一次火的洗禮。我覺得他們已經充分地表現出它們的價值，並且證明自己對它們的建立所做的工作沒有白費。」德國裝甲兵部隊在波蘭戰役中的成功表現，使古德里安和他所竭力倡行的裝甲兵作戰理論贏得很大的聲譽。十月二十七日，五十一歲的陸軍二級上將古德里安由希特勒親自授予「騎士鐵十字勛章」，並於宴會中被安排在元首的右邊座位。希特勒對於裝甲兵部隊的作用和古德里安為此所做出的貢獻，給予充分的肯定。

奔馳法國

一九三九年十月九日，希特勒在給陸軍將領的一份指令中發出戰爭命令，認為進攻西歐是德國的唯一出路。古德里安重新接管了第一、第二、第十三裝甲師和「大德意志」步兵團，並參加制定未來西線戰場的作戰計劃。他反對德軍傳統的全面進攻理論，強調應該集中一點實施突破，並指出：「最重要的就是充分利用裝甲兵所有的實力，對於一個具有決定性的地點施以奇襲式的打擊，使突擊出的楔形地區具有足夠的寬度和深度，這樣便可以使他們不必考慮側翼的安全，而去盡量擴展戰果。因此，裝甲兵團根本無須等待步兵。」

正如上一篇章節所提到的，當時德軍本來是將重點進攻目標訂為比利時、荷蘭的北方經濟港口，但是在曼施坦因的倡導之下最終將重點進攻目標改為中間的阿登森林，這個地區是佈防最為鬆散的防線區域，由於林木叢生，地勢高低不平，英法等斷定機械化部隊根本無法通過，然而古德里安的第十九裝甲軍僅用兩天時間便成功穿越了阿登山脈一百餘公里長的峽谷地帶。

多數人都認為，突破阿登森林後的德軍就是一路勢如破竹的奔馳，但其實不然，在越過森林後，古德里安等三個師的部隊來到了馬斯河，法軍把橋都炸了，倖存的橋寥寥無幾，因此發生了堵車，據古德里安回憶：「在盟科爾市場，我遇到萊茵哈特軍的第六師師長，他的部隊度過馬斯河後我的部隊一起到達此地，現在已有三個師（第六、第二、第一）由於迅速西進而擁堵在這裡，上級對各軍裝甲部隊之間的分界線並沒有劃定，為了能迅速上路，我們就自行為各支部隊分配道路，爾後各師踏上征途，直奔目標，直到用完最後一滴汽油。」

「裝甲兵只要一發動了攻勢，那麼在他們前進的道路上，決不會有紅燈的出現。」橫越阿登森林後，裝甲部隊迎來了自己的春天，古德里安麾下的每一名師長按照著之前的計畫，加緊油門穿梭於敵人戰區之中，「我們要把綠燈開到路的盡頭，這一次就是英吉利海峽！」德軍的攻勢從未遭到實質意義上的阻攔，在行軍期間古德里安的部隊甚至沒有時間俘虜敵軍，拿著擴音器大叫：「我沒有時間俘虜你們，你們要放下武器並且離開道路以免阻礙我們前進」，古德里安在法國戰役期間創造了現代戰爭史上最快的進攻速度。

五月十六日，古德里安繳獲法軍的一份來自甘末林將軍的命令，上頭寫道：「必須制止德國坦克的肆虐！現在的德國坦克已經給我們造成了非常大的損失。」法國開始策畫反坦克的行動已經引起統帥部的嚴重不安，古德里安認識到，盡管德軍經過一周的連續奮戰，已經疲勞過度且彈藥短缺了，可是「現在絕不能遲疑！絕不能停止」！然而事與願違，戰術趨於保守的陸軍指揮部命令古德里安「立刻停止前進，原地待命修整，等待後方步兵到來！」

五月十七日，陸軍指揮部派遣裝甲集群司令馮．克萊斯特會見古德里安，古德里安原本預料這會是一次晉升或嘉獎，沒想到正好相反，司令劈頭蓋臉的將其臭罵一頓，說他「超越了最高統帥的意圖」，氣不過的古德里安遂即提出免職請求，還好在第十二集團軍司令李斯特的調解後才平息糾紛。李斯特告訴古德里安「停止命令是陸軍司令部下達的，必須執行，但你的部隊可以繼續實施戰鬥偵查。指揮所必須留在原地，便於聯繫。」古德里安聽完這套折衷方案後重新露出了笑容，他興匆匆的跑回戰場前線「偵查」，雖然名為「偵查」，實際上就是再度發起攻勢，鬼點子多的古德里安害怕上級知道自己重新進攻，於是不使用無線電，而是將一條電話線連接在前線指揮所與後方指揮所，這樣一來上級的偵聽部門就無法監聽了。

五月二十日，德國戰車已經開到了大西洋岸邊，正式將法國軍隊撕裂成南北兩處，聯繫徹底遭到中斷，曼施坦因的鐮刀閃擊計畫圓滿完成。下一步該先北上剿滅英法聯軍，還是南下摧毀法軍本營呢？德軍陷入了短暫的迷茫，五月二十一日，為了等候上級討論進攻方向而白白浪費的一天，古德里安藉此機會視察部隊，在詢問一名坦克手對於作戰有何感想時，這位士兵回答：「挺不錯的，不過我們浪費了兩天時間。」確實，十七日、二十日的被迫停止進攻，對於強調時間取勝的閃電戰來說實在太可惜了，也讓北方圍困的孤軍擁有撤離的機會。同日，上級又重新宣布發起進攻，將北方的英法殘軍打得落花流水。五月二十四日，古德里安率部攻至達格拉夫林，離英國遠征軍部隊最後一個逃生的港口敦克爾克僅有十英里；但就在此時，希特勒親自命令停止攻擊行動，古德里安的第十九裝甲軍只能按兵不動，眼睜睜地看著英國遠征軍的部隊從敦克爾克撤回英國。古德里安在戰後寫道：

> 假使最高統帥部沒有突然制止第十九裝甲軍的前進，那時敦克爾克早就已經攻陷，而且勝利的成果也遠非現在的可以比擬，假使當時我們能夠俘虜到英國遠征軍的全部兵力，那麼未來的戰局發展恐怕也很難預言了。無論如何，像這樣一個大規模的軍事勝利，也可以使外交家多了一個討價還價的機會。不幸得很，這個大好機會卻給希特勒個人的神經質弄糟了並徹底失掉了。

五月二十八日，法國北部全數被德軍占領，戰役雖然已成定局，但尚未結束，希特勒任命古德里安為新組建的古德里安裝甲兵團司令官。古德里安接獲消息後大感愉快，他可以不受上級侵擾，大膽使用新型戰術了，他急忙召集旗下軍隊，迅速南下突破法軍防線，在十天內長驅四百公里，俘虜法軍二十五萬人，再次創下戰爭史的奇蹟，第三裝甲師因此獲得了「鐵甲尖刃」、「飆速裝甲」的美譽。希特勒再次對古德里安的軍事能力感到驚訝。

六月二十二日，德、法兩國簽署了《停戰協定》，耗時僅一個月的法國戰役宣告終結。為表彰古德里安在法國戰役中的突出表現，希特勒於七月十九日在德國國會上，當眾宣佈將古德里安晉升為德國陸軍一級上將。

艱困的東線作戰

在法國戰役結束後，古德里安裝甲兵團遭到解散，古德里安本人一時無所適從，但這種清閒的日子並沒有持續很久，由於德軍俘獲的軍裝裝備為數眾多，古德里安被奉命整編和訓練裝甲兵部隊，擴充德軍的裝甲師和摩托化步兵師；就在此時，希特勒決心要進攻蘇聯。德國陸軍參謀總部制定了對蘇作戰的機密計劃「巴巴羅薩」。古德里安對參加整訓的部隊說：「擺在你們面前的戰役，將是一個極其困難的戰役，其困難的程度要比波蘭戰役、法國戰役不知道要高出多少倍，希望你們在今後的訓練中能夠確實像我們要求的那樣去做。」當然，古德里安此時對下一個作戰對手的消息所知是有限的。

一九四一年六月二十二日，巴巴羅薩行動展開，古德里安重掌兵權，指揮第二裝甲集群隸屬於中央集團軍群，主要擔負了莫斯科西南方向的突擊任務。東線戰場的開闢是古德里安與希特勒關係直轉而下的分界點，早在進攻蘇聯的初期，兩人就發生了戰略上的重大衝突。古德里安建議迅速粉碎蘇聯的指揮中心，直接進攻蘇聯首都莫斯科。希特勒卻堅持要求軍隊先占領烏克蘭，以此獲得石油及糧食。古德里安在各方面的壓力下，服從了希特勒的命令。但從內心裡來說，古德里安對希特勒的尊敬心已經產生動搖。

戰爭初期，他們節節勝利，攻下基輔後，古德里安曾進至距莫斯科僅幾十公里的地方。但到了十二月上旬，由於冬季來臨，蘇軍的英勇頑強抵抗和德軍的戰略目標分散等各種原因，進攻莫斯科戰役以失敗告終。

此戰役期間古德里安與希特勒意見相左，多次爆發衝突，因此遭到撤職，被編入預備役，在國內過了一段苦悶生活，在這段期間內，古德里安發現有蓋世太保在監視自己！他失去希特勒的信任，被打入冷宮了。

直至一九四三年二月，希特勒在史達林格勒遭到慘敗後，希特勒又重新起用古德里安，任職裝甲兵總監。雖然在再次召見古德里安時很尷尬，希特勒說了些道歉的話，但古德里安認為這只是假惺惺。雙方的隔閡一直存在。裝甲兵總監負責裝甲兵部隊的發展、組織、訓練。在古德里安的努力下，德軍坦克的生產與裝備有了一定的改善。德國著名的虎式坦克、豹式坦克正式投產，重整軍備。古德里安的坦克的生產對於德國支持戰爭是有很大作用的，德國生產量最多每月達一千九百五十五輛。

隨著二戰步入後期，希特勒對軍事的干預越來越多，將古德里安等軍事將領的勸說視作耳邊風，曼施坦因指揮哈爾科夫反擊戰成功後，達到個人軍事生涯的巔峰，他不免驕矜自傲了，打算繼續朝庫爾斯克發起進攻，然而希特勒卻屢次干預曼施坦因的指揮，使攻勢一拖再拖，最後，蘇軍已經在庫爾斯克修築三道防禦措施了，希特勒方才允許發動進攻。這是史上規模最大的一次坦克會戰——庫爾斯克戰役。（此計畫又稱「堡壘行動」）正如古德里安所說：「用裝甲兵去硬攻具有堅固防禦的庫爾斯克是愚蠢的。」坦克是用來集結突破薄弱防線的戰術性武器，可惜希特勒始終無法理解，竟然將它用來硬碰硬，最終，德軍損失三十餘萬人、兩千一百多架飛機、一千五百輛坦克與火炮，進攻卻毫無進展，只得被迫後撤。戰役之前德軍還有一定程度上的戰略主動權，能夠自主選擇發動進攻戰役和進攻方向；在此後德軍完全喪失了戰略主動權，蘇聯元帥科涅夫後來評價庫爾斯克會戰是「德軍坦克這隻天鵝臨終時的哀歌」。

最後的陸軍參謀總長

一九四四年六月六日，盟軍在法國北部諾曼第當前發起了強大的登陸作戰行動，攻破了固若金湯的「大西洋壁壘」。同一時間，蘇聯軍隊向德軍東部戰線發動了準備已久的進攻，直搗德國最精銳的中央集團軍群；七月四日，蘇軍跨越一九三九年以前的波蘭邊界，向東普魯士推進。

面對越來越嚴重的形勢，部分德軍高級將領向希特勒建議，趁大部分德軍實力完整的時候，應設法立即結束戰爭；但遭到希特勒的拒絕。與此同時，德軍少數將領中的反希特勒祕密組織也加緊了活動。一九四四年七月二十日，在東普魯士戒備森嚴的希特勒「狼穴」大本營，發生了暗殺元首未遂的炸彈爆炸事件。

一九四三年春天，古德里安出任裝甲兵總監後不久，反希特勒的祕密組織就曾接觸古德里安，希望能邀他一同參加謀反行動。但古德里安認為他們的謀反行動方案「就像空中樓閣一樣不可靠」，因此謝絕加入。（古德里安沒有向祕密警察揭發謀反組織的行動，但希特勒似乎不知道這件事）。暗殺行動失敗後，希特勒面諭古德里安出任陸軍參謀總長（仍兼裝甲兵總監）。鑑於前任參謀總長因元首對自己的無理干預而先後五次提出辭呈，希特勒嚴令古德里安：「無論何時，不論何故，你都不得藉故提出辭職的要求。」

當時陸軍參謀總長的權力已經大為縮減，僅限於東線戰場；所謂的陸軍參謀總長，不過是東線戰場的總傳令兵罷了。而古德里安此時深知東線戰場的局勢已危如累卵；那麼，他為什麼要從元首手中接受這一吃力不討好的差事呢？古德里安後來說：「軍人應該服從命令的。尤其是當時東線戰場的情形已經糟糕到不可收拾的地步，為了挽救數百萬德國軍民的厄運，我非跳入火坑不行。假如此時我拒絕受命，坐視東線的德軍和我的故鄉淪陷，那麼我在道義上簡直就是一個懦夫了。」

七月二十四日，由於七二〇密謀案是由德國國防軍密謀而成，希特勒為了報復國防軍，將德國國防軍軍禮強迫廢止，一貫採用納粹禮，以「作為陸軍對元首不可動搖的效忠和陸軍與納粹之間最緊密團結的象徵」。雖然對希特勒滿腔怨言，古德里安還是以陸軍參謀總長的名義發布命令，向最高統帥部保證陸軍全體軍官永遠效忠希特勒。曼施坦因事後回憶這段日子時，曾意味深長地寫下這段話：

「在那段最艱苦的時期，有一位舊皇室的後裔把一幅小型的腓特烈大帝的畫像送給我。他在那幅畫上面點了幾句話，那是腓特烈大帝在似乎將要失敗的時候，寫給他的朋友戴愛琴斯侯爵的幾句話。他說：『沒有任何東西可以改變我內心裡的靈魂，我將照著我自以為正直的路線走去，並且做我所自認為是正確光榮的事情。』這幅畫像我已經遺失掉了，但是腓特烈大帝的語句卻深深地刻在我的記憶裡，永遠作為我的指針。」

一九四四年六月二十二日，在朱可夫元帥和華西列夫斯基元帥指揮下，蘇軍發起了「巴格拉季昂」攻勢；短短二十日內，共殲滅德軍中央集團軍群二十五個師，迫其一再後退。八月上旬，古德里安命令北方集團軍群司令官舍納爾上將，迅速擬訂一個將部隊全部撤回裡加以西的計劃。這個行動的本意是為了找尋更好的防守位置，但希特勒始終不能理解戰術性撤退的意義，以為將官的提議只是怯戰，堅稱「波羅的海的每一寸土地都要堅守」。這導致蘇聯發起大舉攻勢時，羅馬尼亞脆弱的防線立即遭到攻破，大批羅軍掉轉槍口進攻德軍。至此，希特勒才下令撤退；但為時已晚，有十六個師的德軍在多瑙河一線受到全殲。古德里安對此只能仰天長嘆。

八月二十五日，盟軍攻陷巴黎，整個西線已呈土崩瓦解之勢。古德里安主張主動撤回部隊，縮短防線以保護德國本土，希特勒卻堅持無論東線還是西線，都要死守現有防線。在希特勒眼中，西線高於東線，古德里安的東線只能居於次席地位。

面對東線蘇軍的強大攻勢，古德里安只能從防線部署上動腦筋來彌補兵力和裝備的嚴重不足。古德里安提出，將「主防線」和後面的「最後防線」完全分開，二者相距為十二英里。但希特勒對此大為不滿，只允許兩條防線之間相距短短兩英里。一九四五年一月，當蘇軍發動猛烈攻勢並突破德軍的主防線時，由於最後防線與主防線相距太近，主防線、最後防線和預備隊完全混合在一起，使德軍整個防線在蘇軍的第一次進攻之下就全面崩潰。希特勒獲悉此事後大發雷霆：「一定要追究當時設計和建築防線者的責任。我一貫主張兩條防線之間應該相隔十二英里以上，是哪個混蛋下了這樣不合理的命令?!」古德里安毫不客氣地批評道：「正是元首你自己做的好事。」在會議記錄稿面前，希特勒無可奈何地默認了自己親手鑄成的錯誤。

終遭免職

即使陸軍參謀總長古德里安使出渾身解數，仍難以挽救德軍在東線的敗局。希特勒仍妄想在西線反攻，繼而擊敗東線蘇軍的冬季攻勢。一九四四年十二月十六日，希特勒不顧反對意見，孤注一擲地策畫了突出部作戰行動。古德里安知道勸諫沒用，只能冷眼旁觀，他曾在《回憶錄》寫道：「這次突出部大攻勢的失敗，就可以算是我們軍事領導方面的最後一幕悲劇。到十二月二十四日，任何稍有理智的軍人都可以認清這次攻勢是已經輸定了。現在就是再趕緊轉變新的方向，恐怕也不一定來得及了。」

十二月二十四日，古德里安在大本營會議上指出，蘇軍已集中將近兩百個步兵師、以及二十三個裝甲軍和一個騎兵軍的兵力，預計於一九四五年一月十二日實現三路大規模進攻。而希特勒卻說：「你的這些情報完全是受了敵人的欺騙。這是自成吉思汗以來最大的騙局！」古德里安再三爭辯也無濟於事，隨後請求希特勒採取縮短戰線（意指後退）的措施，讓廣大的東線兵力能夠整合，卻遭到希特勒的痛斥。元首這種對不利情況採取裝聾作啞態度的做法，被古德里安稱為「鴕鳥政策」、「鴕鳥戰略」。

一九四五年一月中旬，古德里安預料的蘇軍大規模攻勢如期發動，德軍東部防線遭突破，希特勒卻命令古德里安以現有兵力進行苦戰。中旬末，德軍駐波蘭華沙部隊不顧元首的死守命令撤離華沙。希特勒聞訊後要處罰有關責任人員。古德里安挺身直言：「一切的責任都應該由我個人來負。如果你一定要拘押詢問什麼人的話，那麼這個人就是我。」

二月初，古德里安因為撤軍問題又一次同元首發生衝突。古德里安說：「不撤回部隊，我們就無法累積保衛首都的預備兵力。我可以向你保證，我完全是為了國家的利益！」最後一句話在希特勒看來別有用心，他跳起來怒吼道：「你怎麼敢向我講出這樣的話來？難道你以為我不是為德國而戰嗎？我一生完全都是為德國而奮鬥的！」此情此景，嚇壞了當時在場的其他將領們。當別人責怪他怎麼可以這樣同元首進行衝突時，古德里安十分冷竣地回答說：「一位政治家一定要準備接受反對他的意見，準備聽信真理，否則他就不配做一個政治家。」說完這番話，古德里安整理了一下衣冠，在眾目睽睽之下頭也不回地離去。

在此之後，在東線作戰指揮問題上，古德里安又多次頂撞元首。三月二十八日，在一次軍事會議結束時，希特勒單獨留下了古德里安，對他說：「古德里安上將，你的健康問題使得你必須請六個星期的病假。」古德里安終於被希特勒解除了陸軍參謀總長的職務，僅保有有名無實的裝甲兵總監一職。

希特勒經常將「疾病帽子」扣在他人身上，以期名正言順的辭職，如同戈林的心血管問題、赫斯的精神病、隆美爾的高血壓，這次古德里安的解職理由則是心臟病，事實上，他真的患有頗為嚴重的心血管問題，在慕尼黑附近的一家療養院裡，良好的醫療條件使他的心臟病得以大大的緩解。五月初，古德里安獨自一人來到剛剛遷移到蒂羅爾的裝甲兵總監部，要在這裡靜候大戰的結束。此時，古德里安獲悉元首希特勒已經自殺身亡；海軍元帥鄧尼茨成為繼承人。

五月九日〇時，德國代表在柏林簽署了無條件投降書。次日，古德里安率裝甲兵總監部全體人員向美國占領軍投降。不久，古德里安被關進紐倫堡監獄。經過三年的關押後，一九四八年，紐倫堡國際軍事法庭認定他在大戰中只是戰爭的執行者，而沒有虐待戰俘和屠殺無辜平民的罪行，不能被指控為戰爭罪犯，因此無罪釋放。

出獄之後的古德里安仍然患有嚴重的心臟病，但他仍然一如既往地迷戀著坦克。為揭示德國裝甲兵發展的歷程，總結自己的裝甲兵部隊作戰指揮經驗，他開始動手進行寫作。不久，古德里安出版了自傳著作《一個士兵的回憶》。英國著名軍事理論家利德爾・哈特（Liddell Hart）評論說：

「這本書是當時德國所發表的對於第二次世界大戰最充實、最真實和最有啟發性的個人回憶錄。內容極為翔實，很有史料價值；作者那樣坦白和熱情，使人讀下去有一種輕快之感。在這本書中，一個曾經大規模創造歷史的人，親自把他怎樣用一種新觀念來形成歷史的真實故事講給我們聽，而這一段歷史的結束卻也完全在他個人意料之外。」

隨後，古德里安又動手撰寫了一部關於一九三五至一九四五年間德國坦克部隊的發展及其戰術的專門著作《坦克——前進！》，可惜未及完稿，古德里安於一九五五年五月十四日因心臟病病逝了，享年六十六歲，根據遺願埋葬在他最初服役的地方。同是騎兵出身的德國裝甲兵將領奧斯卡・門澤爾少將最後協助出版了古德里安的這部遺作。

海因茨・威廉・古德里安所提出的裝甲兵突擊理論在第二次世界大戰得到了巨大的成果，不僅使裝甲部隊最終成為世界主流，還創造出一連串拍案叫絕的戰術勝利。雖然古德里安最終沒有挽回第三帝國的滅亡，但在為將之道上創立的典範，古德里安為後世的軍人留下了良好的模範。最後，作者想以英國軍事專家利德爾・哈特對古德里安的評價作為結尾：

他具有歷史上一切名將所有的共同氣質。他具有敏銳的觀察力，隨時能找到奇襲的機會，使敵人措手不及；他的思想和行動都迅速無比，使敵人無喘息之餘地；他懂得如何把戰略和戰術配合使用；並能獲得部下的擁戴，使人樂於為他效命。創立理論的人是很難有機會驗證他的理論的，可是古德里安卻偏偏獲得了這個機會，把他的幻想力和經歷結合在一起，使他對於這個機會可以充分地加以發展，因此就獲得了革命性的結果。

第十章　埃爾溫・隆美爾

——沙漠之狐

「我要讓美國人
在身經百戰的非洲軍面前俯首自卑。」

時勢造英雄。在二戰的背景下，德國出現了數不清的得力戰將，但能夠做到生前聲名顯赫，身後殊榮不斷，被敵對雙方都認可的，只有隆美爾一人。在道德上，隆美爾以人道精神對待敵軍士兵、拒絕殺害任何一名猶太人或戰俘。在戰術上，隆美爾向來主張「最好的防禦就是攻擊」，經常不聽從上級發下的歇息指令，執意進攻。在戰爭上，氣候惡劣的北非戰場上以有限的兵力、裝備，大破擁有一切優勢的英國軍隊，創造一次次的「隆美爾神話」。就連英國首相溫斯頓．邱吉爾也不由得讚美這位可敬的敵人：「我們面對的是一位大膽而熟練的對手，一位偉大的將軍」。

體弱多病的校長之子

一八九一年十一月十五日，埃爾溫．隆美爾出生於德國巴登－符騰堡邦的海登海姆，他的父親是一名中學校長，母親則是前任符騰堡州州長的女兒，他們兩人以數學家的身分而小有名氣，算是半個名人。隆美爾出生在一個文人式的家庭，除了父親因為服兵役的關係當過幾年兵，整個家庭完全與軍隊沾不上邊。這和當時的社會風氣十分相左，但由於父母都擁有一個相對穩定的身分，所以整體而言家境是十分不錯的，比起同時代的軍事將領們，童年的隆美爾可說是在糖蜜罐裡長大的。隆美爾童年時身體不好，因頭髮色淡、皮膚蒼白而得到了「小白熊」的稱呼，不過他因此得到了父母更多的偏愛，隆美爾自己也記述道：「小時候經常在自家寬大的庭院裡遊玩，十分幸福。」可以說，隆美爾的童年就是在阿倫小鎮的庭院當中度過的。

出生於教師家庭的隆美爾固然聰明伶俐，卻沒有遺傳到父母的書生氣質，調皮又愛玩，有次在庭院玩耍不慎摔斷了右腳踝骨，從此不再熱衷於任何運動，但他並沒有像戈培爾一樣從此倒臥在書堆中，隆美爾在校表現十分不佳，是個讓老師頭疼的人物，據說為了讓隆美爾學習有所熱誠，老師與他訂下「默書的考試若答案完全正確就可以和樂隊一同去遠足」的約定，下回隆美爾還真的辦到了，不料老師食言，隆美爾馬上變回了不愛讀書的學生。

本來是個對於運動和讀書都沒有興趣的孩子，似乎是受到了什麼刺激，在過完十歲那年後突然變得好學了起來，他最感興趣的科目是數學和科學，曾夢想成為一名飛艇技師，隆美爾十四歲時（一九〇五年），與好友季特爾製造了一架完整的盒式滑翔機，並多次成功使其飛行。這在當時是一個不小的成就！要知道，當時美國的萊特兄弟才發明飛機不久，歐洲人也是直到一九〇六年才頭一次見到航空飛行器。幼小的隆美爾身上所表現出的特質：極具創造力與行動力，對任何事都懷著十萬分的熱情，後來貫徹了他一生。

一九一〇年七月十九日，讀了兩年中學的隆美爾在父親的一再堅持下參軍入伍，開始了傳奇的軍旅生涯。為什麼父親堅持隆美爾參軍呢？我想作為一名父親，看到自己的孩子對飛航科技如此具有潛力，應當會千方百計將其培養成此行專家才對，但這只適用於現代，當時的時代背景不同，不論是貴族出生的戈林，還是平民百姓的鄧尼茨，他們的家長都以讓自己的骨肉加入軍隊為傲。隆美爾的父親受到了潮流影響，認為只有到軍營裡接受鍛鍊，才能報效國家，並成為一名合格的日耳曼男性。

為了讓體弱多病的隆美爾找到軍校就讀，父親煞費苦心地向軍方提出推薦信，裡頭真是撒詐搗虛，說隆美爾「健壯可靠」、「是一個很好的體操運動員」，但當時的中學校不多，父親這位校長人人都知道，又怎麼可能不知道他有個弱不經風的兒子呢？明顯的忽悠遭到了當時駐地砲兵和工兵的一口拒絕，最後還是一個步兵團善心大發，同意接收隆美爾。

參加陸軍

事實上，隆美爾當時十分反對參軍，他希望能成為一名飛機工程師，不過由於父親的執意，十八歲的隆美爾只能於一九一〇年七月十九日被迫開始他的軍旅生涯，加入了第一二四符騰堡步兵。沒想到，極力反對從軍的隆美爾竟在軍中混得名聲赫起，樣樣精通，自尊心以及成就感急速提高，受訓完畢後，隆美爾幾乎完全忘了飛機工程師的夢想，決心往軍事方面繼續學習，進入了但澤皇家軍官候補生學校就讀。就此點來說，隆美爾是幸運的，因為當時德國軍校很少招收非貴族血統的平民子弟。同年十一月畢業時，校長給隆美爾的評語是：「性格堅強、有極大的意志力和高昂的熱情。守紀律，時間觀念強，自覺、友善、智力過人，和高度的責任感。」

一九一二年一月，隆美爾被授予中尉軍銜，回第一二四團任職，開始其畢業後的職業軍官生涯。這時，儘管嚴格正規的軍事訓練十分辛苦，但在軍訓之餘，隆美爾還以飽滿的熱忱參加各種社交活動。當時在當地駐軍的軍官團體中經常舉行正式舞會，而但澤市民本來就有崇尚軍人的傳統，於是非常贊成和支持當地的年輕姑娘參加舞會，甚至許多有教養的女士也來和年輕的軍官們跳舞。起初也許是身材原因，隆美爾不喜歡這種沉悶多禮的盛大集會，也不大喜歡跳舞。後來，在一次舞會上，他遇到了一位風姿綽約、苗條漂亮的金髮少女露西，這個美麗的女子令隆美爾怦然心動。此後，隆美爾便迷上了跳舞。與其說是迷上了跳舞，不如說是迷上露西。她嬌小的身材、靈動的眼眸、活潑的性格深深印在隆美爾心中。

露西剛開始並不喜歡表情嚴肅、個子偏矮的隆美爾，覺得他　點吸引力也沒有。但在第二次跳舞的時候，隆美爾突然變得活潑起來，主動去追求她，他按照普魯士流行的方式戴上單片眼鏡（照當時來說，這是一個很新潮、年輕的打扮，而軍官候補生是禁止戴眼鏡的），露西被他搞怪的樣子逗得哈哈大笑，覺得之前是誤解他了，隆美爾不僅內斂剛毅，也不失幽默感，嚴肅的外表下隱藏著火花般的熱情。隆美爾興奮地對露西說：「我們都是上帝的傑作，天生的一對。」他以軍人的魅力深深地打動了露西，兩人很快便墜人愛河，而後成婚。

無庸置疑，隆美爾可以稱得上是本書眾多人物裡婚姻最美滿的男人。他們非常恩愛，直到結伴超過三十年後，隆美爾還會稱她為「親愛的」，他甚至會不顧戰局的情況，遠離戰場回家給夫人過生日。露西女伴回憶道：「隆美爾把露西寵得幾近嬌縱，他掛在嘴邊的話就是『最親愛的露，有什麼要求你就說吧』。」隆美爾在分離時每天至少給露西寫一封信，信的內容不涉及軍事，都是傾吐著閒暇時光的思緒。戰爭結束後，露西還保留著北非期間隆美爾給她寫的一千餘封信，這些信後來被美軍搜查走了，也成了研究那段歷史的絕佳資料。

令人津津樂道的是，隆美爾於一九四四年負責大西洋壁壘的防務工作，他在國內是全民偶像，經常收到女孩子寄來的巧克力和情書。一次，一群空軍女兵們把隆美爾圍在屋子裡讓他簽名，這些年輕姑娘身上濃郁的香水薰得他難以自制，他突然推開她們衝了出去，他的參謀長奇怪的問他怎麼了。「這些姑娘實在是太迷人了，我幾乎難以自制。」隆美爾說，「我不能背叛露西，露西已經成為了我的生命，背叛她就是背叛自己的生命。」

初露鋒芒

一九一四年，在第一次世界大戰爆發後，隆美爾中尉隨烏爾姆第四十九野戰炮團的一個炮兵連迅速來到比利時實行進攻，八月二十二日清晨五點，隆美爾於比利時、法國邊境小村波雷（Bleid）首次體驗到實戰，由於隆美爾身體孱弱，又於前一天的偵查行動中耗費了大量體力，因此異常疲憊，出現胃痛的症狀。然而為了防止被上司誤認是怯懦，意圖逃離戰場，隆美爾並未將此事告知其他人。

由隆美爾率領的排，無聲無息地來到了波雷村，之後與三名部下一同進入村內進行偵查，發現十五至二十名的法國士兵。為了維持「奇襲效果」，隆美爾決定不召集排中的其他部下，立刻就以四人的兵力發動攻擊。法軍被這種不按常理出牌的行徑嚇得不知如何應對，經一定的傷亡後，其餘軍隊紛紛躲到房屋和隱蔽處掩護，隆美爾見無法一口氣殲滅殆盡，於是帶領三位部下回到村外待命中的排陣地內，他將自己的排兵力拆成兩半，一半負責對躲藏於房屋的法軍發動掩護攻擊，另一半則從側翼位置發起突擊，立刻再度發動攻擊。

在沒有機械化裝甲的時代下，這無疑是對這塊陣地的最佳進攻手段，但法軍的抵抗依然堅強，隆美爾的部下傷亡人數開始攀升。屋漏偏逢連夜雨，隆美爾自己也因為疲勞和胃痛而數度失去意識，只好由其副官中士代行排戰鬥指揮之職。情勢轉為對法軍有利，這場戰役如果說沒有後援，隆美爾的軍隊可就麻煩了。好在同屬第二營的其他排陸續抵達，他們占領了波雷村的四周，法軍的的情勢頓時風雨飄渺，遂而投降。雖然這次戰鬥以隆美爾勝利告終，但數位戰友的陣亡使他相當灰心。

在第一次世界大戰中，隆美爾轉戰法國、羅馬尼亞、義大利戰場。起初他戰績平凡，有勝有負，甚至曾傻傻地與三位法軍發起刺刀戰鬥過，但在一次次的經驗學習之下，他最終被鑄就成一位戰無不勝的將領。特別是一九一七年在義大利戰線的戰鬥中，隆美爾屢建奇功。

一九一七年九月，隆美爾率領部隊沿著一條人跡罕至的羊腸小徑連續行軍五十二個小時，在一段直線距離只有十八公里的山路上，他的部隊先是向上攀登了兩千四百米，接著又向下行走了八百米。十月二十六日上午十一時，隆美爾的軍隊最終克服崎嶇不平的山地，在義軍毫無防備之下攻上山頂，打得義軍措手不及，整場戰役下來共有九百餘名義大利士兵棄械投降，隆美爾的部隊僅損失十三人，然而，上級卻誤將「藍色馬克斯」頒給了另一位參戰的德軍軍官，隆美爾向上司抗議，仍不能推翻其結果。不久後發生的卡波雷托戰役，急於立功的隆美爾不顧上級的警告，帶領二十五個人闖入敵軍後方的一個小鎮，映入眼簾的是一支龐大的行軍縱隊，這就是義大利當時最頂尖的部隊：第一步兵師。隆美爾在後方的出現令義大利人吃了一驚，以為前線已遭攻破，隨後這支龐大的縱隊因士氣崩潰而自行瓦解。不久後，隆美爾帶領大軍前來，一舉擄獲八千名戰意低落的第一步兵師士兵。一九一七年十二月，隆美爾終於如願以償地獲得了「藍色馬克斯」勳章。這是一枚藍色的十字形勳章，是當時德軍的最高榮譽，極少頒發給低階軍官，隆美爾此後總是將這枚勳章掛在自己的脖子上，如果有人注意到他的勳章，他還會滔滔不絕地講述那兩場戰爭，以及自己應當獲得兩次勳章的有趣小故事。

戰後的平淡生活

正當隆美爾在戰場上開始累積自己的名聲時，西線卻傳來德軍戰敗的消息。按照凡爾賽條約，德軍只能保留一支十萬人的軍隊，相比只是傳令兵而被淘汰的希特勒，以及因不能有空軍而遭到剔除的戈林，或是根本沒條件參加戰爭的戈培爾，隆美爾靠著在一戰功勳彪炳的成績，在上尉的位置上整整幹了十二年。從第一次世界大戰結束到第二次世界大戰前夕，隆美爾度過了二十年平淡安穩的生活。

一九三四年一月三十日，希特勒登上德國總理的寶座。一九三五年，隆美爾被調往波茨坦擔任陸軍學院的教官，他對這項任職興奮不已。在繁忙的授課期間，隆美爾中校以第一次世界大戰中的實戰經驗為依據，出版了著作《步兵攻擊》一書，這本書改變了隆美爾的命運。書中洋溢著德國軍事理論所追崇的進攻精神，並強調了發揚火力與實施欺騙、恫嚇的重要性。此書一經問世就風靡德國，使隆美爾名利雙收，成為德國青年軍人的崇拜人物。

直到一九四四年十月，該書至少十八次再版，美軍於一九四三年將其譯成英文出版，著名的巴頓將軍多次研讀，並能背誦出許多重要章節和段落。在七〇年代的戰爭電影《巴頓》中，巴頓將軍的扮演者喬治·史考特曾有這樣一句台詞：「隆美爾，你這偉大的混蛋，我讀了你的書！」他所說的即為《步兵攻擊》一書。

再露鋒芒

一九三六年九月，隆美爾被任命為希特勒的警衛營營長，晉升為陸軍上校。希特勒出身低微，他對德國陸軍的貴族化傾向十分不滿，因此屬於「非主流」的隆美爾大受重用。多次跟隨希特勒親隨護駕，隆美爾同希特勒建立了密切的私人關係，給元首留下了精明強悍和恪盡職守的印象，為日後的晉升搭好了階梯。一九三九年，隆美爾作為希特勒的警衛隊長負責希特勒的保衛工作。一天希特勒想坐車兜風，上車前告訴隆美爾他的車後最多只能跟六輛車。但是想跟在希特勒車後狐假虎威的人六十輛車都裝不下。頭車開走之後，車隊陸續跟著啟動，數到第六輛車時隆美爾果斷地衝入車群，站在路中間，命令那些剛興致勃勃發動汽車的人熄火。湊巧的是第七輛車就是鮑曼的車，當時沒人敢得罪這位第一秘書。鮑曼要求跟上元首的車隊，隆美爾當著文武百官的面大聲訓斥他：「你當這是幼兒園郊遊嗎？我只服從元首的命令！請你熄火！」說完這話後大家都陷入了尷尬的沉默，沒想到這位校官軍銜的隆美爾居然如此膽大，鮑曼恨不得找個地洞鑽進去。事後鮑曼經常有事沒事就去告隆美爾的黑狀，兩人的不愉快也導致了後來隆美爾的死亡。

一九三九年九月一日，德國進攻波蘭，第二次世界大戰爆發。隆美爾少將在波蘭時向希特勒提出請求，希望去指揮一個裝甲師；一九四〇年二月，希特勒不顧德軍總司令的強烈反對，任命從未指揮過裝甲部隊的隆美爾擔任新組建的第七裝甲師師長，這在軍事家眼中是個十分荒謬的決定，但卻成了希特勒也預料不到的英明決策。說隆美爾是軍事天才一點都不為過，在上任師長之前，他只有指揮過步兵連，對指揮裝甲部隊沒有任何實際經驗，然而這位雄心勃勃的新師長一上任後，僅用了短短兩個月就精通了裝甲兵作戰理論，甚至創立了他自己研發出的獨特戰術，並在未來的實戰中充分證明了自己的能力。

一九四〇年五月中旬，德軍在西線發起進攻，僅用了十幾天就占領了荷蘭、比利時、盧森堡，由隆美爾指揮的第七裝甲師勢如破竹地攻入比利時，橫越刺穿法國北部沿海地區，使英法聯軍一分為二，無法聯絡。隆美爾在行動中總是衝在最前面，幾次死裡逃生，許多幕僚、下屬都認為這簡直是賭命，紛紛勸諫他不要這樣，但他認為這種冒險行徑使他能在第一時間了解戰場局勢，靈活對下屬做出判斷，在進攻諾曼第半島尖端的瑟堡時，當時馬斯河上的所有橋梁已被法軍炸毀，這使隆美爾大為頭疼，他不顧砲火攻擊來到河邊親自指揮強渡。渡河時，他乘第一批船直接指揮，當搶占了灘頭陣地後，隆美爾又立即返回對岸指揮架橋。第二天上午，第一批十五輛戰車在西岸登陸，隆美爾立即指揮河西岸的德軍向法軍進攻，掩護後續部隊渡河。

德軍突破馬斯河防線，隆美爾率領先頭部隊向法軍迅猛追擊。他不顧法軍重新組織反攻的危險和個人的安危，總是衝在最前面，而其指揮的大部隊常常落在後面，以至不得不返回頭來尋找這些部隊。一九四〇年六月二十日，隆美爾裝甲師占領瑟堡，結束了進攻法國的戰鬥。在這不到六個星期的戰鬥中，他的裝甲師前進了三百五十多公里，其中最後四天達兩百二十公里，以傷亡兩千餘人的代價，俘獲敵軍九萬七千餘人，戰車四百八十五輛，卡車四千輛，火炮數百門，一直不被看好的第七裝甲師竟成為參戰的德國裝甲師中戰績最輝煌的一個師，還獲得了個「魔鬼師」的雅號，隆美爾也在戰場上被授予「騎士十字勳章」，成為首位獲此殊榮的師長。隆美爾的突出表現，贏得了希特勒的讚賞。而後，隆美爾在寫給自己妻子露西的信件中戲稱法國戰役是一次「閃耀的法國之旅」。

隆美爾雖然專橫而又抗上，屢次引起諸多德軍高層的不滿，但卻是極優秀極有獨到見解的指揮官。納粹德國的宣傳機器也大肆宣揚隆美爾，隆美爾逐漸變成了「戰神」一般的英雄。

沙漠之狐

一九四〇到一九四一年初，義大利在北非被英國打得一敗塗地，羅盤行動中英軍以三萬六千人的兵力大敗十五萬義軍，英軍以陣亡五百人的代價擊斃義軍三千人，俘虜十一萬五千人，這使得原本戰意不濃的義大利軍隊徹底崩潰，不堪再戰。希特勒為了穩固北非戰場，特地將隆美爾升遷中將，於二月中旬奉派至北非指揮「非洲軍」，當時來到北非的隆美爾除了之前作戰所留下的赫赫威名外，可真是一窮二白，除了不聽自己話的義大利軍隊外，自己能直轄管理的軍隊僅有一個裝甲師與一個輕型裝甲師，以後雖然非洲軍升格為兵團乃至集團軍，但其實力比起歐洲戰場上的同級單位還是小得多。

北非是一個相對獨立的戰區，原則上隆美爾要接受義大利的非洲戰區總司令的指揮，但他根本就沒把義大利人放在自己的眼裡，而是直接聽命於柏林。由於希特勒全力傾注於蘇聯方面的情況，不太在意北非這個「次要」的戰場，所以隆美爾幸運地得到了比其他德國將領更多的行動自由，得以在大沙漠裡攪動昏天黑地的風暴。

接受任務後的隆美爾不等人員物資裝船完畢，先行乘飛機抵達了北非。連戰連捷的英國軍隊樂觀地認為義大利軍隊主力已經消滅，德軍的增援至少也得五月份才能到非洲。然而，這次他們遇到的是不按常理出牌的隆美爾。

隆美爾不等大部隊到達非洲，於一九四一年三月初利用英軍調防的有利時機，採取大膽行動。他把數量不多的德軍和義軍組成混合縱隊，又巧妙地將坦克蒙皮套在卡車上，混在為數不多的真坦克部隊裡。數百輛假坦克中，把隆美爾的攻勢擴大了幾倍，他又利用英軍調防、輕敵的大好時機，大膽行動，選擇一條古代阿拉伯人經常行走，如今呈現半廢棄的古老商路，帶領大軍直接穿越沙漠，向梅爾沙的英軍陣地發起進攻，迅速將敵人打得丟盔棄甲，逃離城池。

之後，隆美爾貫徹不給敵人喘息機會的信念，在隨後四月二日的西蘭尼加突擊中一鼓作氣攻占了阿傑達比亞。阿傑達比亞被攻占後，隆美爾不顧義大利將帥的阻止，繼續前進，並在一番苦戰後攻破了那邁基利，就這樣，隆美爾在一週內成功跨越昔蘭尼加半島，英國人喪失了整個巴爾塞高原，直到托布魯克才勉強穩住陣腳。

在寫給妻子的家書中，隆美爾難掩激動的心情表露無遺：「自從三十一日開始進攻以來，我們已經獲得了輝煌的勝利，在黎波里、羅馬、甚至在柏林的高層都不免感到十分驚訝，因為機會實在太好了，我不顧一切命令的限制……英軍已經在慌亂中逃跑了，我方的損失極小，戰利品則無從估計，我高興得連覺都睡不著。」

造成隆美爾連戰連勝的一個原因連他本人至死也沒有料想到：隆美爾同柏林的往來電報均被英國人破

譯，英國人自以為掌握了德軍的動向，但一個真正出色的將軍是不墨守成規的，必須靠著局勢的轉變而靈活運用戰術。隆美爾經常不聽計畫，超出計劃之外行事，反而打得英軍措手不及。例如柏林曾命令隆美爾固守陣地，但他卻大舉進攻別處。

隆美爾膽大妄為的行動不僅愚弄了敵人，而且無意間愚弄了現代軍事科技，更為他自己創造出了出其不意攻其不備的勝利條件。

停滯托布魯克

德軍兵臨托布魯克後展開了大規模的圍城戰，相比之前一帆風順的攻城掠地，托布魯克就像沙漠中的仙人掌般難以接近，處處布滿了尖刺，也讓隆美爾非洲軍團面臨前所未見的嚴峻考驗，隆美爾在四月二十三日的家書說道：「昨天在托布魯克前線發生了激戰，情況非常嚴重，但是我們還是撐住了，義大利軍隊完全不可靠，他們對敵人的坦克特別敏感，就像一九一七年一樣，一看到敵人的坦克就直接認輸了，現在有了新到的德軍，才使情況趨於穩定。」事實上，隆美爾不認為義大利軍隊是令人鄙視的絆腳石，而是抱持著同情眼光的，他們士氣低迷，不知為誰而戰，還因為百戰百敗形成了嚴重的自卑情結與神經過敏，隆美爾數次乘坐飛機、車輛到前線偵查時都遭到義大利軍隊的誤擊，好在他們槍法糟糕，沒有釀成嚴重後果，更令人咋舌的是裝備上的劣質：

「義大利軍隊出發後，一直都還沒有正式和敵人接戰，可是攻擊開始時他們還擁有一百多輛坦克，現在卻只剩下十餘輛了，其餘的都在中途落伍，不是引擎發生故障，就是其他機件有毛病，想到義大利領袖居然把這種破銅爛鐵交給他的軍隊去作戰，真是令人毛骨悚然！」

因此在通常情況下，隆美爾會將德、義兩軍安排在不同任務上，德軍負責主攻以及機動作戰，義軍則負責守衛後方，或是安置在防守陣地中，隆美爾大多會混編入一些德軍作為加強，防止義軍擅自崩潰。

五月二日，隆美爾又在托布魯克要塞發起一次突擊，結果卻遭到重大損失，至此，隆美爾承認自己的兵力不足以發動大規模攻勢來奪取英軍要塞，他寫道：「在這次突擊中，包括陣亡、負傷、失蹤的，我們總共失去了一千兩百多人。」

其後，英軍於五月十五日發動了代號「短促」的反擊行動，這行動名副其實，只持續兩天而已，由於反擊行動遭到隆美爾發現，不但沒有反攻成功，反倒因為集結兵力導致哈勒法亞隘口空虛，最終讓隆美爾趁虛而入。時隔一個月，英軍於六月十五日又發起了一場反攻行動，名為「戰斧」，目的是摧毀隆美爾的部隊，在北非戰場取得決定性勝利，「英國人過於高估了自己的力量」，由於英國人分散的攻擊力及保守的作風，反而迎合了隆美爾的胃口，英軍在進攻數個小時內便被打回原地。隆美爾如此神勇的表現，為他贏得陸軍裝甲兵上將的官職，對於英軍的這次失敗，英國首相邱吉爾非常不滿，旋即撤換了英國非洲軍總司令偉維爾，並憤怒地拍桌大喊：「隆美爾！隆美爾！隆美爾！還有什麼事情比打敗他更重要！」

隆美爾是極少數被敵我雙方共同敬仰的德軍將領，他麾下的非洲軍從未被指責過犯下戰爭罪行，就他自己所說，北非戰場是一場「沒有敵意的戰爭」，軍人的本質是服從，隆美爾願意為了服從軍職而去打仗，而非為了民族主義、復仇主義去打仗。許多英軍的北非回憶錄多次提起隆美爾對盟軍戰俘的人道作為，比如他在堅忍行動中俘虜了兩位突擊隊中尉時，他抵制了希特勒所下達的《突擊隊命令》，並未將兩人處決（英國突擊隊是二戰英國的著名特種部隊，專門以少量精銳人士深入敵方中心，破壞重要資源，在戰爭中期給納粹政府造成了許多麻煩），另外，隆美爾也拒絕遵照後者殺害猶太裔戰俘的命令，其實早在駐法期間，他就反抗了希特勒要求其驅逐該國猶太人的命令，並多次寫信抗議猶太人的待遇。英國突擊隊的吉歐菲・凱耶斯少校在其攻擊德軍海岸防線的任務失敗而陣亡後，隆美爾下令將其以軍禮埋葬。另外，在大西洋壁壘建設期間，隆美爾指示法國人不用作奴隸，但應付出勞動。相比戈林只學半套的貴族風度，隆美爾的紳士作風獲得了敵我雙方的認同。這也是為什麼各國政府能夠接受西德海軍使用第三帝國將領的名字為軍艦命名——「隆美爾號」。

一九四一年六月二十二日，德軍大舉入侵蘇聯。希特勒任命隆美爾出任新編成的非洲裝甲兵團司令，並晉升他為陸軍二級裝甲兵上將。

戰術的巨人，戰略的矮子？

在一九四二年五至六月間的加查拉戰役中，隆美爾將揚長避短的戰術發揮到了極致，他讓戰意低落的義軍在北線負責防守，並加派幾名德軍軍官管理義軍，防止擅自撤退。而士氣旺盛的德軍在南線實施強力迂迴，將英軍打得一敗塗地，一路東撤，托布魯克終於被德軍攻占，四萬五千名英軍被俘，超過一千輛汽車和四百門火砲被德軍繳獲。隆美爾依靠這次大勝被希特勒晉升為元帥，是為第三帝國有史以來最年輕的元帥，不久後，隆美爾收到了從柏林寄來的陸軍元帥權杖，這是一根價值不斐的高貴權杖，握把以數個鑲金的納粹鷹以及鑲銀的鐵十字徽章點綴，兩端以黃金雕紋凸顯莊嚴，整體來看十分華麗，紅配金的鮮豔顏色更是突顯出擁有者的權力象徵，不過隆美爾對此嗤之以鼻，歷史上鮮少出現隆美爾手持權杖的影像紀錄，便是因為他認為權杖除了吸引敵方火力之外沒有其他作用，只不過是一種空頭象徵，是毫無用處、浪費資源的物品。

說個題外話：納粹德國有兩枝權杖最為著名，一個是戈林的元帥杖，這是納粹帝國唯一一個「帝國元帥」權杖，另一個是德國空軍元帥艾爾哈德．米爾希的元帥杖，其有名原因令人噗嗤一笑，竟是因為戰後一名英軍准將認為米爾希參與集中營屠殺，因此搶走他的元帥杖，猛打他的頭直到木質權杖斷裂。由此可見打擊的力度是多麼的大，米爾希因此頭部骨折，入院數日。這是全德國唯一一枝被打斷的元帥手杖。

關於隆美爾收到晉升電報的反應有多種說法，根據其副官所言，隆美爾像小孩子一樣歡喜，幾乎不會喝酒的他，竟用威士忌和鳳梨舉辦了慶祝會；另一種說法則是隆美爾表現冷淡，吐槽道：「我寧可他再給我一個師的兵力，而不想要這個空頭銜。」

不論後者說法是否正確，隆美爾此時最需要的確實是兵力，他決定再次不顧眾帥阻撓，繼續東征，德軍倚靠迂迴包抄等戰術，從利比亞一路追到埃及的阿拉曼。北非戰場的地理環境十分簡單，北面是地中海，南面是一望無際的沙漠，有經濟價值的城市幾乎都倚靠在地中海旁邊，由沿海公路將各地大城連接起來，所以在這一個北邊無路，南邊無險的地方下，一旦形成對峙，防線南端總是可以被對方迂迴過去的，加查拉戰役中，隆美爾就是以此讓托布魯克門戶大開，這種迂迴戰略幾乎無法阻撓，英軍一路退到阿拉曼後，才藉著南方難以通過的泥濘沼澤地形獲得長時間的喘息。阿拉曼可謂是同盟國在北非的最後防線，德軍一旦突破阿拉曼，便可以直撲防守環境不佳的亞歷山大、開羅等經濟大城，並占領蘇伊士運河，甚至可以攻入中東地區，北上與高加索的德軍會師。

現今不乏有許多人認為隆美爾是「戰術的巨人，戰略的矮子」，隆美爾的戰略思想與大局相悖。希特勒派他去北非作戰有兩個目的，其一是防止義大利在北非全線崩潰。其二是牽制住英軍的兵力，在北非形成有利於軸心國的局勢即可，不須將北非拿下，如果真的打下，英國人便會將北非所有兵力撤回西線，對西線構成巨大的壓力。此時希特勒正策劃進攻蘇聯的「巴巴羅薩」行動，最不想看到的就是兩面作戰。

隆美爾則認為：一九三九年，伊朗和伊拉克兩國大約生產了一千五百萬噸石油，而羅馬尼亞卻只有六百五十萬噸而已，若是軸心國攻下北非，順勢北上占領這個地區，缺乏資源的德國機械化部隊便可以無後顧之憂繼續進攻，這正是在廣大的俄羅斯平原上致勝的重要因素。另外，美國的援助物資大多是從波斯灣中的巴斯拉流入蘇聯，那裏有數以萬計的坦克、車輛正在裝卸當中，要是能順利攻下，美國的軍援船隻就只好冒著遭受德軍潛艇的威脅，開往鄰近挪威的摩爾曼斯克卸貨了。

可惜的是，隆美爾的提議並未受到上層人士重用，被視為是過於理想化的戰術。

希特勒認為在打敗蘇聯之前無法向北非增兵，只是將北非視為一個「次等戰場」罷了；然而邱吉爾卻將北非看得幾乎同英國本土一樣重要，不斷向這裡增派援兵，使得隆美爾面臨的局勢不容樂觀，儘管在小型戰役上隆美爾還可以屢屢以少勝多，但在戰略力量對比的此消彼長卻無法彌補逆轉。

戰局急轉直下

另外，針對非洲軍團的補給也成了問題，近來有許多史學家表示：非洲軍團糧食、彈藥不足的問題並不是英軍掌握地中海制空、制海權的關係，而是因為德軍高層根本沒有盡力而為，有力的證據是在後來北非戰局惡化，高層意識到事情的嚴重性後，反而能在英國更緊密的封鎖下運來更多補給，不過當時已經回天乏術。

不久，英軍派遣蒙哥馬利中將來與德軍交戰，此時德軍彈藥和糧食皆已缺乏見底，燃料補給陷入相當危險的境地，同時官兵健康狀況也非常糟，包括隆美爾本人也受到痢疾與黃疸病的影響，一九四二年十月三日，隆美爾返回柏林治療，蒙哥馬利趁勢發起阿拉曼戰役，順利擊敗了德軍，這被史學家雷米稱之為隆美爾的三大悲劇之一。此役中由於制空權的遭到強烈壓制，英國空軍甚至能毫無後顧之憂的進行低空轟炸，「在過去，我們的八八炮偶爾還能擊中幾架敵機，現在的人卻先找到了這些炮位，直接以空中力量擊毀，事實上戰爭前後一連六天，敵機從來沒有停止過轟炸」整場戰鬥下來，德、義軍損失將近三千。

此後，德軍在非洲戰場連連遭到敗績。隆美爾希望能保存實力，於是向柏林發了很多次撤退請求，可是皆遭希特勒拒絕，親自發了通電報表示：「你除了對你的部隊下令『不成功便成仁』之外，沒有第二條路可走。」隆美爾聽完這句話簡直氣炸了，踱著腳大罵「元首簡直是瘋了」！他沒有申請請假，就衝動離開工作崗位，前來希特勒的秘密基地狼穴就地勸說。

希特勒看到隆美爾後表現出吃驚的模樣，並問道：「貴官在這裡作什麼？沒有我的允許你怎麼敢離開工作崗位？」隆美爾敘述了北非的狀況，要求撤兵，希特勒頓時怒髮衝冠，睜大眼睛怒視隆美爾，將其痛罵一番。雖然德軍總部的諸多軍官早已對希特勒的痛罵不覺得新鮮，但隆美爾一直以來都是希特勒的標榜人物，首次這樣被歇斯底里地指責，肯定受到了相當的衝擊，一般認為，這個事件大大地影響了直到目前為止隆美爾心中對希特勒的評價。隆美爾這時仍不放棄，向希特勒建言：「我的元首，您應該自己前來非洲看看，直接指揮部隊。」希特勒冷淡地回應：「如果放棄北非義大利國內將會發生什麼事你知道嗎？裝備和補給馬上會送到貴部隊手中，的黎波里塔尼亞是不可能放棄的。」

希特勒給隆美爾的部隊運來了虎式戰車，英國陸軍裝備的坦克毫不意外的在虎式坦克面前損失慘重，虎式被英軍「邱吉爾」系列步兵坦克發射的六磅炮彈擊中只會產生一小塊凹痕，但它的八十八毫米炮彈卻能將「邱吉爾」坦克一發射穿！可惜的是，北非德軍手中的虎式坦克始終很少，雖然偶爾能在戰場上贏得局部的戰術優勢，可是面對無力扭轉的大局沒有什麼決定性影響，虎式坦克只能在局部戰區活躍。

一九四三年初，同盟國對非洲發起了大量攻勢，迫使德軍撤退至突尼西亞，隆美爾趁盟軍補給線過長之際，殺出一計回馬槍，對威脅切斷他北部補給線的美國第二軍發動攻擊，在二月的凱賽林隘口中重創美軍。接著隆美爾立刻掉頭回來對付東面的英軍，占領了馬雷斯防線（原本法軍用作防守義屬利比亞的工事）。三月六日，隆美爾發動他在北非的最後一場攻勢，對梅德寧的英國第八軍團發動攻擊，投入第十、第十五和第二一共三個裝甲師，但因為蒙哥馬利收到了情報小組破譯的德軍命令，布署了大量的反戰車砲在隆美爾的進攻路線上，最終停止隆美爾的反攻作戰。

一九四三年三月九日，隆美爾奉希特勒命令移交了非洲集團軍的指揮權給阿寧姆，回到德國。關於此舉經常成為史學者茶餘飯後的話題，大多數人往往指向這幾點：一、隆美爾的健康狀況已無法負荷、二、非洲戰場這盤棋已經必敗無疑，為了讓隆美爾保持「不敗將軍」的威名，因而調離、三、數周前在史達林格勒作戰的保盧斯元帥因不滿希特勒而主動投降，這使得希特勒深怕再有下一個保盧斯。但這些也僅是霧裡看花的推測罷了，證據確鑿的是：隆美爾在離去後德軍迅速遭到擊垮，最後於五月十三日全部投降。

西線的潰敗

隆美爾回到德國後，希特勒授予他騎士勳章，但隆美爾很清楚這只是象徵性地獎勵，他本人已經失寵了。一九四三年十一月，隆美爾出任法國西線陸軍「B」集團軍司令負責加強「大西洋壁壘」防禦工事，在任何盟軍可能的登陸據點中建設碉堡，該防線自挪威沿海岸北部至法國和西班牙的邊界，長達兩千七百公里。雖然隆美爾已看出「敗局已定」，他在北非初期飽滿的精力和熱情執行新的任務的心態已經蕩然無存，但隆美爾仍然恪守德意志軍人精神，這可以說是讓他繼續前進的唯一動力。

雷米確信：「對現實形勢的估計和對希特勒的忠誠，這兩者之間的矛盾折磨著隆美爾，使他內心裡飽受煎熬。」隆美爾對第三帝國的前途開始轉為悲觀態度。他認為在如此廣闊的西歐大西洋沿岸構築工事，只能預防盟軍在特定的戰略地點登陸，但是不可能阻擋得了盟軍。

同時在兵力的部署上，隆美爾與其他將軍衝突嚴重。身為德軍B集團軍群司令的隆美爾認為：「西線德軍的裝甲師應該前置。因為在盟軍登陸法國的二十四小時內的戰況決定一切，這一天內德軍若不能將登陸的盟軍打下海，隨後盟軍就會有源源不斷的兵力上岸，所以德軍的裝甲兵應該部署在海岸邊以便迅速參戰。」而隆美爾的頂頭上司，西線德軍總司令的龍德施泰特卻否決了隆美爾的建議，他認為「納粹德軍西線的裝甲部隊應該部署在法國的縱深以便於機動。」面對西線德軍兩個元帥之間的爭執，希特勒也是左右搖擺，游移不定。這個時候他派出有「裝甲兵之父」的古德里安去西線巡查，最後古德里安給出的建議和龍德施泰特如出一轍，他對希特勒說：「坦克的優勢在於機動，若放在海邊當大炮用，不但不能發揮坦克的真正作用，而且會遭到敵艦炮火的攻擊。」

本來希特勒就對隆美爾有所不滿，聽到古德里安的建議後，他更堅定了支持龍德施泰特的主張。得知這一消息後隆美爾徹底絕望了，他知道裝甲部隊根本就擋不住盟軍的登陸，據說他當時哀嘆道：「只同俄國人打過交道，所知道的戰爭還只是二維空間而非三維空間的，只知道來自地面和海上而不知來自空中的威脅。一旦把裝甲師留在後面，那它們就根本無法開往前線。因為一旦進攻開始，敵人的空軍會阻止任何部隊向前運動。」聽到隆美爾的建議後，希特勒張牙舞爪地說：「我們可以在夜裡調動裝甲部隊！」隆美爾冷靜地回答：「敵人的照明彈會把黑夜照得像白晝一樣。」

隆美爾曾對拜爾林大發牢騷：「他們迷戀的是運動戰的形式，他們硬想不計一切代價來追求它，可是今日我們在西歐早已喪失了運動的自由，而他們仍在追求這個幻象……像戰爭初期那樣使用戰車橫衝直撞的時代早就過去了，連東線方面也慢慢地不使用這樣的作戰方式了。」當然後來的事實正如隆美爾預料的一樣，盟軍在諾曼第海灘登陸後，德軍的裝甲部隊根本無法開赴前線，因為盟軍的空軍實力太強了，即使有少數裝甲車能夠開往前線，也不能集中使用閃擊戰戰術，因為閃擊戰是在具有絕對空優下才能夠實行的，如果空優盡失，那集結坦克等同於給敵人製造一個巨大的標靶。正因為此等缺失，盟軍才能成功建立起灘頭堡。

諾曼地戰役打響前，隆美爾從諾曼第前線趕回家為妻子過生日，贈送一雙巴黎選購的新皮鞋做生日禮物。他在家待了三天，與妻子在暮色中散步，然而此時盟軍在諾曼第發起登陸，德軍方面未能實施大規模的有效回擊。為了妻子的生日而遠離指揮前線，這是隆美爾被人詬病的一大敗筆。

隨著盟軍在諾曼第登陸成功，隆美爾意識到西線已經失敗了，除了立即返回指揮及調派援軍增援外，他現在想的更多的是如何停止戰爭，防止盟軍穿越德國，並在蘇軍之前抵達歐洲的中心。無論如何，隆美爾認為必須阻止兩線作戰的劣勢局面，基於這個原因，他至少兩次勸說希特勒接受他的意見，與西線議和，讓東線繼續作戰，但是只要稍微提及和平的請求，希特勒就大發雷霆。

一九四四年七月初，隆美爾就當時的形勢寫了一份備忘錄並交給希特勒。七月十五日，他又寫了另一份報告，其中有這樣一段闡述：「這場不對等的戰鬥正在接近尾聲，我認為應當從當前形勢中得出必要的結論。作為B集團軍司令，我不得不清楚地表達自己的看法。」很顯然，隆美爾並不相信他的報告會讓希特勒改變主意，他之所以寫下並散發這些備忘錄，有可能是為了在戰後證明，他在當時那種災難性的失敗下並沒有保持沉默。

隨著盟軍的步步逼近，隆美爾出於對德國前途的考慮建議希特勒向盟國有條件地議和，最好能爭取盟國對抗蘇聯。當時很多德國將領都有這種想法。但是希特勒絕不同意這麼做，不管同誰議和他都得不到好果子。在一次軍事會議上，隆美爾與希特勒發生了激烈爭執，隆美爾說：「我的元首，我想代表德國人民向你闡述西線的嚴重局勢，首先我想談談政治局勢……」「元帥，請談軍事形勢。」希特勒打斷了隆美爾的言論，但隆美爾堅持說：「歷史要求我們先談政治處境。」希特勒勃然大怒：「不行，今天只談軍事，別的什麼也不談！」這時，隆美爾表現出了非凡的勇氣，他面對希特勒的強壓大聲說：「元首，我必須坦率地承認，不提到德國的前途我是不離開這裡的！」此時已經失去理智的希特勒開始大聲地咆哮：「陸軍元帥，請馬上離開會議室！」從此之後，兩人已經很少再有接觸了。

七二〇密謀案

隆美爾是德國軍人，而不是納粹黨員，他屬於德國國防軍，也就是說無論誰上台他都會服從命令，這與希特勒的黨衛軍有根本的差別。此時隆美爾面臨兩難的境地，幫希特勒嗎？他不想為虎作倀；不幫希特勒？他無法捨棄作為德意志軍人的服從原則，正當隆美爾猶豫是否應該辭官隱退之際，七二〇密謀案發生了。

在密謀案發生前，密謀集團的人看中了隆美爾非納粹黨員的身分，頻頻對其遊說，但都被隆美爾拒絕了。在一次家宴上他對一名遊說他的軍官說：「先生，您如果今後不當著我年幼的兒子說這些話，我會很感激您的。」這句話已經嚴正表示拒絕了，策劃政變的集團卻以為隆美爾是抱持機會主義者的態度，私下裡將他列入到集團名單中，希望政變成功後利用隆美爾巨大的威望鞏固政權，隆美爾就這樣莫名地「被參加」了政變集團。二戰結束後，一些崇拜隆美爾的人力圖將他塑造成反納粹的英雄，但隆美爾的遺孀露西夫人也在公共場合明確表示隆美爾根本沒有參與政變計劃。

一九四四年六月六日，隆美爾的妻子露西舉行五十歲生日派對，此時西線軍事情勢萬分緊張，但身為司令官的隆美爾還是從諾曼第前線驅車趕回德國老家。他在巴黎為他的妻子購買了一雙新鞋作為生日禮物。然而正當隆美爾喜氣洋洋地沉浸於這片歡愉之中時，「盟軍已於今日凌晨開始在諾曼第登陸」的訊息打斷了一切美好。他連夜趕回指揮部。一九四四年七月十七日，隆美爾乘車從諾曼第前線返回前線指揮，遭兩架英軍飛機襲擊，汽車撞上路旁的一棵大樹，隆美爾被拋出汽車。經急救發現他頭部有四塊碎骨，然而他奇蹟般地活了過來。

沙漠之狐之死

一九四四年七月二十日，斯陶芬貝克刺殺希特勒失敗後，德國掀起了一股洶湧的清洗浪潮。密謀集團成員中許多人的立場並不是很堅定，出現了很多臨陣叛變者，因此有越來越多的軍官遭到揭發逮捕、槍殺或投進監獄。密謀組織中的成員霍法克中校遭到黨衛軍保安處關押，由於害怕遭受刑罰，霍法克將一切所知全數供出，也說出了隆美爾和克魯格兩位元帥的名字，這位只顧保命的小人為了讓自己置身事外，拼命添油加醋，把隆美爾說成了密謀的直接參與者。

希特勒得知政變名單上有隆美爾時是抱持著懷疑態度的，他指令鮑曼作為調查組成員負責搞清楚此事，曾遭受隆美爾責罵的鮑曼，過了五年仍懷恨在心，這時候不打擊報復可就沒機會了，正好領導開始對隆美爾動搖，恰巧隆美爾又因空襲重傷，在醫院躺著，於是鮑曼開始運作陰謀，其他調查組成員迫於鮑曼的淫威不敢替隆美爾辯解，隆美爾最終遭到調查人員確認為密謀成員。

希特勒得到最後的報告感到震驚和失望，他給了隆美爾兩個選擇：受審或者自殺。當兩個副官到隆美爾家裡說完一切後，為了保全心愛的妻子和兒子，同時也為了保全那些同生共死的部下們，隆美爾最終選擇自己承擔後果。

一九四四年十月十四日十二點，蓋世太保將隆美爾在黑爾林根的住處團團包圍。五十三歲的「沙漠之狐」隆美爾還有他生命的最後十五分鐘。此時，布格多大將軍和梅塞爾將軍把黑色奔馳車開到門前，據隆美爾之子事後回憶：

> 大約十二點，一輛軍綠色汽車停在我們的花園大門前。除了我父親之外，房子裡唯一的男人只有阿爾丁格上尉（隆美爾的助手）一位受傷嚴重的戰爭退伍軍人和我自己。兩位將軍從汽車下車進入房子，他們很懂禮貌，要求我父親允許單獨和他說話。阿爾丁格和我離開了房間。「他們不會逮捕父親的。」我走上樓閱讀書籍。
>
> 幾分鐘後，我聽到父親的腳步聲，他上樓去了母親的房間。我好奇的放下書籍，站起來跟著父親，他回頭一望，臉色蒼白。「跟我來」他僵直地說道。我們父子走進了我的房間。「我不得不告訴你的母親。」他緩緩地說：「我將在一小時內死去。」他繼續說道：「死在自己人的手很困難，

但房子被包圍，希特勒以叛國罪對我進行處置。」「鑑於我在非洲的服務，我有機會死於毒藥，兩位將軍帶來了它，三秒鐘就能致命，如果我接受，他們不會對我的家人採取任何追究責任，也會放過我的屬下。」

「你相信嗎？」

「是的。我相信，這事沒有公開化是非常好的，還有，你必須保證對這場事件守口如瓶，如果有半個字洩露出來，他們就不會再不追究責任了。」

「我們竟然不能保護自己……」

「沒有意義」他打斷了我的話。「一個人的犧牲總比在場的所有人遭受射殺來得值得，更何況，我們沒有足夠的彈藥。」

擁別了妻兒，隆美爾帶著沉重的步伐走上了黑色轎車，他們將隆美爾帶到一個小樹林裡，司機被命令離開五分鐘。隨行的兩名軍官拿給了隆美爾一盒小鐵盒，裡面是一粒氰化鉀藥丸。

五分鐘後，隆美爾的遺體被送到醫院。不許醫生屍檢，開具死亡證明書後向外界發出通告：帝國元帥隆美爾因中風去世。隆美爾死後德國為其進行了極盡榮譽的國葬，妻子露西身披黑紗在兒子的陪同下參加葬禮，一九五一年，露西夫人接受記者訪問，在提到此事時，她禁不住失聲痛哭。

史學家雷米曾評價隆美爾一生有三大悲劇：「當英軍襲擊阿拉曼時，他不在非洲；當盟軍在諾曼第登陸時，他在家慶祝妻子的生日；當七月二十日刺殺希特勒時，他躺在戰地醫院裡。」這三次的不在場，最終導致了第三帝國的提早衰亡，也導致了隆美爾自身的死亡，撇開這三次悲劇不談，隆美爾可說是德軍中極富才能的軍事家，歷經兩次世界大戰創造了許多軍事神話，他一生驍勇善戰，在軍事方面締造了許多現代戰略的基礎。最後，作者想以邱吉爾對隆美爾的評價作為結尾：

隆美爾是一個出色的軍事賭徒，雖然遭受後勤問題以及反對人士阻撓，但卻瑕不掩瑜……他的熱情與大膽給我們造成巨大的災難，但他值得讓我獻上最崇高的致敬。儘管我們在戰爭浩劫中相互廝殺，請准許我說，他是一位偉大的將軍。他也值得英國人民的尊敬，儘管他是一名忠誠的德國軍人……我不會收回我給予隆美爾的尊敬評價，雖然不合時宜。

第十一章 卡爾・鄧尼茨

——海下狼群

「作為標準的不是語言，而是行動。」

卡爾·鄧尼茨在二戰期間擔任德軍潛艇部隊司令、海軍總司令等，他嫌棄戰艦，重用潛艇，首創「狼群戰術」，讓潛艇部隊以類似狼群圍剿捕食獵物的方式圍剿盟軍戰艦，將數千艘盟軍戰船沉入大海，數以萬計的盟軍人員命喪黃泉，險些讓英國的海上生命線遭受徹底切斷。在二戰前後，德國總共招募了四萬名潛艇兵，其中有兩萬六千九百七十一名艇員葬身魚腹，被認為是死亡率最高的兵種之一。但也正是由於鄧尼茨潛艇部隊在海上不懼生死、屢立奇功的英勇表現，使希特勒深感信服，將其選為第三帝國的正式繼承者。

早年生涯

一八九一年九月十六日，鄧尼茨出生於柏林市郊的格林瑙鎮。父親是一位玻璃工廠的工程師，母親則是一名家庭主婦，在鄧尼茨五歲時便因病去世，所以在童年時期，對他影響最大的是這位父親，他深受父親的思想感染，從小就接受了嚴謹的普魯士思想，為他將來的從軍之路起了非常大的作用。

一九一〇年四月，鄧尼茨在威瑪高中畢業後，參加了德意志帝國海軍，剛開始他在一艘名為「赫爾塔」的巡洋艦上接受訓練，一九一二年轉至「布雷斯勞號」巡洋艦上任候補軍官一職，獲得了初步的軍事經驗，而這段期間裡鄧尼茨的事蹟最為人津津樂道者，莫過於在一次的軍事演習中他當機立斷的表現。一九一二年秋，德皇威廉二世乘坐著王儲號來觀看海軍們的軍事演習，布雷斯勞號剛好也在名單中，所以也有上場，但好巧不巧，當天一條拖行繩不知怎地纏住了布雷斯勞號的螺旋槳，導致布雷斯勞號無法再繼續前進，而威廉二世所乘坐的皇儲號卻繼續直線航行著，眼看就要相撞了，鄧尼茨臨機應變，咬著水手刀跳入海中，將拖行繩給割斷，進而消弭了一次重大船難。鄧尼茨因此得到了由皇室親自頒發的嘉獎。

接觸潛艇

第一次世界大戰爆發後，德意志帝國把布雷斯勞號轉移給盟國鄂圖曼土耳其，並隨之改名米迪裏號，此艦在鄂圖曼艦隊得到了廣泛的運用，主要是在黑海對抗俄國黑海艦隊。艦隻還積極在俄國沿岸布設雷區、轟炸俄國的港口和設施，並在鄂圖曼商船短缺的情況下，將士兵和物資運送至黑海港口，為在高加索戰役中作戰的鄂圖曼軍隊提供補給，總而言之，米迪裏號巡洋艦是土耳其戰場中不可或缺的耀眼救星，他的出現使土耳其港口的安全不但能受保障，甚至還能聯合其他艦艇，將俄國軍艦壓制在港口前，畏懼得不敢邁出一步。

鄧尼茨跟著米迪裏號參與對俄國的戰鬥，累積了許多實戰經驗。一九一六年，鄧尼茨憑藉著戰功，順利的晉升為中尉一職，不知軍方是否出了差錯，鄧尼茨竟然被調離海軍，派往加里波底作飛機觀察員，好在這番鬧劇並沒有持續很久，同年九月，他被調回德國並派往U艇部隊擔任艇長，U艇是德文「Unterseeboot」的縮寫，名副其實，最大的特點當然是能潛水了，雖然鄧尼茨是第一次接觸這類新興玩意兒，但他立即迷上了這種武器，他從未看過這種性價比如此之高，又有如此強大殺傷力的新式武器，從此以後他就始終關注潛艇的發展，潛心鑽研潛艇作戰戰術。

英國海軍尚未具有有效的護航反制手段，面對德國潛艇只能坐以待斃，或是等其浮上水面時加足馬力將其撞毀，如大名鼎鼎的無畏號戰烈艦曾於一九一六年三月十八日發現德國潛艇，艦長果斷全速航行撞擊潛艇，脆弱的U－二九瞬間被戰烈艦的船頭撕成兩半，幾分鐘後便下沉，全數艦員殉職。

鄧尼茨的潛艇主要任務是在地中海阻擊來自世界各地的英國物資輸送船，他倒不負重望，擊沉五艘運輸船，獲得騎士鐵十字勳章。一九一八年十月四日，地中海西西里島附近偵查到了英國的運送船經過，鄧尼茨即刻出動，不過等到到達運輸船這裡時，他才發現友軍居然還窩在基地中，把自己放鴿子了！鄧尼茨的所屬部隊捷報頻傳，他不免心高氣傲，認為只是擊沉手無寸鐵的運輸船罷了，依舊選擇出擊，在使用魚雷將數艘商船擊沉後，英國護衛艦隊聞聲趕來支援，鄧尼茨照著往常一樣選擇「打了就跑」的游擊戰略，果斷指揮潛艇下潛，不巧的事發生了，潛艇故障了！

無奈之下，鄧尼茨把潛艇給浮出了海面，這還不是最糟的，浮出海面後，鄧尼茨看到的不是一覽無遺的藍天碧海，亦非手無寸鐵的英國的運輸船，而是架滿了重炮槍枝的運輸船護衛隊！為了保全性命和潛艇，鄧尼茨只能帶著二十九名部下舉起白旗，乖乖就範了。

鄧尼茨被俘虜到英國本島的約克郡監獄，不知為何，戰爭結束後鄧尼茨竟然沒有遭到釋放，而是直到戰爭結束將近一年後才被遣返回國。被關押的這段期間，鄧尼茨閒來無事，開始反覆思考潛艇作戰的經驗教訓，以及為何會淪落至俘虜的下場，最終摸索出了一整套全新的作戰理論，鄧尼茨認為潛艇不應該成為游擊手，而是應該集合在一塊群體行動，利用無線電的配合圍攻落單船隻，以做到這一戰術酷似狼群的捕食，這便是狼群作戰的雛型。

經後世史學家統計，第一次世界大戰中，德國海軍共有三百五十一艘潛艇投入作戰，擊沉了六千三百九十四艘商船和一百艘各型軍艦，總噸位達到驚人的一千兩百八十五萬噸！相比之下，公海艦隊威武的大艦巨砲們更多時候只能龜縮在港內，猶如精緻的花瓶般，重看不重用，幾乎沒有戰略型作戰的用武之地。這點使得鄧尼茨更加確信未來海軍的發展中，潛艇肯定是舉足輕重的存在。

一次世界大戰結束後，痛徹心扉的損失與教訓，令戰勝國決定利用城下之約徹底封殺德國的軍事之路，不但不能保留空軍，海軍以及陸軍的人數也遭受到了嚴重控制，最無奈的是潛艇部隊，由於戰績驚人遭到了永久取消。

戰後琢磨潛艇理論

回國後的鄧尼茨再次加入了威瑪共和國的國家海軍，由於潛艇部隊早已經遭到取消，所以鄧尼茨只能改在魚雷艇上服役，在這段期間內，史料上對於鄧尼茨的資料簡直了了無幾，可以說是一片空白。雖說鄧尼茨在這段期間內並沒有什麼突出表現，卻對他的未來打下了斬釘截鐵般的基礎，他繼續傾心研究潛艇戰術，甚至利用凡爾賽條約的漏洞，私下在荷蘭與船舶公司合作，研究潛艇和訓練潛艇人員，以圖復甦德國潛艇力量。

在這段期間，他也正式發明出了「狼群戰術」理論（眾人普遍將其稱之狼群戰術，事實上這並非正式名稱，是二戰英軍替其取名的綽號，正式名稱應為「集結戰術」），策畫集中弱小艦艇合力來摧毀重型艦艇，行動中一般要派出數艘艦艇在海上進行遊獵，一般都在夜間攻擊，並有一艘「狼頭」艦來指揮「群狼」的統一行動。通常的做法是，當發現目標時，各艦艇便從對方護衛艦隊的間隙或側翼隱蔽地穿過去，躲過其火力打擊屏障，向目標靠近。白天，各艦艇在四面八方占領有利攻擊陣位，隱蔽在水下，夜間突然升出水面，同時向目標發射魚雷。狼群戰術因此而得名。

一九三四年，復甦潛艇的機會降臨了。當時希特勒的納粹黨在眾人的一致擁戴下正式上台，不久後便廢除了長久以來一直剝削德國的凡爾賽條約，對外，他們透過和外國的周旋，成功讓德國能夠再次合法的擁有海陸空三軍，其中最具知名性、以及對鄧尼茨影響深遠的當屬於與英國簽署的《英德海軍協定》，裡頭規定德國海軍總噸位不得超過英國海軍的百分之三十五。在潛艇方面則不得超過英國潛艇總噸位的百分之四十五。表面看上來這條約是個限制德國發展的條約，但實際上來說，德國在這場「外交上的勝利」撈到了大筆好處，首先當時德國海軍的總噸位根本不到英國海軍的百分之五，簽署了這份條約後就能名正言順的擴張了！再來德國潛艦原本因為表現太過突出而遭到封殺，現在終於又能重新建立起自己的潛艇部隊了！鄧尼茨在潛艇部隊復活後立馬轉職加入，回到了這個他最熟悉的地方。

「狼群」、「巨獸」、「雄鷹」之爭

稍微讀過一點西歐歷史的人都會知道，德國的地理位置非常尷尬，甚至可以說是奇差無比，東方有拿著斧頭弓箭的蠻夷，西方有著現代化軍隊的強敵，北邊則是日不落帝國的所在地，南邊則是毫無退路的高山。由於這種位置的影響，也造就了德國每逢西歐大大小小戰爭時，總是不得不捲入其中，可以說，德國的富強，就是以這種地獄般難度的地理位置所鍛鍊而成的。同理，德國海軍的地理處境也十分糟糕，出海口僅在北方有，且此地還被海上強權英國盯的死死的，所以這時的納粹德國內部就陷入了一個有關海軍的討論：「雖然海軍組起來了，但是到底要放哪些艦種在裡面呢？」

對於這個問題，國內首先出現了兩種聲音，分別為鄧尼茨領頭的「狼群」派，以及海軍總司令雷德爾所領頭的「巨獸」派。先拿鄧尼茨的戰術來討論，他認為應該把所有海軍經費通通拿去做潛艇，且至少需要三百艘U艇，好讓一百艘在前線作戰，一百艘在來戰場，一百艘在後方整裝待發。他認為即使假想敵英國再強，畢竟是個物資貧脊的島國，想要長期作戰便需要大量的殖民地資源輸送，因此，只要斷絕他們的補給線和交通線，讓加拿大的小麥、巴西的橡膠、加勒比海的石油、美國的經濟援助，英國數月內就會不戰自敗。（此想法就是狼群戰術的雛型，這種破壞交通線和補給線的戰法則被稱之為「破交戰」。）

海軍總司令雷德爾所領頭的「巨獸」派則是大艦巨砲主義下的忠實信徒，他們認為應該執行「Z計畫」，這是一套大型水面艦隊的建造計畫。意在英國尚未做好戰爭準備之前，建立起一支能與其匹敵的艦隊，並以大規模的艦隊進行戰略性的部署作戰。此計畫規模非常龐大，若如期完成，德國海軍將擁有能與皇家海軍相搏的實力。不過Z計畫只有預計生產潛艇兩百四十九艘，可以看得出來，雷德爾對這種新興武器十分保守，他認為把錢花在造各種航母、大型軍艦上才是正軌，戰爭打響後就算切斷英國的補給線，也勢必要經過皇家海軍的領海，那便需要有強大的武力護航。然而Z計畫上分花錢，就算把一整年的德國軍事預算拿來建設海軍也無法達成，因此，雷德爾認為戰爭必須延後，等到足以和英國皇家海軍匹敵時再開戰。

因為意見紛歧，這兩派人馬就開始互相向國庫爭取經費，然而正當他們吵的不可開交的時候，空軍總司令戈林領頭的「雄鷹派」空軍突然殺出程咬金，成為了第三方勢力，戈林在這時期一手建設空軍，將空軍發展得極為壯大，想當然他的地位也比另外兩方還來的高了，他認為：空軍已經成為世界主流，德國的海軍只需擔當起替空軍輔助的責任。戈林雖然是建軍上的天才，卻是戰略上的矮子，這種天馬行空的想法，馬上遭到其他兩方的反對，爭取經費的「戰爭」愈加混亂了。

日本在二戰前，由於無法有效消除海軍與陸軍的歧視，產生了許多惡性競爭，損失了頗多不應該損失的兵力。當然，三方勢力的內鬥再繼續下去，恐怕什麼都造不出來，還會傷了空、海軍之間的和氣，希特勒於是從中做出裁決，由於戈林擅長建設空軍，於是將最大一筆經費給戈林；由於雷德爾是海軍總司令，說出來的話自然有份量，於是中等的一筆經費給了雷德爾；可憐的鄧尼茨由於官位不大、又沒有先前經驗，只得分食到最小的一塊餅乾。

鄧尼茨的兩次歡樂時光

一九三九年九月，德國入侵波蘭，英法對德國宣戰，開始了第二次世界大戰。原本預計這場戰爭的爆發將在一九四五年，而不是一九三九年，海軍對於戰爭的到來完全措手不及，Z計畫不但沒有完成，鄧尼茨的潛艇部隊也只有五十七艘，與之前所期望的三百艘相差甚遠，且其中許多是短航程型，只有二十二艘遠洋型能進行遠距離出擊。用鄧尼茨自己的話說：「這點兵力，只夠刺一下英國人！」不過在雷德爾和希特勒的要求下，潛艇部隊還是上前線去和英國人作戰了。這些作戰結果成敗參半，雖然取得了出乎意料的戰果，但卻削弱了原本就很少量的潛艇部隊，讓狼群戰術的進展更為緩慢。

不過，歷史正是充滿著轉捩點，才如此引人入勝。不久在實行一次破交作戰時，雷德爾所大力吹捧的俾斯麥號遭到擊沉了！雖然俾斯麥號戰績不斐，一炮擊沉了大英帝國向來引以為傲的胡德號，但要知道，俾斯麥號造價可是達到將近兩億帝國馬克的驚人天價，相比於造價不到兩千萬馬克就可以取得同樣戰果的U艇，這真是天大的浪費。希特勒念頭一改，決定給予潛艇戰術發揚光大的機會，將大部分的海軍經費交給鄧尼茨。一九四〇年七月到十月，短短三個月，獲得龐大資金的鄧尼茨開始大量建造U艇，並運用自行發明的「狼群戰術」圍剿英國商船，由於英國雷達和反潛設備的缺乏，對水下殺手U艇無法反制，被擊沉了一百五十萬噸的物資，這段時間德軍稱作「第一段歡樂時光」，鄧尼茨也因為領導潛艇表現優異而晉升海軍中將。

到了一九四一年，新交付的U艇VII型對英國的戰時經濟起了重大破壞，這型潛艦是二戰德國使用最廣泛的潛艦，同時也是歷史上生產量最多的潛艦，共建造了七〇九艘。雖然英國商船的生產速度已加快，但德國擁有更優秀的魚雷、U艇和逐漸增加的通商破壞艦，這段時間裡，英國的損失仍居高不下，補給物資依然嚴重缺乏。德國和英國的損失比例誇張得令人瞠目結舌，德國只損失十四艘潛艇，共九千噸；而英國光是被擊沉的船艦就有一百九十九艘，總共七十萬噸；因德國潛艇魚雷而被炸沉的共一百一十五艘，三十九萬噸；被擊沉的零散艦船也有五萬噸以上。一比一百一十的懸殊比數使得德國海軍士氣大振，趾高氣揚，史稱為「第一次的歡樂時光」。

「第二次的歡樂時光」以珍珠港事變爆發作為開始，當時納粹德國為了保住盟友的面子，搶先一步向美國宣戰，且決定主動出擊，使大西洋海戰的範圍延伸到了美國東岸，鄧尼茨立即著手研製出遠航型U艇，開始在美國東岸攻擊船隻，將毫無經驗、鬆懈麻痺的美國人打得雞飛狗跳，在戰初即承受巨大損失，光是美國東岸，損失噸位就高達一百萬噸以上。

在整個作戰期間，鄧尼茨對每一艘潛艇都實施嚴格控制，只有在開始攻擊時才讓他的艇長們自由發揮，但何時攻擊則由他來決定，並要求嚴格執行。德軍運用這一戰術，到一九四三年五月，讓盟軍損失了將近兩千五百艘艦船，丘吉爾稱：「在戰爭中，我唯一擔憂的就是潛艇的威脅。對我來說，這方面的戰鬥，要比英倫本島的空中決戰更加令人擔心。」

顯赫的戰功讓鄧尼茨官運亨通，一九四三年一月，由於雷德爾的水面艦隊屢屢遭到重創，希特勒氣得逼迫其請職，改任命鄧尼茨為海軍總司令，同年被授予海軍元帥軍階。相比於古德里安、戈林等納粹高層，鄧尼茨在戰爭後期不但沒有被疑心病日益嚴重的希特勒給懷疑，反而越來越信任鄧尼茨，在晉升到海軍司令前，鄧尼茨只訪問過希特勒十多次，但是在這之後，一共訪問了一百一十九次，希特勒非常欣賞鄧尼茨，稱其為「海上的隆美爾」，他認為空軍或是陸軍都會打自己的小算盤，唯有海軍忠誠不二，是最適合信賴的角色。另外，戈培爾也十分敬仰鄧尼茨，在日記中有許多讚揚的評價：「鄧尼茨和戈林很不一樣，兩個人其實都無法很好地掌握自己的兵器，戈林就放棄了，因此失敗，而鄧尼茨就克服了這個困難」「如果在此提議把空軍的指揮權交給海軍、交給鄧尼茨會怎麼樣呢？……鄧尼茨是還不錯的領導人。可以給已經挫敗空軍帶來新的模式。按我的想法，這才是新的勝利的前提」。

歡樂時光的落幕

戰爭不會一直對一方有利，隨著美國的參戰，盟軍反潛意識增強，加裝了各種新式雷達和反潛飛機，但這些只能讓盟軍損失減緩，並不能完全遏止德國潛艇的威脅，就算到了二戰結束的一九四五年，盟軍的船艦數量仍然在不斷的損失。

而就在他接任德國海軍總司令幾個月後，大西洋之戰就不得不收場了。美軍不斷升級雷達設備和高屏測向儀，使上浮的U艇無所遁形，同時又相繼推出刺蝟彈，和烏賊深水炸彈發射器等反制武器，刺蝟彈是一款多管式的反潛迫擊砲，每顆砲彈重達近三十公斤，且多達二十四連裝的槍管幾乎能讓攻擊面三十公尺內的一切物質粉碎殆盡，使潛艇在潛航時也得提心吊膽。另外，盟軍的護航機制逐漸完善，在美軍資金優渥的條件下，越來越多護航驅逐艦與護航航母加入運輸船隊，甚至組成了專業的獵潛大隊，用主動聲納、深水炸彈、反潛火箭等武器，將被動防禦化為主動出擊。

鄧尼茨最大的衝擊，當屬被盟軍破譯潛艇部隊賴以生存的海神加密通訊網，使水下狼群無所遁形，潛艇部隊再也不能以較小的代價換取較大的戰果。這時，鄧尼茨的潛艇每一次出擊都要付出很大的代價。例如在一九四三年九月和十月，鄧尼茨僅僅擊沉了盟軍在大西洋上航行的兩千四百多艘商船中的九艘，而自己的潛艇卻被盟國護航艦隊擊沉上百餘艘。這使鄧尼茨不得不放棄了大群機動潛艇的作戰方式，放棄狼群戰術，而改為以單艇遊獵為主的戰法。

游擊的方式減少了人員傷亡，但並沒有改變德國海軍的命運。在一九四四年的頭三個月間，盟國橫渡北大西洋的三千三百六十艘商船中只有區區三艘被擊沉，鄧尼茨卻損失了三十六艘潛艇。鑑於這種情況，鄧尼茨只好下令取消對盟國護航船隊的襲擊。

隨著軍事形勢的轉變，政治形勢也發生了重大變化。羅斯福和丘吉爾在一九四三年的卡薩布蘭卡會議上已做出了決定，要放棄一切談判空間，不顧一切地繼續將戰爭打下去，直至德國和日本「無條件投降」。美國政府和英國的戰時內閣也已經批准了這一決定。這就意味著，如果德國想要和平，就要聽憑戰勝國的任意擺佈。

鄧尼茨心裡非常清楚。他早就深深感到德國在這場戰爭中，軍事上已無法打贏了。還有一些高級將領，如隆美爾、里賓特洛普等人，曾積極建議德國應與西方締結和約。但是要知道，在這種情況下去提醒希特勒必須結束戰爭締結和約是不存在任何可能的。除了在一九四三年和一九四四年人們提出的未被採納的無條件投降的辦法外，他本人也沒有其他辦法，也許他的唯一辦法就是死拼到底。也正因為如此，出現了一股反希特勒的嚴重情緒，從而最終導致了七月二十日事件。

一九四四年七月二十日中午，鄧尼茨正在柏林以北的蘭克指揮所，突然接到福斯海軍中將從東普魯士希特勒的大本營打來的電話。福斯中將說「情況緊急，請鄧尼茨元帥火速趕到大本營去」。當時福斯中將沒說是什麼事情，讓鄧尼茨感到十分疑惑。當天傍晚，鄧尼茨趕到了大本營，福斯和希特勒的海軍副官告訴他：後備陸軍的幾個總參勤務官行刺希特勒，幸虧失敗了。鄧尼茨對這次事情一無所知，感到特別的驚訝和不理解，他不理解為什麼在戰爭期間軍官們竟然會出現這種事。

鄧尼茨認為，軍人的本分就是服從，如今德國處境就像個被圍困的城堡，急需團結一心，如果國王決定議和，那下屬便必須一致爭取議和；如果國王決定奮力抵禦，那下屬便必須一致抵抗外敵。如今國王決議繼續戰爭，城堡內部卻異議不斷，使鄧尼茨十分痛心，七二〇密謀事件發生後，鄧尼茨以海軍總司令的身分對海軍內部採取了一連串整肅行動，以表現他對這次事件的反對。就在密謀案發生當晚，他對海軍發表了廣播講話，明確表示反對這次謀刺行動，他認為德國軍人目前最迫切的任務是抵禦外來之敵。為了使海軍保持有對付外來之敵的戰鬥力，他果斷下令逮捕海軍中的每一個動搖者。他認為，為進行這場戰爭而維持他們的團結和戰鬥力是他義不容辭的責任。

漢尼拔行動

一九四五年，內外交困的納粹德國大勢已去，然而希特勒仍繼續對盟軍的反攻進行抵抗，相比之下，鄧尼茨面對來勢洶洶的蘇聯軍隊，開始反思自己一味忠誠的正當性。由於蘇軍先前被德軍打得滿肚子氣，現在作為報復，已經進化為一台殺人不眨眼的戰爭機器了，在攻陷占領後經常毫無秩序的燒殺擄掠，在蘇軍即將攻入德國東部時，東普魯士的平民日益恐懼落入紅軍手中將被報復，善解人意的鄧尼茨頭一次不遵守希特勒的命令，親手擬定並實行了大規模的撤退行動——漢尼拔行動，此次漢尼拔行動搶救了兩百萬平民與三十萬士兵至西方，這是超過敦克爾克大撤退三倍規模的人數，但由於制空、制海權已經徹底喪失，加上蘇聯潛艇無所不在，船隻沉沒而死亡的平民超過兩萬人。

說個題外話，死亡的兩萬人中有幾乎一半皆葬身在同一艘船中，這艘郵輪名為威廉・古斯特洛夫號，滿排水量來到了驚人的兩萬五千噸，相當於半個大和號了，這艘郵輪本來是希特勒在戰前提倡「力量來自歡樂」時所留下的政績，面對來勢洶洶的蘇聯軍隊，威廉・古斯特洛夫號也響應了這次救援，沒想到在載滿一萬名難民，準備航行返回德國時遭蘇聯潛艇發現，在三發魚雷的命中之下，龐大的威廉・古斯特洛夫號郵輪在五十分鐘內終告沉沒，由於當時人數超載，許多人分配不到救身衣因而溺斃，獲得救身衣的民眾也在一月份的天寒地凍之下凍斃，最終導致九千名難民葬身於魚腹之中，是史上最為嚴重的海難。

第三帝國接班人

縱觀當時樹倒猢猻散的第三帝國，除了鄧尼茨，希特勒再也挑不出別的繼承者了。戈林和希姆萊與盟軍私下接觸，在希特勒看來是嚴重的背叛；宣傳部長戈培爾和外交部長里賓特洛普都是文人，沒有統率軍隊的能力；而曼施坦因、古德里安等陸軍將領們一向和希特勒不和，經常與其爆發口角。相比之下，鄧尼茨有威望、有能力、沒有參與此前的政治鬥爭，以及最重要的一點——忠心。證明鄧尼茨忠心的例子有很多，他的兩個兒子作為海軍軍官都在二戰中陣亡，他的潛艇部隊是傷亡率最高的部隊。儘管他從未加入過納粹黨，但是一九四四年一月三十日希特勒曾送他一枚金質納粹黨章，因此他認為自己是納粹榮譽黨員。四月三十日，希特勒自殺。根據他最後的遺言，希特勒將戈林和希姆萊從納粹黨裡開除、撤去他們所有權力，並任命鄧尼茨為他的繼承者，作為帝國聯邦大總統（並非元首）和德意志武裝力量最高統帥。

一九四五年四月三十日當晚六點，鄧尼茨回到普倫自己的駐地，副官拿給他一封從帝國總理府用海軍絕密電碼拍來的遺囑電報，內容是這樣的：「鄧尼茨海軍元帥：領袖任命您，海軍元帥先生，為他的繼承人，以代替前帝國元帥戈林。書面的委任狀現在在途中，您必須立即採取適應當前形勢需要的一切措施。」署名者是希特勒的秘書馬丁鮑曼。

對於這個任命，鄧尼茨感到非常意外，希特勒從來沒有向鄧尼茨暗示過考慮讓他做繼承人。鄧尼茨也從未從其他方面得到這方面的暗示。在他看來，沒有任何一個納粹首腦人物會猜到這一點，這或許也是希特勒自己在一九四五年以前從未料想過的事，不過，鄧尼茨還是毫不猶豫地接受了任命。

十日總統與無條件投降

在希特勒的遺囑上，鄧尼茨的身分是帝國總統和武裝部隊總司令，納粹宣傳部長戈培爾是政府總理，由於戈培爾在五月一日自殺，鄧尼茨成為行將崩潰的第三帝國唯一的代表，他希望和西方達成單方面的停戰，但遭到盟軍總司令艾森豪威爾拒絕。於是鄧尼茨解散納粹德國政府，於弗倫斯堡成立另一新政府，以示誠意，並自行擔任聯邦大總統，企圖與盟軍談和。一九四五年五月七日，鄧尼茨授權弗里德堡、凱特爾、史托普三名來自海陸空三軍的將領在柏林簽署無條件投降書。

本來，按照丘吉爾的意思，鄧尼茨這個新總統和他組建的臨時政府是可以被承認的，然而蘇聯人對此不滿。一九四五年五月二十三日，鄧尼茨和臨時政府的成員們被逮捕，一位美國將軍問鄧尼茨還有什麼話要說，鄧尼茨說：「每一句話都是多餘的。」

在紐倫堡審判中，鄧尼茨以侵略計畫實行罪、戰爭罪被判處十年監禁，對此鄧尼茨深感怨恨，他認為自己只是服從軍人的本質，並沒有對錯，事實上紐倫堡審判確實稱不上公正，被後人諷刺為「勝利者的正義」，史學家Biddiss指出：「這是一個關於訴訟本身缺陷與優越性的問題。毋庸置疑的缺陷必定會繼續動搖它的合理性。」美國最高法院首席大法官哈倫・菲斯克・斯通更認為：「傑克遜（美國首席檢察官）正在紐倫堡舉行一場高級別的暴民私刑大會。」「他對納粹做什麼我不介意，我只是不願看他以法律的名義、通過主持法庭的形式（審判他們）。我思想過時了，接受不了這種有點過於偽善的騙局。」在審判結果中，許多僅是服從軍職，從未參與屠殺的德國將領遭受關押，一級上將阿爾弗雷德・約德爾甚至遭受「參與捕獲猶太人」的誣陷，最終上了絞刑台。

在西柏林的施潘道監獄服刑期間，鄧尼茨滿腔憤恨，被人描述為「毫不後悔，憤怒地做著體操和閱讀書籍」。英國記者評論道：「海軍元帥鄧尼茨一直沒有後悔的表現，他仍然是施潘道監獄最危險的人物。」就多數史學論者來講，鄧尼茨的關押是極不具正當性的，他沒有嚴重的反猶情緒，也從未參與屠殺猶太人的行動，他甚至曾無視德國領事的反對，邀請在西班牙北部擁有銅礦的猶太人參加他的艦上午餐會。鄧尼茨就像是一般的德國士兵一樣，將服從視為天職，從未做過越級之事，只不過他的官位級別比常人都大，所承擔的政治責任就被理所當然化地加重。

擔保社會道德是否也算是一種軍人的額外責任？是否要與法律責任相連？這是一個爭議問題，作者不敢明斷，讀者又怎麼認為呢？

平淡的餘生

一九五六年，在獄中服刑已經十年的鄧尼茨被監獄釋放，他在西德漢堡附近的一座村子定居，之後出版了兩本自己的回憶錄，其中有一本書名名為《十年和二十天》「十年」指的是鄧尼茨作為潛艇指揮官，「二十天」則是他作為總統的日子；書中，鄧尼茨將納粹政權解釋為是時代的產物，爭辯自己不是一個政治家，不能在道義上負起納粹政權的大部分罪行，他也批評專制制度是納粹政權的根本缺陷，並指責專制制度是納粹許多錯誤的根源。除此以外，這本書裡有許多鄧尼茨自我的偏見，如同對於紐倫堡審判的看法：「為什麼一個外國法庭擁有可以裁決一個擁有主權的他國政府？如果我們獲勝了，我們也不能審判羅斯福、邱吉爾、艾登，我們也沒這個想法。就算是通過審判來決定，也必須由這個國家設置的法庭來審判」。

另一本比較鮮為人知，名為《我作為軍人的一生》，書中講述的是他在一九三四年以前的故事，例如鄧尼茨在一戰搭乘U艇的經驗，以及在狹小封閉的空間內與二十九位船員上下齊心的歷程，鄧尼茨形容「我們就像孤立在海裡的大家族一樣，也就是說U艇上的人都是命運共同體，很少有這麼美麗的東西。能成為其中的一員，是貴重而難以忘懷的經驗」，並在書中多次提起「我為人人，人人為我」的重要性。

在寫完了這兩本書後，鄧尼茨已經完成作為軍人的使命，他在漢堡地區買了一間房子，過著近乎隱居的生活，平淡地度過餘生，一九八〇年十二月二十四日，鄧尼茨因心臟病去世，享年八十九歲，結束了他富有傳奇性的一生。

參考資料

第一章　阿道夫・希特勒

一、托馬斯・桑德庫勒著，林繼谷譯：《阿道夫・H：希特勒，一個獨裁者的一生》，麥田出版社，二〇一七年。
二、威廉・夏伊勒著，董樂山譯：《第三帝國興亡史》，左岸文化，二〇一〇年。
三、李德哈特：《戰敗者的觀點：德軍將領談希特勒與二戰時德國的興衰》，八旗文化，二〇一六年。
四、傢君特・格拉斯著，魏育青、王濱演、吳裕康譯：《剝洋蔥》，譯林出版社，二〇〇八年。
五、特勞德爾・榮格：《直至最後一小時：希特勒的最後一任秘書》（*Until the Final Hour: Hitler's Last Secretary*），Arcade Publishing，二〇〇四年。
六、阿道夫・希特勒著，陳式譯：《我的奮鬥》，文國書局，二〇〇五年。
七、王志強：《第三帝國崛起》，外文出版社，二〇一〇年。

第二章　海德里希．希姆萊

一、伍碧雯：《納粹政權對於「無生存價值」德國人的處置》，成功大學西洋史集刊第十期，二〇〇二年六月，頁二八七－三一〇。

二、周健：〈反猶主義之理論與實際——以納粹德國為核心〉，輔仁大學歷史學類碩士論文，一九八七年。

三、故事口袋編輯群：《蓋世太保&希姆萊》，二誠堂出版社，二〇〇二年。

四、張慧：〈納粹劊子手希姆萊：冷血殺手的溫情家書〉，《青年參考》，二〇一四年二月十二日

第三章　赫爾曼．威廉．戈林

一、Hoyt Edwin P.著，施孝瑋譯：《納粹飛鷹戈林和德國空軍》（Angels of Death：Goering's Luftwaffe），麥田出版社，一九九五年。

二、羅傑．曼菲爾著：《戈林：納粹德國空軍總司令》，星光出版社，二〇〇三年。

第四章　約瑟夫・戈培爾

一、艾倫・懷克斯：《戈培爾——納粹的宣傳大師》，星光出版社，二〇〇五年。
二、魏岷：《二十世紀軍政巨人：戈培爾傳》，時代文藝出版社，二〇〇一年。
三、戈培爾：《戈培爾日記》，上海譯文出版社，一九八七年。

第五章　萊茵哈德・海德里希

一、CCTV軍事：《百戰經典——卐字旗下的罪魁・海德里希》，影視資料，https://www.youtube.com/watch?v=lm3IWvyoBFs
二、裝甲兵器：《二戰人物之海德里希》，搜狐，http://www.sohu.com/a/144526103_690888
三、虹橋飛渡：《二戰各國的配給制與平民生活》，天涯社論，（http://bbs.tianya.cn/post-no05-113433-1.shtml）

第六章　約亨・馮・里賓特洛普

一、朱玉泉：《二十世紀重大談判祕聞》，當代世界出版社，一九九九年。

二、袁勝育：《第二次世界大戰風雲錄：外交角逐》，社會科學文獻出版社，一九九五年第一版。

第七章　魯道夫・赫斯

一、武爾夫・施瓦茨韋勒：《希特勒副手赫斯的一生》，世界知識出版社，一九九二年。

二、彼得羅夫斯基著，《程鹿峰譯：我曾是魯道夫・赫斯》，網路資料，（https://big5.termitespest.com/article/09327a58-8124-4cae-93ca-2a88d6b44e69.htm）

三、劉千才、李奎：《絕密檔案大暴露》，團結出版社，二〇一五年。

第八章　埃里希・馮・曼施坦因

一、埃里希・馮・曼施坦因：《失去的勝利》，民主與建設出版社，二〇一五年。

二、蔣淵：《二戰風雲人物：曼施泰因》，中國華僑出版社，二〇一五年。

三、軍武次位面：《將帥棋局：決斷迷局》，第五季第四期，（https://www.youtube.com/watch?v=2Qoe0hw9v_g）

四、約瑟夫・波斯科：《紐倫堡大審》（Nuemberg:Infamy on Trial），麥田出版社，一九九四年。

第九章　海因茨・威廉・古德里安

一、海因茨・古德里安：《古德里安大戰回憶錄》，陝西師範大學出版社，二〇〇五年。

二、宏儒文軒：《鐵血悍將古德里安》，中國書籍出版社，二〇一五年。

三、軍武次位面：《將帥棋局：意志透支》，第五季第六期，（https://www.youtube.com/watch?v=wI85sNMq4X8）

第十章　埃爾溫・隆美爾

一、德斯蒙德・揚：《沙漠之狐隆美爾》，台海出版社，二〇一八年。

二、李德哈特：《沙漠之狐隆美爾》，星光出版社，二〇〇一年。

三、軍武次位面：《將帥棋局：軍神表裡》，第五季第八期，（https://www.youtube.com/watch?v=bW06gu441dI）

第十一章　卡爾・鄧尼茨

一、卡爾・鄧尼茨著，王雅芬／季星明譯：《十年與二十天》，軍事科學出版社，一九八九年。
二、李鄉狀：《希特勒四大爪牙：鄧尼茨》，團結出版社，二〇一五年。

史地傳記類　PC0799　讀歷史97

時代下的毀滅者
——希特勒與帝國十大信徒

作　　者 / 江仲淵
責任編輯 / 杜國維
圖文排版 / 楊家齊
封面設計 / 王嵩賀

發 行 人 / 宋政坤
法律顧問 / 毛國樑　律師
出版發行 / 秀威資訊科技股份有限公司
114台北市內湖區瑞光路76巷65號1樓
電話：+886-2-2796-3638　傳真：+886-2-2796-1377
http://www.showwe.com.tw
劃撥帳號 / 19563868　戶名：秀威資訊科技股份有限公司
讀者服務信箱：service@showwe.com.tw
展售門市 / 國家書店（松江門市）
104台北市中山區松江路209號1樓
電話：+886-2-2518-0207　傳真：+886-2-2518-0778
網路訂購 / 秀威網路書店：https://store.showwe.tw
國家網路書店：https://www.govbooks.com.tw

2019年6月　BOD一版
定價：350元

國家圖書館出版品預行編目

時代下的毀滅者：希特勒與帝國十大信徒 / 江仲
淵著. -- 一版. -- 臺北市：秀威資訊科技,
2019.06
面； 公分. -- (史地傳記類；PC0799)(讀歷
史；97)
BOD版
ISBN 978-986-326-690-7(平裝)

1. 希特勒時代 2. 人物志 3. 德國

784.32 108007214

讀者回函卡

感謝您購買本書，為提升服務品質，請填妥以下資料，將讀者回函卡直接寄回或傳真本公司，收到您的寶貴意見後，我們會收藏記錄及檢討，謝謝！

如您需要了解本公司最新出版書目、購書優惠或企劃活動，歡迎您上網查詢或下載相關資料：http:// www.showwe.com.tw

您購買的書名：________________________________

出生日期：________年________月________日

學歷：□高中（含）以下　□大專　□研究所（含）以上

職業：□製造業　□金融業　□資訊業　□軍警　□傳播業　□自由業

　　　□服務業　□公務員　□教職　□學生　□家管　□其它____

購書地點：□網路書店　□實體書店　□書展　□郵購　□贈閱　□其他

您從何得知本書的消息？

□網路書店　□實體書店　□網路搜尋　□電子報　□書訊　□雜誌

□傳播媒體　□親友推薦　□網站推薦　□部落格　□其他__________

您對本書的評價：（請填代號　1.非常滿意　2.滿意　3.尚可　4.再改進）

封面設計____　版面編排____　內容____　文／譯筆____　價格____

讀完書後您覺得：

□很有收穫　□有收穫　□收穫不多　□沒收穫

對我們的建議：________________________________

____

____

____

請貼
郵票

11466
台北市內湖區瑞光路 76 巷 65 號 1 樓
秀威資訊科技股份有限公司 收
BOD 數位出版事業部

(請沿線對折寄回，謝謝！)

姓　　名：____________ 年齡：________ 性別：□女　□男

郵遞區號：□□□□□

地　　址：____________________________

聯絡電話：(日)____________ (夜)____________

E-mail：____________________________